Gabriele Winker
Solidarische Care-Ökonomie

X-Texte zu Kultur und Gesellschaft

X-Texte zu Kultur und Gesellschaft

Das vermeintliche »Ende der Geschichte« hat sich längst vielmehr als ein Ende der Gewissheiten entpuppt. Mehr denn je stellt sich nicht nur die Frage nach der jeweiligen »Generation X«. Jenseits solcher populären Figuren ist auch die Wissenschaft gefordert, ihren Beitrag zu einer anspruchsvollen Zeitdiagnose zu leisten.
Die Reihe X-TEXTE widmet sich dieser Aufgabe und bietet ein Forum für ein Denken ›für und wider die Zeit‹. Die hier versammelten Essays dechiffrieren unsere Gegenwart jenseits vereinfachender Formeln und Orakel. Sie verbinden sensible Beobachtungen mit scharfer Analyse und präsentieren beides in einer angenehm lesbaren Form.

Gabriele Winker
Solidarische Care-Ökonomie
Revolutionäre Realpolitik für Care und Klima

Unter Mitarbeit von Matthias Neumann

[transcript]

Bibliografische Information der Deutschen Nationalbibliothek
Die Deutsche Nationalbibliothek verzeichnet diese Publikation in der Deutschen Nationalbibliografie; detaillierte bibliografische Daten sind im Internet über http://dnb.d-nb.de abrufbar.

© 2021 transcript Verlag, Bielefeld

Alle Rechte vorbehalten. Die Verwertung der Texte und Bilder ist ohne Zustimmung des Verlages urheberrechtswidrig und strafbar. Das gilt auch für Vervielfältigungen, Übersetzungen, Mikroverfilmungen und für die Verarbeitung mit elektronischen Systemen.

Umschlaggestaltung: Kordula Röckenhaus, Bielefeld
Druck: Friedrich Pustet GmbH & Co. KG, Regensburg
Print-ISBN 978-3-8376-5463-9
PDF-ISBN 978-3-8394-5463-3
https://doi.org/10.14361/9783839454633

Gedruckt auf alterungsbeständigem Papier mit chlorfrei gebleichtem Zellstoff.
Besuchen Sie uns im Internet: *https://www.transcript-verlag.de*
Unsere aktuelle Vorschau finden Sie unter *www.transcript-verlag.de/vorschau-download*

Inhalt

1. Einleitung 9

2. Gefährdung von Sorgebeziehungen 19
2.1 Inhalt und Umfang der Care-Arbeit 19
2.2 Familiär Sorgearbeitende ohne Zeit und Absicherung 22
2.3 Erwerbszentrierte Sozialpolitik unter Kostendruck 25
    2.3.1 Familienpolitik als Wirtschaftsförderung 26
    2.3.2 Kostenreduktion in der Pflegepolitik 31
    2.3.3 Ökonomisierung in der Gesundheitspolitik 36
    2.3.4 Fehlender Schutz vor Armut 40
2.4 Sorgearbeit unter dem Diktat neoliberaler Wirtschaftspolitik .. 43

3. Lebensbedrohlicher Klimawandel 47
3.1 Erderwärmung und die Folgen 48
3.2 Umfang der notwendigen Reduktion von Treibhausgas-Emissionen .. 51
3.3 Ungenügende Handlungsvorschläge aus Politik und Wirtschaft .. 54
    3.3.1 Politik der Bundesregierung 54
    3.3.2 Pläne der Europäischen Kommission 58
    3.3.3 Kritik des Deutschen Industrie- und Handelskammertags .. 61
    3.3.4 Notwendigkeit eines Pfadwechsels 63
3.4 Erforderliche Senkung der Treibhausgas-Emissionen 66

4. Erschöpfung menschlicher und ökologischer Ressourcen 69
4.1 Krise sozialer Reproduktion 69
    4.1.1 Kostengünstige Reproduktion der Arbeitskraft 70

		4.1.2 Kennzeichen der Krise sozialer Reproduktion 75
		4.1.3 Unheilbare Widersprüche 78
4.2	Krise ökologischer Reproduktion 80	
		4.2.1 Kostensenkung durch Übernutzung der Ökosysteme 81
		4.2.2 Kennzeichen der Krise ökologischer Reproduktion 83
		4.2.3 Unheilbare Widersprüche 86
4.3	Kein Ausweg im Kapitalismus 91	

5.	**Handlungsfähigkeit** 97	
5.1	Anforderungen im Neoliberalismus..................................... 97	
5.2	Handeln im Rahmen neoliberaler Vorgaben 101	
		5.2.1 Kompromisshandeln zwischen Familie und Beruf 101
		5.2.2 Selbstoptimierung als Daueraufgabe 106
		5.2.3 Erschöpfung und Depression als gesellschaftliche Phänomene ... 109
5.3	Individuelle Verweigerung und kollektives politisches Eingreifen 112	
		5.3.1 Individuelle Reduktion der Arbeitsbelastung 113
		5.3.2 Gemeinsam organisierte Freiwilligenarbeit 115
		5.3.3 Politisches Engagement und solidarisches Handeln 118
5.4	Konsequenzen für die politische Arbeit..................................122	
5.5	Zwischen Kritik und Engagement....................................... 133	

6.	**Care Revolution als Transformationsstrategie** 137	
6.1	Verkürzung der Erwerbsarbeitszeit......................................139	
		6.1.1 Lange Tradition der Erwerbsarbeitszeitverkürzung 139
		6.1.2 Bedeutung einer verkürzten Erwerbsarbeitszeit 142
		6.1.3 Aktuelle Auseinandersetzungen 146
6.2	Aufbau einer solidarischen Unterstützungsstruktur 149	
		6.2.1 Individuelle Absicherung: bedingungsloses Grundeinkommen..............................149
		6.2.2 Kollektive Absicherung: an Bedürfnissen orientierte Infrastruktur........................152
6.3	Entwicklung demokratischer Beteiligungsformen 158	
		6.3.1 Demokratische Gestaltung der Sorgearbeit 158
		6.3.2 Vergesellschaftung von Betrieben und Einrichtungen 163
6.4	Unterstützung vielfältiger Lebensentwürfe 165	

  6.4.1 Commons als solidarische Organisationsform 165
  6.4.2 Zukunftsweisende Leuchttürme 168
6.5 Skizze einer solidarischen Gesellschaft 173

7. **Ausblick** 183

Literatur 193

1. Einleitung

Dieses Buch ist während der Corona-Pandemie 2020 entstanden, in einer Zeit, in der Care-Arbeit zumindest vorübergehend mehr Aufmerksamkeit erhalten hat, als dies gewöhnlich der Fall ist. Insbesondere die Arbeit von Pflegekräften und Ärzt*innen wurde damals gewürdigt.

Aber selbst in dieser zugespitzten Situation, in der von Seiten des Staates viel Geld in die Hand genommen wurde, um das Virus zu bekämpfen und negative Folgen für die Wirtschaft abzufedern, erfuhren familiär Sorgearbeitende kaum Unterstützung und gerieten häufig an den Rand des Machbaren. Viele Eltern mussten über Wochen und Monate individuell eine Ganztagesbetreuung ihrer Kinder realisieren und oft zusätzlich im Home-Office ihren beruflichen Aufgaben nachkommen. Insbesondere Frauen fiel gleichzeitig die Rolle einer Lehrerin, Hauswirtschafterin und Trösterin zu. Entsprechend fühlten sich gerade Alleinerziehende in Zeiten von Corona noch mehr alleine gelassen, als dies ohnehin schon der Fall ist. Dies galt auch für die pflegenden Angehörigen. So führten selbst während der Pandemie große Teile der Care-Arbeit weiterhin ein Schattendasein.

Damit wird ein zentrales Element menschlichen Lebens ignoriert. Denn alle Menschen führen in der einen oder anderen Form Sorgearbeit[1] aus: Sie kümmern sich um sich selbst, um ihre Gesundheit, um ihre Bildung, sie kochen für sich und andere, sie betreuen Kinder, beraten Freund*innen, pflegen Angehörige oder unterstützen Menschen

---

1   Die Begriffe *Care-Arbeit* und *Sorgearbeit* werden im deutschsprachigen Raum synonym gebraucht.

in Not. Sorgearbeit wird alltäglich sowohl unentlohnt in Familien als auch in Care-Berufen, etwa durch Pflegekräfte, Sozialarbeiter*innen oder Erzieher*innen, geleistet und primär von Frauen ausgeführt. In Deutschland leisten Frauen in Familien und im Ehrenamt über 60 Prozent der unentlohnten Sorgearbeit, im beruflichen Bereich sind in Gesundheit und Pflege, Bildung und Erziehung sowie Haushaltsdienstleistungen ca. 80 Prozent der Erwerbstätigen weiblich.

Die Care-Arbeit bildet ein lebensnotwendiges Fundament jeder Gesellschaft. Vom Augenblick der Geburt an können wir ohne die Sorge anderer nicht überleben. Und auch jenseits des Kinder- und Jugendalters und jenseits von Zeiten der Krankheit und Gebrechlichkeit sind Menschen alltäglich auf andere angewiesen. Ohne die vielen, die tagtäglich Kinder betreuen, unterstützungsbedürftige Angehörige pflegen oder in Not Geratenen helfen, würde das gesellschaftliche Leben sofort zusammenbrechen. Schon morgen würden die ersten Menschen sterben, Kinder weinend nach Essen suchen und hilfsbedürftige Erwachsene verzweifelt in einer Ecke sitzen.

Doch obwohl knapp zwei Drittel aller Arbeitsstunden in Deutschland entlohnte und unentlohnte Care-Arbeit sind, werden Umfang und Bedeutung dieser Care-Bereiche massiv unterschätzt und in Wirtschaft und Politik ignoriert und abgewertet. Entsprechend ist die öffentliche Resonanz recht gering, wenn Care-Beschäftigte auf schlechte Arbeitsbedingungen verweisen, insbesondere auf den weit verbreiteten Personalnotstand in Pflegeheimen, ambulanten Diensten, Krankenhäusern, Kitas oder Schulen. Auch gibt es kaum öffentliche Debatten über die Arbeitsbelastung von Menschen mit umfangreichen familiären Sorgeaufgaben. Obwohl viele ihre Überforderung und Erschöpfung tagtäglich spüren, bleiben diese Probleme in den eigenen vier Wänden. So ist es nicht verwunderlich, dass auch die Sorgearbeitenden selbst ihre Überforderung primär als individuelles und nicht als gesellschaftliches Versagen begreifen. Die Gründe für die übermäßigen Belastungen sind jedoch systembedingt, denn zur Begrenzung der Kosten wird die Unterstützung für die lebensnotwendige Sorgearbeit für sich selbst, für andere in Familien oder in Care-Berufen viel zu gering gehalten.

Um dies zu verändern, hat sich im Frühjahr 2014 das Netzwerk Care Revolution[2] gegründet, ein Zusammenschluss von Initiativen, Organisationen und Einzelpersonen primär aus Deutschland, aber auch aus der Schweiz und Österreich. Unser Ziel ist es, die Arbeits- und damit auch die Lebensbedingungen von Sorgearbeitenden in Familien ebenso zu verbessern wie die von Care-Beschäftigten. Es geht uns darum, deutlich mehr Zeit und finanzielle Ressourcen für Sorgearbeit zu erreichen, so dass neue Räume für gelingende Sorgebeziehungen entstehen. Dies geht nur dann, wenn Care-Arbeit und damit die Sorge für sich und für andere einen zentralen Platz in der Gesellschaft erhalten.

Doch damit sich Menschen gut umeinander kümmern können, ist es nicht ausreichend, die Arbeitsbedingungen für Care-Beschäftigte und familiär Sorgearbeitende zu verbessern. Wir sind Teil der Natur und auf hinreichend intakte Ökosysteme angewiesen. Deswegen ist es wichtig, sämtliche Wirtschaftsprozesse ökologisch nachhaltig zu gestalten. Entsprechend arbeitet das Netzwerk Care Revolution auch mit wachstumskritischen Gruppen zusammen, insbesondere mit dem Konzeptwerk Neue Ökonomie in Leipzig.

Im Unterschied zur Zerstörung sozialer Beziehungen durch die übermäßige Belastung von Menschen wird die Zerstörung der Ökosysteme, insbesondere die Klimakatastrophe, seit Jahrzehnten auf der internationalen Bühne diskutiert. Schon auf der Konferenz der Vereinten Nationen über Umwelt und Entwicklung 1992 in Rio de Janeiro wurde das Ziel benannt, die Treibhausgas-Konzentration in der Atmosphäre zu stabilisieren. Im November 2016 trat mit dem Pariser Klimaschutzabkommen sogar eine völkerrechtliche Vereinbarung in Kraft. Mit ihr soll die Erderwärmung bis zum Ende des Jahrhunderts auf 1,5 Grad Celsius gegenüber der vorindustriellen Zeit begrenzt werden.

Dennoch sind die weltweiten Treibhausgas-Emissionen in den letzten Jahrzehnten weiter angestiegen. Wenn sich die Erderwärmung ungehindert fortsetzt, werden Menschen aufgrund von Hitze, Dürreperioden, Stürmen und Überschwemmungen in die Regionen der Erde flie-

---

[2] https://www.care-revolution.org

hen, in denen die Lebensbedingungen noch erträglich bleiben. Im globalen Norden wird es vor hochgerüsteten Grenzen zu heute kaum vorstellbaren Auseinandersetzungen und menschlichen Tragödien kommen. Auch deshalb müssen die Treibhausgas-Emissionen ohne Zeitverzug drastisch reduziert werden. Dies lässt sich allerdings ohne eine Einschränkung der Produktion vieler Güter und Dienstleistungen nicht realisieren.

Das Problem: Der Zweck des beinahe weltweit herrschenden kapitalistischen Systems besteht in der Kapitalverwertung und für diese ist ein permanentes Wirtschaftswachstum notwendig. Deshalb lassen sich in diesem Rahmen trotz des Ausbaus erneuerbarer Energien und trotz steigender Energieeffizienz die Treibhausgas-Emissionen nicht im erforderlichen Maß reduzieren. Denn diese Erfolge werden durch das Wirtschaftswachstum immer wieder zunichte gemacht. Zudem benötigt die kapitalistische Gesellschaftsordnung für dieses Wachstum immer mehr Arbeitskräfte, die möglichst umfassend zur Verfügung stehen sollen. In der Folge kommen viele andere Lebensbereiche zu kurz. Es fehlt an Zeit für die familiäre und nachbarschaftliche Sorge für Kinder und unterstützungsbedürftige Erwachsene ebenso wie für die Selbstsorge, das ehrenamtliche Engagement oder die politische Arbeit.

Die bestehende Gesellschaftsordnung hat also nicht das Potenzial, der Zerstörung der Ökosysteme effektiv entgegenzutreten. Unternehmen und politisch Verantwortliche werden weiterhin Sorgebedürfnisse missachten und soziale Beziehungen gefährden. So werden sich die übermäßige Belastung Sorgearbeitender und die Zerstörung der ökologischen Lebensgrundlagen fortsetzen, solange wir uns in einer kapitalistischen Gesellschaft befinden.

Diese Analyse macht zunächst hilflos. Wir stehen vor der riesigen Aufgabe, profitorientiertes Wirtschaften zunächst einzuschränken und letztlich zu überwinden, um tatsächlich solidarisch und mit Rücksicht auf die planetaren Grenzen leben zu können. Zudem sind diese grundlegenden Veränderungen innerhalb kurzer Zeit notwendig, um den Kollaps der Ökosysteme zu verhindern.

Helfen kann hier nur die Bereitschaft, sich konsequent den zerstörerischen Entwicklungen entgegenzustellen. An einem solchen Engagement mangelt es noch, auch wenn nicht wenige bereits versuchen, ihre eigene Lebensweise zu verändern und ökologisch nachhaltiger zu leben. Viele unterstützen sich gegenseitig in ihrem alltäglichen Leben; sehen aber häufig kaum einen Weg, grundlegende Änderungen herbeizuführen.

Dennoch setzen sich zahlreiche Menschen für Bedingungen ein, unter denen für alle ein gutes Leben realisierbar ist. Das ist insbesondere in sozialen Bewegungen der Fall, die in den letzten Jahren auf einigen wichtigen Feldern an Kraft gewonnen haben. So gibt es seit 2014 Arbeitskämpfe im Krankenhausbereich, in denen sich die Gewerkschaft ver.di für bessere Arbeitsbedingungen stark macht und versucht, Tarifverträge für eine Mindestbesetzung auf den Pflegestationen flächendeckend durchzusetzen. Dies kommt gleichzeitig Patient*innen zugute. In mehreren bundesdeutschen Städten gibt es Unterstützungsbündnisse von Einwohner*innen, die mit den Beschäftigten zusammen für mehr Personal in Krankenhäusern eintreten.

Zugleich engagieren sich viele gegen die Klimakatastrophe. 2019 war vor allem das Jahr von Fridays for Future, im Kern eine Jugendbewegung. Sie haben mit ihren weltweiten Schulstreiks und großen Demonstrationen innerhalb kürzester Zeit Parteien und Organisationen dazu gebracht, sich mit dem Klimawandel auseinanderzusetzen. Auch darf nicht unterschätzt werden, dass über diese Proteste Menschen dazu ermutigt werden, ihren Konsum und ihre Lebensweise zu überdenken.

Um mehr politische Durchsetzungskraft zu entwickeln, fehlt derzeit jedoch ein zumindest punktuell gemeinsames Vorgehen der Klimabewegung und der auf soziale Themen bezogenen Bewegungen. Gleichzeitig fehlt eine gemeinsame Zielsetzung, die die Forderung nach einem System Change auf den Plakaten vieler Klimademonstrant*innen aufnimmt. Schließlich stellt diese grundlegende Umgestaltung eine Aufgabe dar, die sich auf die gesamte Gesellschaft, also auf die Inhalte aller sozialen Bewegungen, bezieht.

Der Übergang in eine andere Gesellschaft ist, zumindest im globalen Norden, wohl nicht als einmaliger Umbruch, sondern als Abfolge vieler, jeweils massiv umkämpfter Schritte zu verstehen. Mit den ersten Erfolgen in Auseinandersetzungen um angemessenere Rahmenbedingungen für Sorgearbeit verbessern Menschen nicht nur ihre Lebensbedingungen, sondern gewinnen auch Zeit für politisches Engagement. Gleichzeitig erhöht jede Verlangsamung der Erderwärmung die Chance, auch in Zukunft noch lebenswerte Alternativen zu entwickeln. Aus zunächst kleinen Fortschritten eröffnen sich neue Möglichkeiten, um Profitmaximierung, permanente Konkurrenz und Wachstum ohne Ende einzuschränken. Dies wird allerdings massive Gegenwehr derer hervorrufen, die vom bisherigen System profitieren. Es gilt also, nicht bei Reformen stehenzubleiben, sondern den erforderlichen Systemwechsel ernst zu nehmen und mit Konsequenz und vor allem Ausdauer dafür zu kämpfen. Letztendlich geht es darum, den Kapitalismus mit vereinten Kräften zu überwinden. Das ist Aufgabe einer revolutionären Realpolitik, wie Rosa Luxemburg (1903/1970: 373) dies nannte.

So weit zu dem, was mich zum Schreiben dieses Buches motiviert hat. In der Folge möchte ich den Argumentationsgang vorstellen. Für dessen Verständnis halte ich jedoch zwei Vorbemerkungen für wichtig: Erstens beziehe ich mich auf die politischen und ökonomischen Regulierungen sowie Entwicklungen in Deutschland. In anderen hoch industrialisierten Ländern lassen sich ähnliche Konstellationen finden. Allerdings können sich sozioökonomische Strukturen, Regulierungen und auch Kräfteverhältnisse von Land zu Land deutlich unterscheiden. Zweitens thematisiere ich die derzeitigen sozialen und ökologischen Probleme in den Kapiteln 2 und 3 zunächst getrennt, um sie dann im Verlauf der Argumentation in Kapitel 4 und 6 aufeinander zu beziehen.

In Kapitel 2 zeige ich, warum Menschen mit umfangreichen Sorgeaufgaben häufig überlastet sind, dies aber kein individuelles Problem darstellt, sondern gesellschaftliche Ursachen hat. Dazu erläutere ich, wie sich im neoliberalen Kapitalismus die Arbeitsanforderungen deutlich verschärft haben. Auch verweise ich auf eine Familien-, Pflege-, Gesundheits- und Sozialpolitik, die nicht primär Sorgearbeitende unterstützt, sondern vielmehr Teil einer Wirtschaftspolitik ist, die kostengünstig möglichst viele Arbeitskräfte möglichst umfassend verfügbar machen soll.

In Kapitel 3 skizziere ich anhand des Klimawandels die ökologische Situation, die sich inzwischen so dramatisch zugespitzt hat, dass ohne ein zügiges politisches Eingreifen die Lebensgrundlagen der jüngeren und zukünftigen Generationen zerstört werden. Während ich im Bereich der Care-Arbeit über viele Jahre auch eigene Forschung betrieben habe, basiert die Argumentation bei der naturwissenschaftlichen Dimension der ökologischen Zerstörung auf der Auseinandersetzung mit Forschungsergebnissen von Klimawissenschaftler*innen.

In Kapitel 4 erläutere ich, wie diese Entwicklungen sowohl zu einer Krise sozialer Reproduktion als auch zu einer Krise ökologischer Reproduktion führen. Hier möchte ich nicht nur verdeutlichen, dass die Zerstörung sozialer Beziehungen und die Zerstörung ökologischer Ressourcen eine gemeinsame Ursache im kapitalistischen System haben, sondern auch, dass diese Gesellschaftsordnung nicht in der Lage ist, die von ihr verursachten Probleme zu lösen.

Die bestehenden gesellschaftlichen Strukturen erschweren es zugleich, sich für eine Politik einzusetzen, die soziale Beziehungen umfassend unterstützt und die bedrohliche Erderwärmung stoppt. Denn die wenigsten können sich vorstellen, wie sich auch nur kleine Reformen für ein gutes Leben durchsetzen lassen, geschweige denn, dass ein solidarisches Zusammenleben jenseits des Kapitalismus möglich ist. Und dennoch versuchen viele Menschen in ihrem Alltagshandeln, ihre eigene Lebenssituation und die anderer zu verbessern. In Kapitel 5 erörtere ich deswegen zunächst, wie Menschen sich bemühen, den beruflichen und familiären Anforderungen gerecht zu werden, ihr Leben umfassend zu optimieren versuchen und dabei häufig leiden und scheitern. Gleichzeitig beginnen viele individuell, die eigene Arbeitsbelastung zu reduzieren; sie suchen in der Freiwilligenarbeit sinnvolle Betätigungsfelder oder leisten kollektiven Widerstand durch politische Interventionen. Anschließend stelle ich Überlegungen dar, wie diese Handlungsbereitschaft, ohne die keine weitergehende Veränderung denkbar ist, gestärkt und politisiert werden kann.

In Kapitel 6 lege ich die Transformationsstrategie der Care Revolution dar, die auf einen grundlegenden Perspektivenwechsel abzielt, der von menschlichen Bedürfnissen ausgeht und die Grenzen nichtmenschlicher Ressourcen respektiert. Dafür entwickle ich vier Ansatzpunkte, wie sich zunächst noch in der kapitalistischen Gesellschaft eine solidarische Care-Ökonomie aufbauen lässt: Erstens ist eine drastische Verkürzung der allgemeinen Erwerbsarbeitszeit erforderlich. Gleichzeitig gilt es zweitens, eine solidarische Unterstützungsstruktur aufzubauen, die es auch Menschen mit umfangreichen Sorgeaufgaben oder mit hohem Sorgebedarf ermöglicht, ein gutes Leben zu führen. Dafür sind wiederum drittens demokratische Strukturen vor Ort notwendig, so dass auch die Bedürfnisse tatsächlich aller wahrgenommen werden können. Und viertens zeigen von unten aufgebaute Gemeinschaftsprojekte heute bereits, wie ein anderes Leben möglich ist. Der Aufbau einer solidarischen Care-Ökonomie bedeutet also einen grundlegenden Wandel, der nicht nur die Veränderung ökonomischer Strukturen umfasst, sondern gleichzeitig die Veränderung der gesamten Lebensweise unterstützt.

Diese Entwicklungen schaffen die Voraussetzung, Unternehmen und Einrichtungen eines Tages vollständig zu vergesellschaften sowie Geld und Tausch abzuschaffen. Auf diesem Weg lande ich am Ende dieses Kapitels – bisher leider nur gedanklich – in einer solidarischen Gesellschaft, in der die Sphärentrennung zwischen entlohnter und nicht entlohnter Arbeit aufgehoben ist. In einer solchen solidarischen Gesellschaft haben alle Menschen freien Zugang zu dem, was in arbeitsteiliger Praxis geschaffen wird, und alle tragen in einem selbstgewählten Umfang zur notwendigen Arbeit bei. Das bedeutet, dass sie selbst über ihren Beitrag entscheiden. Alle können somit ihre Bedürfnisse befriedigen – umfassend, ohne jemanden auszuschließen und nicht auf dem Rücken anderer, bei gleichzeitiger Respektierung des Lebensraums nicht-menschlicher Lebewesen.

In Kapitel 7 halte ich zusammenfassend fest, dass sich mit der Transformationsstrategie der Care Revolution letztendlich eine Gesellschaft erreichen lässt, in der Menschen in erfüllenden sozialen Beziehungen und mit Rücksicht auf die ökologischen Kreisläufe leben können. Allerdings benötigt es dazu den Mut, den Wunsch nach einem guten Leben für sich, aber auch für die nachfolgenden Generationen ernsthaft und konsequent zu verfolgen. Diese Auseinandersetzung zu führen bedeutet zugleich, die eigene Würde zu behaupten.

Dieses Buch entstand auf der Basis von vielfältigen Diskussionen um die Strategie der Care Revolution in politischen Gruppen, bei Vorträgen oder an Ständen im öffentlichen Raum. Dabei habe ich viel gelernt; dies findet auch in den hier dargelegten, im Vergleich zu meinem Buch *Care Revolution* (2015) zugespitzten Positionen seinen Niederschlag. Besonders inspirierend sind für mich die Debatten im Netzwerk Care Revolution. Dort kommen Aktivist*innen zusammen, die unter den derzeitigen gesellschaftlichen Entwicklungen ebenso leiden wie ich und dennoch nicht aufgeben, sondern immer wieder nach Ansatzpunkten für breite Bündnisse suchen. Mein Dank gilt also den vielen Mitdiskutant*innen, die ihre auch kritischen Einschätzungen mit mir teilten. Unterstützt wurde ich darüber hinaus von einzelnen Personen, die mir zu einer ersten vorliegenden Fassung hilfreiche Veränderungsvorschläge unterbreitet haben. Dafür danke ich insbesondere Tanja Carstensen, Wibke Derboven, Jette Hausotter, Michel Raab und Susanne Schlatter.

Dieses Buch wäre allerdings nie geschrieben worden ohne meinen Freund und Lektor Matthias Neumann. Er hat die Idee von Anfang an unterstützt, war davon überzeugt, dass dieses Buch politisch hilfreich sein kann, hat mir immer wieder Mut gemacht, wenn mir die Zuversicht abhandenkam, und hat sich an schwierigen Stellen mit guten Ideen eingebracht. Dafür bin ich ihm sehr dankbar.

2. Gefährdung von Sorgebeziehungen

In diesem Kapitel möchte ich die gesellschaftlichen Ursachen der übermäßigen Belastung von Menschen mit umfangreichen Sorgeaufgaben benennen. Hierfür erläutere ich zunächst, welch hohe gesellschaftliche Bedeutung der Care-Arbeit zukommt (2.1). Danach verdeutliche ich, wie sich im neoliberalen Kapitalismus die Arbeitsanforderungen deutlich verschärft haben, so dass viele die hohe Arbeitsbelastung in Familie und Beruf kaum stemmen können (2.2). In einem dritten Schritt gehe ich auf die erwerbszentrierte Sozialpolitik ein, die nicht primär Sorgearbeitende unterstützt, sondern als Wirtschaftspolitik konzipiert ist, Kosteneinsparungen und Prozesse der Ökonomisierung vorantreibt und dabei Armut in Kauf nimmt. Hier beleuchte ich auch die hohen Arbeitsanforderungen an Care-Beschäftigte (2.3). Im vierten Abschnitt fasse ich die ungenügenden Rahmenbedingungen, unter denen sowohl unentlohnt als auch entlohnt Sorgearbeitende leiden, kurz zusammen (2.4).

2.1 Inhalt und Umfang der Care-Arbeit

Care-Arbeit gibt es als analytisch bedeutsamen Begriff noch nicht lange. 1990 wiesen die US-amerikanischen Wissenschaftlerinnen Berenice Fisher und Joan Tronto unter dem Begriff *caring activity* darauf hin, dass Care-Arbeit in unterschiedlichen Kontexten stattfindet. Sie wird sowohl unentlohnt in Familien[1] als auch von Care-Beschäftigten geleistet (Fisher/Tronto 1990: 46ff.). So entstand ein Begriff, der ähnliche Tätigkeiten in zwei in der ökonomischen Theorie bisher deutlich getrennten Bereichen zusammenführt. Heute werden also unter dem Begriff *Care-Arbeit*, oder im deutschsprachigen Raum synonym *Sorgearbeit*, die Gesamtheit der familiären und ehrenamtlichen Sorgearbeit für andere, die Sorgearbeit für sich selbst sowie die entlohnten Erziehungs-, Bildungs-, Gesundheits-, Pflege- und Haushaltstätigkeiten in Institutionen wie Krankenhäusern, Seniorenheimen oder Kitas sowie in Privathaushalten gefasst. Ziele der Sorgearbeit sind grundsätzlich die Entwicklung und Erhaltung von körperlichen, emotionalen und intellektuellen Fähigkeiten.

Zu den arbeitsinhaltlichen Besonderheiten der Care-Arbeit lässt sich sagen: Es gibt bei diesen Tätigkeiten einen starken Personenbezug; die Arbeit ist also beziehungsorientiert und kommunikationsintensiv. Häufig findet Sorgearbeit in asymmetrischen Beziehungen statt, in denen dennoch die Bedürfnisse aller Beteiligten befriedigt werden können. Auch ist Care-Arbeit ohne Qualitätsverlust kaum rationalisierbar. Dies benannte der US-amerikanische Ökonom William Jack Baumol (1967) bereits in den 1960er Jahren in Bezug auf Dienstleistungsarbeit allgemein. Baumol wählte das Beispiel eines Hornquintetts, um zu verdeutlichen, dass ein Musikstück an Qualität verliert, wenn es schneller oder nur mit vier statt fünf Musizierenden gespielt wird. Ferner lässt sich in Erweiterung von Karl Marx feststellen, dass die Care-Arbeit für die Reproduktion der Arbeitskraft notwendig ist. Dies bedeutet in der kapitalistischen Gesellschaftsformation zugleich, dass sie möglichst kostengünstig ausgeführt werden soll (vgl. dazu ausführlich Abschnitt 4.1).

---

1   Die Familie umfasst im statistischen Sinn alle Eltern-Kind-Gemeinschaften, also Ehepaare und nicht eheliche gleich- und gemischtgeschlechtliche Lebensgemeinschaften sowie Alleinerziehende mit ledigen Kindern im Haushalt. Häufig wird jedoch Familie breiter gefasst – und dieser Definition schließe ich mich an – als »ein Ort, an dem Menschen unterschiedlicher Generationen Verantwortung füreinander übernehmen« (Meier-Gräwe 2020: 35).

2. Gefährdung von Sorgebeziehungen

Lange war unbekannt, welchen Umfang Care-Arbeit in unserer Gesellschaft einnimmt, vor allem deswegen, weil es keine statistischen Daten zur unentlohnten Sorgearbeit in privaten Haushalten gab. Dank frauenpolitischem Engagement gibt es seit den ersten empirischen Daten für 1991/92 ca. alle zehn Jahre eine repräsentative Zeitverwendungsstudie des Statistischen Bundesamts. Nach den Daten der letzten Zeitverwendungsstudie lag im Zeitraum 2012/13 der Anteil der unentlohnten Sorgearbeit bei Frauen mit 66 Prozent an den Gesamtarbeitsstunden deutlich höher als der Anteil der Erwerbsarbeit mit 34 Prozent. Bei Männern war dies mit 45 Prozent unentlohnter Sorgearbeit und 55 Prozent Erwerbsarbeit umgekehrt. Entsprechend leisteten Frauen 60 Prozent der unentlohnten Sorgearbeit.[2] Dabei wird unter der von der Zeitverwendungsstudie aufgeführten unentlohnten Sorgearbeit der Umfang der Hausarbeit, der Arbeit für und mit Kindern, der Pflegearbeit sowie der ehrenamtlichen Arbeit erfasst.

Seit nun die unentlohnt ausgeführten Sorgearbeitsstunden bekannt sind, lässt sich auch der Anteil der gesamten entlohnten und unentlohnten Sorgearbeit an der Gesamtarbeit errechnen; allerdings liegen eben nur alle zehn Jahre aktuelle Daten vor. Für den Zeitraum 2012/13 entfielen 56 Prozent aller Arbeitsstunden auf die unentlohnte Sorgearbeit, nur 44 Prozent auf die Erwerbsarbeit.[3] Damit ist bereits der Umfang der unentlohnten Sorgearbeit deutlich größer als der Umfang der gesamten Erwerbsarbeit.

Innerhalb der Erwerbsarbeit entfielen in dem genannten Zeitraum 18 Prozent der Erwerbsarbeitsstunden auf die Care-Bereiche Gesundheit und Sozialwesen, Erziehung und Unterricht sowie Häusliche Dienste.[4] Letztere werden allerdings nur in geringem Maß erfasst, da sie meist irregulär abgewickelt werden. Bezogen auf den Gesamtumfang der Arbeit lag der Anteil der Erwerbsarbeitsstunden in den

---

2   Statistisches Bundesamt (2015: 11ff.) und eigene Berechnungen
3   Statistisches Bundesamt (2015: 11ff.) und eigene Berechnungen
4   Statistisches Bundesamt (2019a: 362) und eigene Berechnungen. Dabei wurde der Mittelwert der Arbeitsstunden der Erwerbstätigen von 2010 und 2015 verwendet.

aufgeführten Care-Bereichen bei 8 Prozent. So lässt sich zeigen, dass 2012/13 knapp zwei Drittel (56 % unentlohnt und 8 % entlohnt) aller in Deutschland anfallenden Arbeitsstunden Care-Tätigkeiten waren.[5] Dieser Prozentsatz wird in Zukunft weiter zunehmen, da es zwar möglich ist, mit immer geringerem Arbeitseinsatz Konsumgüter zu produzieren, nicht aber, Menschen zu beraten, zu heilen oder zu versorgen, ohne dass dies zu großen Qualitätsverlusten führt.

2.2 Familiär Sorgearbeitende ohne Zeit und Absicherung

Um zu verstehen, warum Menschen mit umfangreichen familiären Sorgeaufgaben heute unter besonders hohem Zeitstress stehen, ist es sinnvoll zu betrachten, wie sich die Verteilung der beruflichen und familiären Arbeit auf die Familienmitglieder verändert hat. In vielen kapitalistischen Industriestaaten war bis in die 1970er Jahre hinein das sogenannte Ernährermodell hegemonial. Es beinhaltet, dass in Familien grundsätzlich eine Person, meist der Mann, erwerbstätig ist, während eine andere Person, meist die Frau, die gesamte familiäre Sorgearbeit leistet. Sie kümmert sich nicht nur umfassend um die Erziehung der Kinder, die gesamte Haushaltsführung und das leibliche, seelische und sexuelle Wohl des Ehemanns, sondern pflegt auch ihre unterstützungsbedürftigen Eltern und versorgt zudem die Schwiegereltern sowie alleinstehende Tanten oder kranke Nachbar*innen.

Das Ernährermodell beruht auf einer grundlegend geschlechterhierarchischen Arbeitsteilung, die durch die Zuweisung von polarisierten Geschlechtercharakteren (Hausen 1976) legitimiert und stabilisiert wird. Die vielfältigen Tätigkeiten in der Familie werden Frauen zugeordnet, als »›Liebesdienst‹ der weiblichen Natur« (Bock/Duden 1977: 186) gerahmt und in keiner Weise honoriert. Damit wird das Tätigsein von Frauen nicht als Arbeit gewertet und auch die Bedeutsamkeit sorgender Beziehungen sowie die Verwiesenheit von Menschen aufeinander bleiben unsichtbar. Gleichzeitig wird dem Mann, der in der

---

5 Statistisches Bundesamt (2015: 11ff., 2019a: 362) und eigene Berechnungen

2. Gefährdung von Sorgebeziehungen

Erwerbsarbeit tätig ist, als sogenanntem Ernährer eine übergeordnete Position zugewiesen.

Dieses Modell setzt einen Familienernährerlohn voraus, mit dem sich der Lebensunterhalt einer weiteren erwachsenen Person und von Kindern finanzieren lässt. Dieses Lohnniveau war in Westdeutschland bis in die Facharbeiterschaft hinein verbreitet. Auch wenn der Lohnarbeitende starb oder krank oder erwerbslos wurde, war die Familie über die Sozialversicherung am Lebensstandard orientiert einigermaßen abgesichert. In der modernisierten Variante, in der Frauen zuverdienten, wie es damals genannt wurde, war das Modell in Westdeutschland auch noch in der zweiten Hälfte des 20. Jahrhunderts bedeutsam. Spätestens aber mit der Jahrhundertwende wurde es im Rahmen einer grundlegend anderen Ausrichtung der Wirtschafts- und Arbeitsmarktpolitik durch ein anderes, das neoliberale Konzept ersetzt. Dafür gibt es mehrere Gründe.

Zunächst waren es bereits seit den 1970er Jahren Feminist*innen, die gegen dieses Ernährermodell Sturm liefen. Die Frauenbewegung hätte allerdings alleine wohl nicht die Kraft gehabt, das in Westdeutschland tief verankerte Bild der Mutter, die sich zu Hause liebevoll um die Kinder kümmert, aufzubrechen. Unterstützung bekam sie von Vertreter*innen aus Unternehmensverbänden und Politik, die den Ausbau der Erwerbstätigkeit von Frauen begrüßten. Denn das alte fordistische Modell mit dem aus heutiger Sicht hohen Familienernährerlohn und den hohen Sozialversicherungsleistungen wurde für die Kapitalseite zu teuer, zumal in Zeiten von globalen Konkurrenzkämpfen auf liberalisierten Märkten. Das neue Credo lautet jetzt, im neoliberalen Kapitalismus, dass jede erwerbsfähige Person – unabhängig von der Anzahl der zu versorgenden Kinder oder zu betreuenden Angehörigen – für das eigene Einkommen verantwortlich ist.

Inzwischen hat sich dieses neoliberale Konzept etabliert. Die Erwerbstätigenquote[6] von Frauen steigt immer weiter an, von 57,0 Prozent im Jahr 1991 auf 72,8 Prozent im Jahr 2019; die entsprechende Er-

---

6   Darunter wird hier der Anteil der Erwerbstätigen an der gleichaltrigen Bevölkerung verstanden.

werbstätigenquote von Männern lag 2019 bei 80,5 Prozent.[7] Während die Erwerbstätigenquote der Väter unabhängig vom Alter der Kinder 2017 bei über 80 Prozent lag, hängt die Erwerbstätigenquote der Mütter sehr stark vom Alter des jüngsten Kindes ab. So war 2017 knapp ein Drittel der Mütter (32,3 %) mit Kindern unter drei Jahren erwerbstätig; gleichzeitig gingen deutlich mehr als zwei Drittel der Mütter mit Kindern im Grundschulalter (69,9 %) und drei Viertel der Mütter mit jugendlichen Kindern zwischen 15 und 17 Jahren (75,2 %) einer Berufstätigkeit nach (Hobler et al. 2018a).

Allerdings sind Mütter von minderjährigen Kindern primär in Teilzeit tätig. War 2017 bei der Betrachtung aller erwerbstätigen Frauen beinahe jede zweite Frau (48,1 %) in Teilzeit beschäftigt, lag bei den erwerbstätigen Müttern mit minderjährigen Kindern die Teilzeitquote bei 68,5 Prozent. Das bedeutet, dass Frauen nach der Kleinkindphase, in der sie häufig zuhause bleiben, durchaus schnell wieder erwerbstätig werden, allerdings überproportional häufig in Teilzeit. Völlig anders sieht es bei den Männern aus. Deren allgemeine Teilzeitquote lag 2017 bei gerade einmal 8,7 Prozent; die Teilzeitquote der Väter mit minderjährigen Kindern lag sogar noch darunter bei 5,9 Prozent (Hobler et al. 2018b), was vermutlich mit dem Zwang zur finanziellen Absicherung einer Familie zusammenhängt.

Gleichzeitig sanken die Reallöhne in der ersten Dekade des neuen Jahrhunderts, von 2000 bis 2009, deutlich (Haipeter 2017). Viele Familien stehen mittlerweile vor der schwierigen Situation, dass beide Elternteile zwei Erwerbsarbeitsverhältnisse, möglichst Vollzeitjobs, ausführen müssten, um sich bis in den Ruhestand hinein finanziell absichern zu können; gleichzeitig sind sie aber auch für die unentlohnte Sorgearbeit zuhause verantwortlich. Völlig unrealistisch wird das neoliberale Konzept bei Alleinerziehenden.

Zugleich haben die Anforderungen in beiden Arbeitsbereichen zugenommen: Auf der einen Seite gibt es flexibilisierte Erwerbsarbeits-

---

7 https://www.destatis.de/DE/Themen/Arbeit/Arbeitsmarkt/Erwerbstaetigkeit/Ta
bellen/erwerbstaetigenquoten-gebietsstand-geschlecht-altergruppe-mikrozen
sus.html

zeiten mit einer Erreichbarkeit durch das Unternehmen bis in den Feierabend und Urlaub hinein, auf der anderen Seite steigen die Anforderungen an die Kindererziehung. Immer wichtiger werden etwa die gesunde Ernährung von Kindern oder die Betreuung der Hausaufgaben. Wie Wibke Derboven (2019: 53ff.) in einer empirischen Studie zeigen kann, verfolgen Eltern in der Kindererziehung zwei sich häufig widersprechende Ziele: Sie setzen zunächst alles daran, dass ihre Kinder später im Leben gut zurechtkommen. Da allerdings eine erfolgreiche berufliche Zukunft im Ungewissen liegt, ist die Sorgearbeit diesbezüglich nie abgeschlossen. Gleichzeitig wollen Eltern ihren Kindern aber auch eine glückliche Kindheit ermöglichen. Der sich daraus ergebende Zielkonflikt zwischen der Durchsetzung von Erziehungszielen, damit Kinder unter anderem in der Schule Erfolg haben, und dem Eingehen auf die Wünsche der Kinder betrachtet Derboven als der heutigen familiären Sorgearbeit immanent. Mit ihm umzugehen, erfordert viel Zeit und Energie.

Sorgearbeitende stehen somit vor dem beinahe unlösbaren Problem, dass ein großes Ausmaß von Sorgearbeit, insbesondere bei der Betreuung von Kindern und der Unterstützung von pflegebedürftigen Angehörigen, und die geforderte jahrzehntelange Vollzeiterwerbsarbeit zur finanziellen Absicherung des eigenen Lebens sich gegenseitig ausschließen. Das wirft bei vielen die Frage auf, warum die eigene Erwerbsarbeit einen so großen Raum einnehmen muss, wenn dadurch die Zeit für das Beisammensein mit nahen Menschen verloren geht.

Politik und Wirtschaft scheinen sich jedoch für diese Problematik nicht zuständig zu fühlen. Dies ist möglich, weil für das Private, für die Arbeit in Familien, nur die jeweils Einzelnen als verantwortlich gelten, nicht aber die Gesellschaft.

2.3 Erwerbszentrierte Sozialpolitik unter Kostendruck

Damit Sorgebeziehungen unter den gesellschaftlichen Bedingungen des Neoliberalismus besser gelingen können, wäre ein Rahmen notwendig, der Menschen mit Sorgeaufgaben und mit Sorgebedarf gemäß ihren individuellen Bedürfnissen unterstützt. Doch anstatt dies zu gewährleisten, zielt die Familienpolitik primär darauf ab, die Erwerbsbeteiligung von Frauen zu erhöhen (2.3.1), wird in der Altenpflege auf Kosten der Unterstützungsbedürftigen gespart (2.3.2), stehen im Gesundheitsbereich neben der Kostensenkung die Verwertungsinteressen von Klinikbetreibern im Vordergrund (2.3.3) und wird die Armut von Sorgearbeitenden sowie Kindern und Pflegebedürftigen in Kauf genommen (2.3.4). In allen Abschnitten verweise ich darauf, welche Auswirkungen dieses staatliche Handeln auf Menschen mit umfangreichen Sorgeaufgaben sowie auf Care-Beschäftigte hat.

2.3.1 Familienpolitik als Wirtschaftsförderung

Für Sorgearbeitende, die Vollzeiterwerbsarbeit und umfangreiche Aufgaben in der Kindererziehung nicht gleichzeitig realisieren können, ist die 2008 in Kraft getretene Unterhaltsreform fatal. Seither haben nach einer Scheidung diejenigen Elternteile, meist Mütter, die hauptverantwortlich für die Kinderbetreuung sind, keinen Anspruch mehr darauf, dass ihr Unterhalt zumindest teilweise von den Ex-Partner*innen bezahlt wird, sobald das jüngste Kind über sechs Jahre alt ist. Dabei wird unterstellt, dass sie trotz der Betreuung der Kinder in einem Umfang erwerbstätig sein können, der ihren Lebensunterhalt deckt. Auch wenn das jüngste Kind zwischen drei und sechs Jahren alt ist, wird erwartet, dass der Elternteil, der überwiegend die Sorgearbeit leistet, zumindest in Teilzeit erwerbstätig ist und damit große Teile des eigenen Unterhalts selbst erwirtschaftet. Dahinter steht das Ziel, die Erwerbsarbeitszeiten von Menschen mit umfangreichen Sorgeaufgaben zu erhöhen. Da diese Arbeitsmenge allerdings von den Hauptsorgetragenden häufig nicht zu bewältigen ist, finden sich mit dieser Unterhaltsregelung viele nach einer Scheidung in prekären Lebensverhältnissen wieder. Das Problem wird dadurch verschärft, dass Frauen nach wie vor deutlich weniger verdienen als Männer.

Das Bundesministerium für Familie, Senioren, Frauen und Jugend (BMFSFJ) setzt sich bereits seit 2003 neben der Erhöhung der Geburtenrate zum Ziel, die Frauenerwerbsbeteiligung weiter zu steigern. Da-

2. Gefährdung von Sorgebeziehungen

mit wird explizit auf ein höheres Wirtschaftswachstum abgezielt (Rürup/Gruescu 2003: 49, 56). Entsprechend unterstützt die Familienpolitik die familiär Sorgearbeitenden primär dort, wo ansonsten die Erwerbstätigkeit von Müttern beeinträchtigt wäre. Die dafür zur Verfügung stehenden Maßnahmen kommen primär den ohnehin finanziell Bessergestellten, den sogenannten Leistungsträger*innen, zugute. So erhielten 2012 die reichsten 10 Prozent der Haushalte 13 Prozent der staatlichen Familienleistungen, während lediglich 7 Prozent der familienpolitischen Ausgaben den ärmsten 10 Prozent der Haushalte zugutekamen (Stichnoth 2016: 18f).

Dies illustriert die Einführung des einkommensabhängigen Elterngelds im Jahr 2007. Während gut verdienende Eltern vom Staat bis zu 1.800 Euro Elterngeld pro Monat als Lohnersatzleistung, jeweils proportional zu ihrem bisherigen Einkommen, beziehen können, werden bei Empfänger*innen von Arbeitslosengeld II, dem sogenannten Hartz IV, selbst die ihnen zustehenden 300 Euro mit dem Arbeitslosengeld verrechnet. Das entspricht faktisch einer Streichung. Es geht also beim Elterngeld explizit nicht um eine allgemeine finanzielle Unterstützung von familiärer Sorgearbeit. Hier werden vielmehr staatliche Mittel zugunsten ohnehin finanziell besser gestellter Menschen verwendet, um deren Lebensstandard abzusichern. Unterstützt werden mit dem Elterngeld primär hoch qualifizierte berufstätige Frauen, die motiviert werden sollen, die neue Generation von Arbeitskräften auf die Welt zu bringen und sie entsprechend den erhöhten Bildungsanforderungen zu erziehen.

Auch der schrittweise Ausbau der Kindertagesstätten ist primär für die Absicherung der Berufstätigkeit von Eltern gedacht.[8] Dabei

---

[8] Das Bundesverfassungsgericht betont dies in seinen Ausführungen zum Urteil vom 21.7.2015 zum Betreuungsgeld: So habe, fasst die Juristin Anne Lenze die Position des Gerichts zusammen, »der massive Ausbau der Kinderbetreuung für unter Dreijährige durch das *Kinderförderungsgesetz* den Eltern die Vereinbarkeit von Familie und Beruf erleichtert, Unternehmen das Potenzial qualifizierter weiblicher Arbeitskräfte erschlossen und die Attraktivität Deutschlands als Wirtschaftsstandort in einer globalisierten Welt gestärkt.« (Lenze 2015: 1659, Herv. i. Orig.)

wird gegen den seit 2013 bestehenden Rechtsanspruch auf einen Betreuungsplatz für alle Kinder vom ersten bis zum dritten Lebensjahr verstoßen. 2019 gab es für 34,3 Prozent der Kinder unter drei Jahren eine Kindertagesbetreuung, allerdings hatten 49,4 Prozent der Eltern einen Betreuungsbedarf (BMFSFJ 2020: 3).

Entsprechend werden auch die sozioökonomischen Unterschiede in der Nutzung der Kitas nicht aufgebrochen. Nach wie vor entscheiden die elterliche Erwerbskonstellation, das Armutsrisiko der Haushalte, der Migrationshintergrund der Eltern und die Bildung der Mutter darüber, ob ein Kind unter drei Jahren die Kita besucht (Jessen et al. 2018: 825). So haben Kinder von zwei erwerbstätigen Eltern oder einem alleinerziehenden erwerbstätigen Elternteil deutlich häufiger einen Kitaplatz. Die Nutzungsquote lag 2015/16 bei gut 71 Prozent, im Vergleich zu etwas mehr als 22 Prozent, wenn beide Elternteile nicht erwerbstätig waren (ebd.: 831). Auch gingen Kinder aus einkommensarmen Haushalten seltener in eine Kita als Kinder aus nicht armutsgefährdeten Haushalten (ebd.: 832). Besonders unterrepräsentiert in Kitas sind Kinder, deren Eltern beide einen Migrationshintergrund haben (ebd.: 831). Das Kindeswohl bleibt damit als Politikziel zweitrangig. Es geht nicht darum, Kinder von Beginn an gleichermaßen zu fördern, sondern um die Unterstützung der elterlichen Berufstätigkeit.

Allerdings ist für die Sicherstellung einer frühkindlichen Förderung nicht nur der Umfang der Betreuung von Kindern unter drei Jahren entscheidend, sondern auch ein guter Fachkraft-Kind-Schlüssel. Dieser hat sich zu Beginn des Ausbaus der Kitas in allen Gruppenformen zwischen 2012 und 2015 verbessert, seither ist allerdings ein Stillstand eingetreten (Autorengruppe 2019: 28). Bei Kindern unter drei Jahren liegt dieser Betreuungsschlüssel bei 4,0 Kindern je Fachkraft, bei Kindern zwischen drei Jahren und dem Schuleintritt bei 8,5 (ebd.). Diese Schlüssel sind deutlich zu hoch, zumal die Aufgaben in den Kitas insbesondere aufgrund der wachsenden Bedeutung der frühkindlichen Bildung angestiegen sind. Ferner gibt es einen gestiegenen Kooperationsbedarf mit Grundschulen, dem Jugendamt und den Eltern. Notwendig ist auch deutlich mehr interkulturelle Kompetenz bei den Beschäftigten im Bereich der frühkindlichen Bildung, was regelmäßige

2. Gefährdung von Sorgebeziehungen

Weiterbildungen erfordert. Um diesen Anforderungen gerecht werden zu können, fordert die Bertelsmann Stiftung seit Jahren bei Kindern unter drei Jahren einen Betreuungsschlüssel von 3,0 Kindern pro Erzieher*in und für die Gruppen von drei Jahren bis zum Schuleintritt von 7,5 Kindern pro Erzieher*in.[9]

Ein solcher Schlüssel ließe sich flächendeckend, aber auch vor Ort, umsetzen, da Kindertagesstätten, anders als Krankenhäuser und Pflegeheime, von den Kommunen mit Zuschüssen der Länder und teilweise auch des Bundes finanziert werden. Auch befanden sich 32,8 Prozent der Kitas im Jahr 2019 direkt in öffentlicher Trägerschaft; 57,2 Prozent wurden in freigemeinnütziger Trägerschaft, 7,4 Prozent von Elterninitiativen und nur 2,6 Prozent von Privatunternehmen betrieben.[10]

Dass angemessene Betreuungsschlüssel nicht erreicht werden, hat nicht nur für Kinder Folgen, sondern auch Auswirkungen auf die Arbeitsbedingungen von Erzieher*innen, deren Zahl sich zwischen 2006 und 2018 um 74 Prozent auf 724.100 Personen erhöht hat (ebd.: 21). Bei dieser Berufsgruppe nimmt die Arbeitsintensivierung aufgrund gestiegener Nachfrage, ausgeweiteter Öffnungszeiten und eines erweiterten inhaltlichen Angebots zu (Bräutigam et al. 2020: 27).

Nach einer Sonderauswertung des Instituts DGB-Index Gute Arbeit (2015) für den Beruf der Erzieher*in identifizierten sich fast alle Erzieher*innen (97 Prozent) in hohem oder sehr hohem Maß mit ihrer Arbeit; im Durchschnitt der anderen Berufe lag dieser Wert bei 86 Prozent. 96 Prozent der Erzieher*innen sahen ihre Arbeit als einen wichtigen Beitrag für die Gesellschaft; bei den anderen Berufsgruppen war dies nur zu 67 Prozent der Fall. Zu ähnlichen Ergebnissen kommt das Institut für Demoskopie Allensbach (2018: 10). Danach stellten die Erzieher*in-

---

9 https://www.bertelsmann-stiftung.de/de/presse/pressemitteilungen/pressemitteilung/pid/zu-wenig-erzieherinnen-in-kitas
10 https://www.laendermonitor.de/de/vergleich-bundeslaender-daten/personal-und-einrichtungen/traeger/kitas-nach-traeger?tx_itaohyperion_pluginview%5Baction%5D=chart&tx_itaohyperion_pluginview%5Bcontroller%5D=PluginView&cHash=ed117cbe6f47e7f97710f316c3b6e300 und eigene Berechnungen

nen in ihrer großen Mehrheit, nämlich zu 95 Prozent, fest, dass ihre Arbeit Spaß macht und erfüllend ist.

Beeinträchtigend für die Erzieher*innen sind jedoch die hohen körperlichen und psychischen Belastungen. Drei Viertel der Erzieher*innen arbeiteten nach der Umfrage des Instituts DGB-Index Gute Arbeit (2015) in ungünstiger Körperhaltung, 39 Prozent mussten schwer heben und 89 Prozent waren Lärm oder lauten Umgebungsgeräuschen ausgesetzt. Alle diese Werte liegen deutlich über dem Durchschnitt anderer Berufe. Entsprechend ging lediglich ein Drittel der Erzieher*innen davon aus, unter den aktuellen Bedingungen bis zum Rentenalter weiterarbeiten zu können. In der Studie des Instituts für Demoskopie Allensbach (2018: 10) wurden als Hauptprobleme genannt, dass die Anforderungen an den Beruf immer höher werden (89 %) und es zu wenig Zeit gibt, um sich gut um jedes Kind zu kümmern (83 %). Dies bestätigt auch ein Ergebnis eines Lehrforschungsprojekts rund um den Kita-Streik 2015, wonach sich Erzieher*innen zur Verbesserung ihrer Arbeitsbedingungen primär deutlich kleinere Gruppen wünschen, um tatsächlich einzelne Kinder angemessen fördern zu können (Hosse et al. 2017).

Der Median des Bruttomonatsentgelts der Vollzeitbeschäftigten in der frühkindlichen Bildung lag 2017 bei 3.253 Euro und entsprach damit ziemlich genau dem Median aller Beschäftigten (3.209 Euro) (Autorengruppe 2019: 116). Aufgrund der hohen Belastung schätzten zwei Drittel aller Erzieher*innen ihr Gehalt allerdings als nicht leistungsgerecht ein. Zudem leistete ein Drittel aller Erzieher*innen sehr häufig oder oft unbezahlte Arbeit für seine Institution (Institut DGB-Index 2015).

Die genannten Probleme im Erzieher*innenberuf treffen vor allem Frauen, da der Bereich der frühkindlichen Bildung zu den am stärksten weiblich dominierten Berufsfeldern in Deutschland zählt. Die Männerquote hat sich zwischen 2006 und 2018 von 3,1 auf gerade einmal 6,2 Prozent erhöht (Autorengruppe 2019: 35).

Es kann davon ausgegangen werden, dass der Kapazitätsausbau bei den Kitas für Kinder unter drei Jahren auch in Zukunft zunehmen wird, da das Familienministerium mit der Agenda 2030 (BMFSFJ 2019: 45) die Ganztagsbetreuung von Kindern von null bis zwei Jahren ausbauen möchte, so dass auch Mütter von kleinen Kindern Vollzeit erwerbstätig sein können. Allerdings werden die Betreuungsschlüssel, eine angemessene Entlohnung der Erzieher*innen sowie ein vom Erwerbsstatus der Eltern unabhängiger und gebührenfreier Kita-Zugang umkämpft bleiben. Denn das Ziel der Familienpolitik ist eine Erhöhung des Erwerbsarbeitsvolumens, ohne dass dabei allzu hohe Kosten entstehen. Familienpolitik bleibt also im Kern Wirtschaftspolitik.

2.3.2 Kostenreduktion in der Pflegepolitik

In Deutschland weist das Statistische Bundesamt (2020a: 9) in seiner Pflegestatistik für das Jahr 2019 ca. 4,1 Millionen Menschen als pflegebedürftig im Sinne des SGB XI aus; dies sind Personen mit einem anerkannten Pflegegrad. In den nächsten Jahren wird der Anteil Pflegebedürftiger an der Gesamtbevölkerung weiter deutlich zunehmen. 2019 waren 20 Prozent aller Pflegebedürftigen stationär in einem Heim untergebracht (ebd.). 80 Prozent wurden zu Hause versorgt, von diesen wiederum 70 Prozent in der Regel allein durch Angehörige, bei 30 Prozent wurden die Haushalte durch einen ambulanten Pflegedienst unterstützt.[11]

Bei der häuslichen Pflege durch Angehörige ist die Beteiligung von Frauen und Männern nach wie vor ungleich. Nach Angaben des Pflegereports 2018 (Rothgang/Müller 2018: 113) sind zwei Drittel der Hauptpflegepersonen weiblich. Es wurden zwei wesentliche Gründe für die häusliche Pflege benannt. Erstens mochte mehr als die Hälfte der pflegebedürftigen Personen nicht von jemand anderem gepflegt werden; zweitens gab knapp die Hälfte der Hauptpflegepersonen die zu hohen Kosten für die ambulante oder stationäre Pflege an (ebd.: 123).

Auf diesen Beitrag von pflegenden Angehörigen setzt auch die 1995 eingeführte Pflegeversicherung, um Kosten zu sparen. Das in der Krankenversicherung geltende Prinzip der weitgehenden Kostenerstattung wird hier durchbrochen. Denn es handelt sich bei der Pflegeversicherung noch nicht einmal um eine Teilkaskoversicherung, sondern um ge-

---

11 Statistisches Bundesamt (2020a: 18) und eigene Berechnungen

deckelte Zuschüsse, die vom Pflegegrad und der Pflegeform abhängen und nicht darauf abzielen, die durch die Pflege entstehenden Kosten tatsächlich zu decken.

Obwohl in § 3 SGB XI[12] explizit der häuslichen Pflege Vorrang eingeräumt wird, ist die finanzielle Unterstützung der pflegenden Angehörigen noch deutlich geringer als diejenige von Familien mit Kindern. Der Grund lässt sich darin vermuten, dass im Gegensatz zu Kindern pflegebedürftige Personen nicht mehr als Arbeitskräfte benötigt werden und auch die pflegenden Angehörigen meist älter und deswegen für den Arbeitsmarkt eher entbehrlich sind als junge Eltern. So konnte für die Unterstützung von pflegenden Angehörigen bisher eine bezahlte Freistellung zur Pflege – vergleichbar mit dem Elterngeld – nicht durchgesetzt werden. Seit 2015 gibt es für lediglich zehn Arbeitstage Lohnersatzleistungen, um für einen pflegebedürftigen nahen Angehörigen in einer akut aufgetretenen Pflegesituation eine bedarfsgerechte Pflege zu organisieren oder eine pflegerische Versorgung in dieser Zeit sicherzustellen.

Die Konsequenzen aus dieser Politik der Kostensenkung tragen die pflegenden Angehörigen. Viele Hauptpflegepersonen im erwerbsfähigen Alter schränken ihre Erwerbstätigkeit ein oder geben sie ganz auf (Hielscher et al. 2017: 91f.). Sie erleiden finanzielle Einbußen und einige sind deswegen auf Hartz IV oder im Alter auf Grundsicherung angewiesen. Auch sind sie durch die Pflege stark belastet. So bekamen 38 Prozent der Hauptpflegepersonen nicht genug Schlaf. 30 Prozent fühlten sich in der Rolle als Pflegende gefangen, für 20 Prozent war die Pflege häufig zu anstrengend, für 23 Prozent wirkte sich die Pflege negativ auf Freundschaftsverhältnisse aus und 19 Prozent hatten Zukunfts- und Existenzängste (Rothgang/Müller 2018: 16).

Mit Beginn der Corona-Pandemie im Frühjahr 2020 stiegen die Anforderungen an die pflegenden Angehörigen deutlich an. Nach

---

12   Dort heißt es: »Die Pflegeversicherung soll mit ihren Leistungen vorrangig die häusliche Pflege und die Pflegebereitschaft der Angehörigen und Nachbarn unterstützen, damit die Pflegebedürftigen möglichst lange in ihrer häuslichen Umgebung bleiben können.« (§ 3 SGB XI)

einer vom Zentrum für Qualität in der Pflege und der Berliner Charité durchgeführten Studie erlebten 40 Prozent der pflegenden Angehörigen Mehrbelastungen durch wegfallende Dienstleistungen und Hilfestrukturen im Wohnumfeld und 31 Prozent fühlten sich durch die aktuelle Pflegesituation überfordert (Eggert et al. 2020: 21). Obwohl auf ihren Schultern noch mehr als in normalen Zeiten große Teile des bundesdeutschen Pflegesystems ruhten, wurden sie viel zu wenig anerkannt, gewürdigt und mit angemessenen Maßnahmen unterstützt.

Zur Unterstützung der häuslichen Pflege engagieren 30 Prozent der Haushalte, in denen gepflegt wird, einen ambulanten Pflegedienst. Diese ambulanten Leistungen werden allerdings von der Pflegeversicherung nur bis zu einer bestimmten Kostenobergrenze erstattet, die vom jeweiligen Pflegegrad abhängt.

In gut verdienenden Familien kommen auch sozial nicht abgesicherte sogenannte 24-Stunden-Kräfte, in der Regel Migrant*innen, zum Einsatz. Diese Betreuungspersonen werden deutlich unter dem Mindestlohn beschäftigt und es wird häufig gegen die Schutzbestimmungen des Arbeitszeitgesetzes verstoßen (Emunds 2016: 51ff.). Auch gibt es kaum eine abgegrenzte Freizeit, vielmehr wird eine mehr oder minder permanente Arbeitsbereitschaft erwartet. Nach Schätzung einer Studie von Volker Hielscher et al. (2017: 95) war 2014 in ca. acht Prozent der Pflegehaushalte in Deutschland eine mit im Haus lebende, meist aus Osteuropa stammende Haushaltsarbeiter*in beschäftigt. Diese Personen übernahmen täglich im Durchschnitt rund zehn Stunden lang Pflege- und Betreuungsaufgaben (ebd.); damit stehen sie unter einer extremen Arbeitsbelastung. Die Studie verweist darauf, dass selbst bei einer arbeitsrechtlich möglichen 48-Stunden-Arbeitswoche mindestens drei Kräfte im Haushalt nötig wären, um eine tägliche 24-Stunden-Betreuung sicherzustellen (ebd.: 97).

Bezüglich der migrantischen Dienstleister*innen etabliert sich eine rassistische Arbeitsteilung im globalen Zusammenhang. Die Betreuung ihrer Kinder wird an meist weibliche Familienangehörige in ihren Heimatländern weitergegeben, wie es Arlie Russell Hochschild (2001) mit dem Verweis auf globale Betreuungsketten beschreibt. Gleichzeitig eröffnet diese Arbeit für manche Migrant*innen die Möglichkeit, ihre Lebensbedingungen und die ihrer Familien zu verbessern, allerdings im Kontext eines transnationalen Lohngefälles (Lutz 2018: 582f.).

Pflegebedürftige, die nicht zu Hause bleiben können oder wollen und deswegen stationär versorgt werden, trifft bei der Unterbringung in einem Pflegeheim eine hohe und steigende Eigenbeteiligung, die im Juli 2020 nach Berechnungen des Verbands der Ersatzkassen bei durchschnittlich 2.015 Euro im Monat lag.[13] So ist es nicht verwunderlich, dass 2017 28 Prozent der stationär gepflegten Menschen Hilfe zur Pflege nach SGB XII erhielten (BMG 2019: 59). Das bedeutet gleichzeitig, dass für diesen Personenkreis vom Sozialamt nur ein persönlicher Barbetrag als sogenanntes Taschengeld von mindestens 116,64 Euro gewährt wird. Das reicht noch nicht einmal für Geschenke an die Enkelkinder und einen Café- oder Frisör-Besuch außerhalb des Seniorenheims.

Zusätzlich zum Kostenproblem leiden die ambulant oder stationär versorgten Pflegebedürftigen unter dem Fachkräftemangel in der Altenpflege, der nach wie vor sehr hoch ist (BfA 2020: 16f.). 2019 waren 601.000 Altenpfleger*innen sozialversicherungspflichtig beschäftigt. 52 Prozent waren als examinierte Fachkraft tätig, 48 Prozent als Altenpflegehelfer*in. Letztere Gruppe ist in den letzten Jahren auch im Verhältnis zur Gruppe der Fachkräfte angewachsen (ebd.: 6f.), da damit Kosten eingespart werden können und es bei den Altenpflegehelfer*innen keinen Arbeitskräftemangel gibt. Im Jahr 2019 waren 83 Prozent dieser Beschäftigten Frauen. Die Teilzeitquote lag für Altenpflegekräfte bei 56 Prozent. Auffallend ist, dass auch 36 Prozent der Männer Teilzeitbeschäftigungen ausübten. Zudem ging die Zunahme der sozialversicherungspflichtigen Beschäftigung in den letzten Jahren überwiegend auf die Zunahme von Teilzeitarbeit zurück (ebd.: 8). Als Ursache für diese Erhöhung führt Michael Simon (2012: 14) treffend zwei Veränderungstendenzen an:

»Zum einen haben Einrichtungen in den letzten Jahren zunehmend mehr Vollzeitstellen in Teilzeitstellen umgewandelt, um mehr Flexibi-

---

13 https://www.vdek.com/presse/daten/f_pflegeversicherung.html

lität in der Personaleinsatzplanung zu erreichen. Zum anderen führt die auf Grund chronischer Unterbesetzung steigende Arbeitsbelastung dazu, dass zunehmend mehr Pflegekräfte aus gesundheitlichen Gründen ihre Arbeitszeit reduzieren«.

Obwohl Fachkräfte in der Altenpflege dringend gesucht werden, war das mittlere Bruttoentgelt vollzeitbeschäftigter Altenpflegefachkräfte 2018 mit 2.879 Euro um 5,7 Prozent geringer als das mittlere Bruttoentgelt für alle Fachkräfte in der Gesamtwirtschaft, das bei 3.052 Euro lag. Das mittlere Bruttoentgelt der Altenpflegehelfer*innen lag mit 2.041 Euro im Monat mit 9,7 Prozent noch deutlicher unter dem mittleren Bruttoentgelt aller Helfer*innen, das bei 2.259 Euro lag.[14]

Dieses niedrige Lohnniveau trägt zum Fachkräftemangel im Bereich der Altenpflege bei. Anstatt die Gehälter jedoch zügig und deutlich anzuheben, beispielsweise auf die Höhe der Gehälter der Krankenpflegefachkräfte bzw. Krankenpflegehelfer*innen, die eine ähnliche Ausbildung durchlaufen wie die Altenpflegekräfte bzw. Altenpflegehelfer*innen, wird zur Abmilderung des Fachkräftemangels auf die Anwerbung von Arbeitskräften im Ausland gesetzt. Lag der Anteil der beschäftigten Ausländer*innen in dieser Branche 2014 noch bei knapp 8 Prozent, so war er bis 2019 auf knapp 14 Prozent angestiegen (BfA 2020: 9).

Aber selbst dies kann den Personalmangel in der ambulanten und der stationären Altenpflege nicht ausgleichen. Dazu kommt, dass eine Fachkraft zu viele Pflegebedürftige zu betreuen hat und dass die für die Verrichtung einzelner Tätigkeiten festgesetzte Zeitspanne zu gering angesetzt ist. So sind Pflegekräfte häufig nicht in der Lage, mit den Bewohner*innen im Pflegeheim oder bei den ambulanten Besuchen zuhause auch nur ein kurzes Gespräch zu führen. 69 Prozent der Altenpfleger*innen gaben an, dass sie sich gehetzt fühlen oder unter Zeitdruck stehen (Institut DGB-Index 2018: 7). 42 Prozent mussten deswegen Abstriche bei der Qualität der Pflege machen (ebd.: 16). So leiden unter der zu geringen Personalausstattung sowohl die Pflegenden als auch die Betreuten.

---

14 BfA (2020: 7) und eigene Berechnungen

Dies hat zugleich Auswirkungen auf die pflegenden Angehörigen. Denn der Zeitdruck in der ambulanten und stationären Altenpflege ist ein wichtiger Grund, warum pflegebedürftige Menschen es vorziehen, von ihren Angehörigen versorgt zu werden. Dazu kommen die hohen, zum Großteil selbst zu tragenden Kosten für einen stationären Heimplatz beziehungsweise das Problem, dass mit der Unterstützung durch ambulante Dienstleistungen das Pflegegeld, auf das viele Familien angewiesen sind, reduziert wird bzw. ganz entfällt.

In der Altenpflege wird also besonders deutlich, wie auf Kosten der Schwächsten, die als Arbeitskräfte nicht mehr gebraucht werden, gespart wird. Statt Vollfinanzierung wird auf das große unbezahlte Engagement der Angehörigen oder Freund*innen gesetzt, insbesondere auf Frauen, die die Sorge für An- und Zugehörige übernehmen. Zugleich leiden durch die viel zu geringe Personalbemessung auch die Altenpflegekräfte.

Gleichzeitig wird die Altenpflege zu einem attraktiven Feld für die Kapitalverwertung; der Anteil privater Unternehmen in diesem Bereich nimmt beständig zu. 2019 waren 67 Prozent der ambulanten Pflegedienste und 43 Prozent der Pflegeheime in privater Trägerschaft (Statistisches Bundesamt: 2020a: 12, 14).[15] Mit Blick auf die demografische Entwicklung baute 2018 auch das Unternehmen Deutsche Wohnen seine Aktivitäten im Bereich der Altenpflege aus.[16] Die dort erwirtschafteten Gewinne werden auf dem Rücken der pflegebedürftigen Menschen, ihrer Angehörigen und der Care-Beschäftigten erzielt.

2.3.3 Ökonomisierung in der Gesundheitspolitik

Im Gegensatz zur Pflegeversicherung, die erst in Zeiten des Neoliberalismus im Jahr 1995 eingeführt worden ist, ist die Krankenversicherung,

---

15 2001 waren 52 % der ambulanten Pflegedienste und 36 % der Pflegeheime in privater Trägerschaft (Statistisches Bundesamt 2003: 4f.).
16 https://www.deutsche-wohnen.com/ueber-uns/presse-news/pressemitteilungen/deutsche-wohnen-verstaerkt-investitionen-in-den-deutschen-wohnungsmarkt/

die es seit 1883 gibt, grundsätzlich eine Vollversicherung. Dennoch lassen sich auch dort inzwischen deutliche Einschnitte erkennen, die zum Ziel haben, Kosten einzusparen. Dies zeigt sich beispielsweise daran, dass die gesetzlichen Krankenkassen die sogenannten individuellen Gesundheitsleistungen (IGeL) nicht oder nicht vollständig begleichen und diese deswegen von den Patient*innen selbst bezahlt werden müssen.

Deutlich wahrnehmbare Veränderungen im Gesundheitssystem fanden in den letzten Jahren insbesondere bei der Finanzierung der Krankenhäuser statt. Dort sollen durch Einsparungen die Kosten für die Krankenversicherung gesenkt und gleichzeitig neue Möglichkeiten der Kapitalverwertung eröffnet werden. Um diese Ziele zu erreichen, wurde 2003 optional und 2004 verpflichtend ein Finanzierungssystem in den Krankenhäusern eingeführt, das auf diagnosebezogenen Fallpauschalen (DRGs – *diagnosis related groups*) aufbaut. Nach diesem DRG-System werden die Krankenhäuser pro Behandlungsfall bezahlt. Sie müssen ihre Kapazitäten entsprechend möglichst weitgehend auslasten und die Kosten je Behandlungsfall drücken.

Erfolgreich ist dieses Konzept der Fallpauschalen aus Sicht von Privatunternehmen, die in Krankenhäusern gute Anlagefelder vorfinden. Die Eigentümerstruktur der Krankenhauslandschaft hat sich entsprechend deutlich verschoben. 2002 standen noch 54 Prozent der Betten unter öffentlicher, 37 Prozent unter freigemeinnütziger und 9 Prozent unter privater Trägerschaft. 2018 hat sich der Anteil der Betten in öffentlich betriebenen Krankenhäusern auf 48 Prozent und der in freigemeinnützigen Krankenhäusern auf 33 Prozent reduziert. Der Anteil der Betten in Häusern privater Unternehmen hat sich dagegen mehr als verdoppelt und lag 2018 bei 19 Prozent.[17]

Eine Folge dieser Finanzierung über Fallpauschalen ist, dass Krankenhäuser alles daran setzen, Kosten zu sparen und mehr Einnahmen zu erzielen. Zu diesem Zweck nehmen sie mehr ärztliche Eingriffe vor, verkürzen die Verweildauer der Patient*innen und halten die Zahl der Pflegekräfte möglichst gering. Entsprechend hat sich die durchschnittliche Verweildauer in Krankenhäusern, die zuvor schon abgenommen

---

17 Statistisches Bundesamt (2020b: 14) und eigene Berechnungen

hatte, von 2002 bis 2018 nochmals um 22 Prozent verringert.[18] Da Menschen nicht schneller gesund werden, nur weil sie früher entlassen werden, kommt es zu sogenannten blutigen Entlassungen und es sind die Freund*innen, Familienangehörigen oder die Patient*innen selbst, die dafür nicht ausgebildet Spritzen setzen oder Wundverbände wechseln (Rakowitz et al. 2020: 195). Hier werden also bisher entlohnte Pflegeaufgaben in die Familien zurückverlagert; damit nimmt die unentlohnte Sorgearbeit zu.

Eine weitere Folge der Fallpauschalen ist das Fehlen von Schutzausrüstungen; dies wurde zu Beginn der Corona-Pandemie sichtbar. Denn für die Vorhaltung von Material erhalten die Krankenhäuser nur ein sehr geringes Budget. Die Krankenhäuser können daher mit der Auflösung von Lagern Kosten sparen. Daraus entsteht im Bedarfsfall ein Mangel, der die Gesundheit von Patient*innen in Krisenzeiten gefährdet. Allerdings kommt es auch im Normalbetrieb zu solchen Fehlallokationen, indem die lukrativsten Behandlungen bevorzugt durchgeführt werden (ebd.: 29ff.). So gibt es eine Überversorgung bei Hüft- und Knie-Operationen sowie bei Kaiserschnitten, da sich diese gut planen lassen (ebd.: 71ff.), dagegen eine Unterversorgung in Kinderabteilungen (ebd.: 65f.).[19]

Das größte Problem in Folge der Einführung der Fallpauschalen ist allerdings der Personalabbau bei Pflegekräften um 9 Prozent seit 2002, dem Jahr vor der Einführung der Fallpauschalen, bis zum Jahr 2006. Seither steigt die in Vollzeitäquivalenten gemessene Personalstärke des Pflegepersonals schrittweise wieder an und im Jahr 2018 hatte sich die Personalausstattung im Vergleich zu 2002 um einen Prozentpunkt erhöht. In der Zwischenzeit ist allerdings die ebenfalls in Vollzeitäquiva-

---

18 Statistisches Bundesamt (2020b: 10) und eigene Berechnungen
19 Im ambulanten Bereich sind die niedergelassenen Ärzt*innen seit langem einem ähnlichen Finanzierungssystem ausgesetzt. Auch hier führt das System zu einer Unterversorgung auf dem Land, in armen Stadtteilen oder bei Leistungen, die nicht rentabel abgerechnet werden können. Dort, wo zahlungskräftige Privatpatient*innen gehäuft wohnen, nimmt die Zahl der Praxen zu, die sich auf Privatpatient*innen konzentrieren und Kassenpatient*innen ausschließen.

lenten gemessene Zahl der Ärzt*innen entsprechend den erhöhten Fallzahlen in den Kliniken um 46 Prozent gestiegen.[20] Obwohl also bei drastisch gesunkener Verweildauer im Krankenhaus die Fallschwere aufgrund von Multimorbidität, das Durchschnittsalter der Patient*innen und die Zahl ärztlich-diagnostischer und -therapeutischer Prozeduren zugenommen haben (Bräutigam et al. 2020: 24), sollen Pflegekräfte die Anforderungen ohne entsprechenden Zuwachs des Personals schultern.

Dies führt zu Leistungsverdichtung und Zeitknappheit. Nach Repräsentativumfragen des Instituts DGB-Index Gute Arbeit (2018: 7) arbeiteten 80 Prozent der Beschäftigten in der Krankenpflege sehr häufig oder oft gehetzt. 59 Prozent gaben an, dass die Arbeitsintensivierung in den letzten 12 Monaten zugenommen hat. Entsprechend sind die Pflegekräfte einer sehr hohen Arbeitsbelastung ausgesetzt. Sie leiden allerdings nicht nur an dieser Belastung, sondern auch an der Tatsache, dass sie deswegen ihren Patient*innen nicht in der von ihnen gewünschten Weise gerecht werden können. 49 Prozent der in der Krankenpflege Beschäftigten konnten ihr Arbeitspensum nur bewältigen, indem sie Abstriche bei der Qualität ihrer Arbeit machten. Dieser Anteil stieg bei Beschäftigten, die angegeben hatten, dass sie unter Stress tätig sind, auf 74 Prozent an (ebd.: 16f.). Hier wird deutlich, dass die Leidtragenden der geringen Personaldecke im Pflegebereich nicht nur die Pflegekräfte selbst, sondern auch die Patient*innen sind, die während ihrer Krankheit besonders auf Unterstützung und Gespräche angewiesen sind.

Die Konsequenz dieser Arbeitsverdichtung ist, dass viele Pflegekräfte ihre Arbeitszeit reduzieren. Gemessen an der hohen Qualifikation der Krankenpflegekräfte war die Teilzeitquote 2019 mit 43 Prozent recht hoch (BfA 2020: 8). Dies hängt allerdings auch damit zusammen, dass 80 Prozent der Pflegekräfte im Gesundheitsbereich weiblich sind (ebd.) und wie andere Frauen in der sogenannten zweiten Schicht überproportional viel unentlohnte Sorgearbeit leisten. Ferner wechseln Pflegekräfte häufig aus Vollzeit in Teilzeit oder steigen sogar vollständig aus ihrem Beruf aus (Karagiannidis et al. 2020).

---

20 Statistisches Bundesamt (2020b: 25), Statistisches Bundesamt et al. (2008: 250) und eigene Berechnungen

Insofern ist der Personalnotstand im Krankenhaussektor weitgehend durch den politisch gesetzten Rahmen verursacht. Ähnlich wie in der Altenpflege besteht der Arbeitskräftemangel insbesondere bei examinierten Fachkräften, die im Jahr 2019 72 Prozent des Pflegepersonals stellten, und Spezialist*innen mit Zusatzausbildungen, beispielsweise für klinische Geriatrie, Rehabilitation, Palliativmedizin oder Onkologie, mit einem Anteil von 12 Prozent. Das mittlere Bruttoentgelt der examinierten Fachkräfte lag bei Vollzeitbeschäftigung in der Krankenpflege 2018 mit 3.405 Euro pro Monat deutlich über dem der Fachkräfte in allen Branchen (3.052 Euro) (BfA 2020: 7). So ist zu vermuten, dass insbesondere die deutlich zu hohen Personalschlüssel von Patient*innen pro Pflegekraft und daraus resultierende Arbeitshetze bei gleichzeitig großer Verantwortung die Suche nach Personal erschweren. Bei Krankenpflegehelfer*innen, die allerdings 2019 mit 16 Prozent einen gegenüber der Altenpflege deutlich niedrigeren Anteil an den Pflegebeschäftigten aufwiesen, gibt es dagegen derzeit keinen Engpass (ebd.: 7, 17).

2.3.4 Fehlender Schutz vor Armut

Das bundesdeutsche Sozialversicherungssystem baut in seiner Grundstruktur darauf auf, dass im Fall von Erwerbslosigkeit, von Erwerbsunfähigkeit oder im Alter eine kollektive Absicherung erfolgt. Die Leistungen der Sozialversicherung orientieren sich dabei prozentual an den eingezahlten Beiträgen und damit großenteils am bisherigen Lebensstandard, sozialer Ausgleich ist nicht ihr Ziel. Im Sinne des neoliberalen Credos der Eigenverantwortung fallen allerdings seit 2005 Erwerbslose nach einer Zeit, die von der Dauer ihrer vorherigen Erwerbstätigkeit und vom Alter abhängt, aus dem Arbeitslosengeld I heraus und landen im Hartz IV-System, das ihnen mit einem deutlich zu geringen Pauschalbetrag, der nur in Bezug auf die Zusammensetzung der Bedarfsgemeinschaft ein wenig variiert, eine umfassende gesellschaftliche Teilhabe verwehrt.

Unter dieser Situation leiden Alleinerziehende in besonderem Maß. Ihnen wird die kaum zu meisternde Aufgabe gestellt, existenzsichernde

Erwerbsarbeit mit der umfassenden Sorgeverantwortung für ein oder mehrere Kinder zu verbinden. Damit stellen Alleinerziehende den Prototyp des neoliberalen Subjekts dar, das durch eigene Erwerbsarbeit sich und die Kinder selbst finanzieren und gleichzeitig in der Lage sein soll, die erforderliche familiäre Sorgearbeit zu leisten. 2018 machten alleinerziehende Mütter und Väter immerhin 18,5 Prozent aller Familien mit minderjährigen Kindern aus (BfA 2019: 6). Dabei waren Frauen mit 84 Prozent immer noch stark überrepräsentiert.[21]

Es ist nicht verwunderlich, dass gerade bei dieser Personengruppe die fehlende materielle Absicherung der Sorgearbeit besonders deutlich wird. Denn durch die Alleinzuständigkeit für die Kinderbetreuung können sie kaum den Anforderungen nach Arbeitszeitflexibilität im Beruf und einer Erwerbsstundenzahl, mit der sie sich und ihr Kind finanziell absichern würden, gerecht werden. Deswegen sind Alleinerziehende weit überproportional von Einkommensarmut betroffen; ihre Armutsquote lag 2018 bei 41,5 Prozent, während sie im bundesdeutschen Durchschnitt 15,5 Prozent betrug (Der Paritätische 2019: 35). Dies ist der Fall, obwohl im Jahr 2018 74,5 Prozent aller Alleinerziehenden erwerbstätig waren, von diesen sogar 48,7 Prozent in Vollzeit (BfA 2019: 13).

Unter Armut leiden allerdings nicht nur diejenigen, die viel Sorgearbeit leisten, sondern auch diejenigen, die in besonderem Maß auf Sorgearbeit angewiesen sind. Entsprechend verharren seit Jahren die Kinderarmutszahlen in Deutschland auf hohem Niveau. Nach einer Längsschnittstudie der Bertelsmann Stiftung, die sich auf Daten von 2015 bezieht, lebten 21,1 Prozent aller Kinder unter 15 Jahren dauerhaft oder wiederkehrend in Armut, weitere 9,9 Prozent erfuhren Armut kurzzeitig (Tophoven et al. 2018: 26f.). Für alle diese Kinder gehören Mangel und Verzicht zum Alltag, der durch materielle Unterversorgung ebenso geprägt ist wie durch einen Mangel an sozialer und kultureller

---

21 https://www.destatis.de/DE/Themen/Gesellschaft-Umwelt/Bevoelkerung/Haushalte-Familien/Tabellen/2-4-lr-familien.html;jsessionid=C68963827C6803C15EA5806EDC3E9066.internet8721?nn=209096 und eigene Berechnungen.

Teilhabe. Dies betrifft etwa den Zugang zu Sport, Musikveranstaltungen oder Urlaubsreisen. Hinzu kommen schlechtere Gesundheit und geringere Bildungschancen, nicht zuletzt, da 24 Prozent im Jahr 2018 keinen Computer mit Internetanschluss hatten (Bertelsmann Stiftung 2020).

Ähnlich ist die Situation einer wachsenden Zahl von Rentner*innen, da die gesetzliche Rente schrittweise demontiert wurde. Maßnahmen waren die Einführung der Riester-Rente und damit die Teilprivatisierung der Altersvorsorge, die Verankerung von Kürzungsfaktoren in der Rentenanpassungsformel und die Anhebung der Regelaltersgrenze. Seit 2001 ist in Deutschland die Dämpfung der Beitragssatzentwicklung oberstes Ziel (Blank 2017: 3). Entsprechend ist das Rentenniveau, welches das Verhältnis einer Standardrente[22] zum Durchschnittsentgelt angibt, von 52,6 Prozent im Jahr 2001 auf 48,2 Prozent im Jahr 2017 gesunken, während der Beitragssatz 2017 mit 18,7 Prozent, wie politisch gewünscht, niedriger ausfiel als vor der Reform, als er im Jahr 2001 19,1 Prozent betrug (ebd.: 4). Die Konsequenz: Bei den 2015 geltenden Werten wäre eine 45-jährige Berufskarriere in Vollzeit mit einem Stundenlohn von 11,42 Euro notwendig, um eine Rente der gesetzlichen Rentenversicherung oberhalb der Grundsicherungsschwelle zu erhalten (ebd.: 10). Dies ist für viele Menschen nicht zu realisieren.[23] Insbesondere Frauen, die häufig wegen umfangreicher Sorgeaufgaben keine durchgängigen Erwerbsbiografien haben, sind betroffen.

Die geschlechterhierarchische Arbeitsteilung ist daher hauptverantwortlich dafür, dass Männer im Schnitt über ein weit höheres Al-

---

22   Eine Standardrente ist das Ergebnis von 45 Jahren Beitragszahlung bei einem Durchschnittsentgelt.
23   Um die Absicherung des Lebensstandards im Alter auch bei gekürztem Rentenniveau aufrechtzuerhalten, wird auf ein Drei-Säulen-Modell aus gesetzlicher Rente, privater und beruflicher Vorsorge verwiesen. Das bedeutet insbesondere für gering verdienende Personen schlicht die Kürzung von Leistungen. Denn für viele Menschen gibt es weder eine betriebliche Vorsorge noch haben sie finanzielle Ressourcen, um sich privat abzusichern. Ursachen dafür sind vor allem die Ausbreitung des Niedriglohnbereichs und die Ausgliederung vieler Beschäftigter aus Großunternehmen mit ihrer institutionalisierten Betriebsrente.

terssicherungseinkommen verfügen als Frauen. Werden die Einkünfte aus der gesetzlichen Rente sowie der betrieblichen und privaten Altersvorsorge zusammengerechnet, bezogen Frauen 2015 ein um 53 Prozent niedrigeres Alterssicherungseinkommen als Männer (Wagner et al. 2017: 4). Während es in der betrieblichen und privaten Altersvorsorge kaum ins Gewicht fallende originär familienpolitische Maßnahmen gibt, werden Kindererziehungszeiten – und auch Pflegezeiten – in der gesetzlichen Rentenversicherung zwar berücksichtigt, allerdings nicht in ausreichendem Maß. Die Gutschriften für Kinder entsprechen den Beitragszahlungen für drei (bei vor 1992 geborenen Kindern nur für zwei) Jahre Erwerbstätigkeit mit einem Durchschnittsverdienst, so dass kürzere Phasen der Kindererziehung ausgeglichen werden können, längere Phasen des Erwerbsausstiegs oder der Teilzeitbeschäftigung allerdings zu deutlichen Rentenminderungen führen. Die gesetzliche Rente, die mit Abstand wichtigste Säule der Altersabsicherung, betrug 2016 für Männer durchschnittlich 1172 Euro und für Frauen 685 Euro pro Monat (ebd.: 8).[24]

Dabei gilt es zu beachten, dass nicht nur zwischen den Geschlechtern Unterschiede in den Alterseinkommen bestehen, sondern auch innerhalb der Gruppe der Frauen. So sind Mütter, da sie eine deutlich erhöhte Wahrscheinlichkeit familiär bedingter Auszeiten oder reduzierter Erwerbsarbeit aufweisen, gegenüber Frauen ohne Kinder schlechter gestellt (Blank/Blum 2017: 5ff.).

2.4 Sorgearbeit unter dem Diktat neoliberaler Wirtschaftspolitik

Zusammenfassend lässt sich festhalten: Die neoliberale Sozialpolitik unterstützt primär gut qualifizierte Menschen, damit sie dem Arbeitsmarkt erhalten bleiben und einen Beitrag zum ökonomischen Wachs-

---

24 Die Kluft zwischen Männern und Frauen fällt in der gesetzlichen Rente etwas geringer aus als in der Gesamtrente, weil Frauen weniger Bezüge aus einer beruflichen oder privaten Altersvorsorge erhalten.

tum leisten. Dabei sollen die Sozialausgaben möglichst gering gehalten werden. Dem liegt das Ziel zugrunde, dass alle erwerbsfähigen Personen möglichst umfassend erwerbstätig sind und sich gleichzeitig sowohl um die nächste Generation als auch darum kümmern, dass die nicht mehr erwerbsfähige Generation versorgt wird.

Entsprechend wird von staatlicher Seite insbesondere dort investiert, wo anderenfalls die Erwerbstätigkeit von familiär Sorgearbeitenden nicht mehr gewährleistet werden könnte. Insofern kommt es in einigen Care-Bereichen durchaus zum Ausbau der Infrastruktur und der Beschäftigung, beispielsweise bei den Kitas und den ambulanten Angeboten in der Altenpflege. Unterm Strich jedoch wird die Eigenverantwortung aller Einzelnen betont. Dies führt bei vielen zu Überforderung, Stress und Erschöpfung.

Es bedeutet auch, dass gerade Menschen mit umfangreichen Sorgeaufgaben ebenso wie diejenigen mit hohem Sorgebedarf, da sie häufig nicht in Vollzeit erwerbstätig sein können, mit geringeren finanziellen Ressourcen auskommen müssen, überproportional von Armut betroffen und oft auf Transferleistungen angewiesen sind. Selbst wenn es ihnen gelingt, während ihrer Erwerbsphase oberhalb der Armutsgrenze zu leben, sind viele spätestens im Alter vom Abrutschen in die Armut bedroht.

Gleichzeitig führt diese neoliberale Kostensenkungspolitik in beinahe allen Care-Bereichen zu hohen Belastungen der Care-Beschäftigten. Gerade Care-Beschäftigte haben ihren Beruf gewählt, weil sie Menschen unterstützen möchten. Dies ist jedoch nur noch begrenzt zu realisieren. So leiden viele nicht nur unter der Arbeitshetze in ihrem Beruf, sondern auch an der fehlenden Zeit, um den Bedürfnissen von Patient*innen, Bewohner*innen oder Kindern und Jugendlichen gerecht zu werden. Verstärkend wirkt, dass Care-Einrichtungen zunehmend von renditeorientierten Unternehmen betrieben werden.

Die Ausrichtung der neoliberalen Sozialpolitik an der Erhöhung des Erwerbsarbeitsvolumens und der Eröffnung von Feldern der Kapitalverwertung bei gleichzeitiger Begrenzung der Kosten schadet also allen. Die hier skizzierten Erfahrungen von fehlender staatlicher Unterstützung und die damit verbundene Überforderung von unentlohnt

Sorgearbeitenden, von Menschen mit hohem Sorgebedarf und von Care-Beschäftigten sind Folge der Krise sozialer Reproduktion, auf die in Kapitel 4 näher eingegangen wird.

3. Lebensbedrohlicher Klimawandel

Thema dieses Kapitels ist die sich zuspitzende Klimakatastrophe.[1] Zunächst werde ich kurz skizzieren, wie die schnell voranschreitende Erderwärmung mit der Zunahme der Emission von Treibhausgasen[2] verbunden ist und welch zerstörerische Folgen sie für die Lebensbedingungen von immer mehr Menschen, insbesondere im globalen Süden, hat (3.1). Danach stelle ich dar, welche Menge Treibhausgase in Deutschland noch emittiert werden darf, damit das politisch gesetzte Ziel, die Erderwärmung auf deutlich unter 2°C zu begrenzen, erreicht werden kann (3.2). Auf dieser Grundlage setze ich mich mit den Planungen der Bundesregierung und der EU-Kommission zur Reduktion der Treibhausgas(THG)-Emissionen in Deutschland auseinander sowie mit deren Kritik aus Sicht des Deutschen Industrie- und Handelskammertags und des Bunds für Umwelt und Naturschutz Deutschland (3.3). Das Kapitel endet mit einer kurzen Zusammenfassung (3.4).

---

1   Die Erderwärmung ist nur eine der Dimensionen, in denen die ökologischen Kreisläufe überlastet werden. Wegen seiner auch politisch besonderen Bedeutung konzentriere ich mich hier jedoch auf die Darstellung des Klimawandels.
2   Anthropogene Treibhausgase sind insbesondere Kohlendioxid (CO_2), das weltweit ca. 66 % des von Menschen erzeugten Treibhauseffekts verursacht, Methan (CH_4) und Distickstoffmonoxid (N_2O). https://www.umweltbundesamt.de/sites/default/files/medien/384/bilder/dateien/5_abb_beitrag-treibhauseffekt-co2-thg_2020-06-03.pdf

3.1 Erderwärmung und die Folgen

Mittlerweile ist unstrittig, dass der Klimawandel von Menschen zu verantworten ist und dass er zumindest große Teile der Erde weitgehend unbewohnbar machen wird, wenn er nicht in seiner Dynamik gebrochen wird. Der Klimawandel ist nicht etwas, was erst stattzufinden droht – er hat längst begonnen. Eine Studie der Science Advisory Group des UN-Klima-Aktionsgipfels 2019 geht davon aus, dass die durchschnittliche Jahrestemperatur im Zeitraum von 2015 bis 2019 um 1,1°C gegenüber der im Zeitraum von 1850 bis 1900 gestiegen ist;[3] damit werden frühere Prognosen noch übertroffen. Wird der gegenwärtige Entwicklungspfad beibehalten, ist bis zum Jahr 2100 mit einem Temperaturanstieg von mehr als 4°C zu rechnen (Rahmstorf/Schellnhuber 2019: 47).

Ebenso unstrittig wie der Klimawandel selbst ist auch, dass er durch den Anstieg von Treibhausgasen in der Atmosphäre verursacht ist. Denn Jahr für Jahr übersteigt der THG-Ausstoß die Aufnahmefähigkeit der Biosphäre. Die überschüssigen Treibhausgase sammeln sich in der Atmosphäre an und bewirken den Temperaturanstieg.[4] Die erhöhte THG-Konzentration wiederum wird hauptsächlich ausgelöst durch die Verbrennung von fossilen Energieträgern bei der Güterproduktion, in Kraftwerken, bei der Heizung von Wohnräumen oder im Verkehr sowie durch den Ausstoß von Methan und Distickstoffmonoxid in der Landwirtschaft. Dazu kommt, dass sich unter anderem durch die Abholzung von Wäldern die Fähigkeit der Natur verringert, CO_2 aufzunehmen.

---

3   https://ane4bf-datap1.s3-eu-west-1.amazonaws.com/wmocms/s3fs-public/ckedi tor/files/United_in_Science_ReportFINAL_0.pdf?XqiGoyszsU_sx2vOehOWpCO km9RdC_gN, S. 5

4   Lag der CO2-Gehalt der Atmosphäre 1750 noch bei ca. 277 parts per million (ppm) (Global Carbon Project: 8), dem für Warmzeiten seit mindestens 800.000 Jahren typischen Wert (Rahmstorf/Schellnhuber: 51), so hat er sich bis 2019 auf 410 ppm erhöht (Global Carbon Project: 8).

3. Lebensbedrohlicher Klimawandel 49

Die weltweiten CO_2-Emissionen[5] aus der Nutzung fossiler Brennstoffe stiegen in den letzten Jahrzehnten kontinuierlich an. Sie lagen im Jahr 2019 bei 36,4 Gigatonnen (Gt) CO_2 (Global Carbon Project 2020: 13). Dazu kommen CO_2-Emissionen, die sich aus der Veränderung der Landnutzung ergeben, so dass das Global Carbon Project (ebd.: 49) für das Jahr 2019 von weltweit 43,0 Gt CO_2-Emissionen ausgeht. Sie liegen damit im Jahr 2019 um 56 Prozent höher als noch 1990 (ebd.), dem Jahr, in dem der erste Bericht des Intergovernmental Panel on Climate Change (IPCC)[6] erschienen ist. Dabei ist die global ungleiche Verteilung zu beachten. Die USA etwa stoßen pro Kopf das 3,4-Fache der weltweit durchschnittlichen Pro-Kopf-Emissionen an CO_2 aus, die gesamte OECD das Doppelte des weltweiten Durchschnitts (ebd.: 28). Deutschland liegt ebenfalls bei fast dem Doppelten des globalen Durchschnitts (BMU 2020: 12f.).

Letztlich ist jedoch nicht der Unterschied zwischen Ländern ausschlaggebend, sondern der zwischen Arm und Reich: Je höher das Einkommen, desto höher die zurechenbaren Emissionen. Dies zeigt eine von Oxfam in Auftrag gegebene Studie (Kartha et al. 2020): Während 2015 die Menschen in der unteren weltweiten Einkommenshälfte pro Person einen durchschnittlichen CO_2-Fußabdruck von 0,69 Tonnen (t) CO_2 hatten, betrug dieser bei den oberen 10 Prozent 23,5 t CO_2. Die 40 Prozent dazwischen besaßen einen durchschnittlichen CO_2-Fußabdruck von 5,3 t, also immer noch das 7,7-Fache der unteren Hälfte.[7] Die Hälfte der Emissionen der reichsten 10 Prozent der Welt-

---

5 Aufgrund der Quellenlage findet hier teils ein Bezug auf CO_2, teils auf Treibhausgase insgesamt statt. Da in Deutschland gemäß dem Sachverständigenrat für Umweltfragen (SRU 2020: 40) CO_2 88 % der THG-Emissionen ausmacht und es zugleich das Treibhausgas ist, das wegen seiner quantitativen Bedeutung und seiner Langlebigkeit im Fokus der Klimapolitik steht, ist dieses Vorgehen vertretbar.
6 Der IPCC, im deutschsprachigen Raum Weltklimarat, ist eine 1988 eingerichtete Institution der Vereinten Nationen, die unter anderem in Sachstandsberichten Forschungsergebnisse zum Klimawandel zusammenträgt.
7 Kartha et al. (2020: 9) und eigene Berechnungen

bevölkerung fiel dabei in Nordamerika und Europa (ohne Russland) an.[8]

Von den Folgen des Temperaturanstiegs sind die Weltregionen unterschiedlich betroffen. Zunächst bedeutet der Anstieg der weltweiten Durchschnittstemperatur, dass große Gebiete rund um den Äquator in Zukunft zu heiß sein werden, um ohne umfassenden Schutz in ihnen leben zu können. Aus diesen Gebieten müssen Menschen abwandern, um zu überleben. Gleichzeitig werden weite Landstriche für den Anbau von Nahrungsmitteln verloren sein oder nur einen deutlich geringeren Ertrag pro Fläche ermöglichen. Hunger ist die Folge; insbesondere werden Regionen des globalen Südens lebensfeindlich sein. Die Klimakatastrophe trifft also in besonderem Maß diejenigen, die mit ihrem geringeren Konsum und daher geringeren Emissionen viel weniger zur Erderwärmung beitragen als Menschen im globalen Norden (IPCC 2018: 445ff.). Es käme zu Millionen von Geflüchteten, zu bewaffneten Konflikten um Land und noch weit mehr Toten an den abgeschotteten Außengrenzen des globalen Nordens als derzeit.

Ferner führen das Schmelzen der Inlandsgletscher und des arktischen Meereises sowie die Ausdehnung des Volumens der erwärmten Meere zu einem weiteren Anstieg des Meeresspiegels. Dieser wird schneller ansteigen, sobald die riesigen Eisschilde auf Grönland und der Antarktis schmelzen (Rahmstorf/Schellnhuber 2019: 59ff.). In der Folge werden küstennahe Landstriche überflutet, die häufig besonders fruchtbar und besonders dicht besiedelt sind. Mit dem Anstieg der Lufttemperatur über dem Meer nimmt auch die Fähigkeit der Atmosphäre zu, Feuchtigkeit zu speichern. In der Folge werden sowohl die Regenmenge als auch die Intensität tropischer Wirbelstürme zunehmen; ihre zunehmende Zerstörungskraft ist bereits jetzt wahrnehmbar.[9] Die Zerstörung von Ökosystemen und ein Temperaturanstieg, dessen Geschwindigkeit in den letzten Jahrmillionen ohne Vergleich ist, werden zu einem großen Artensterben führen.

---

8   Kartha et al. (2020: 11) und eigene Berechnungen
9   www.realclimate.org/index.php/archives/2018/05/does-global-warming-make-tropical-cyclones-stronger/

Zu beachten ist auch, dass diese Entwicklung nicht linear verläuft: Das Erreichen von Kipppunkten lässt einen begonnenen Temperaturanstieg immer mehr an Fahrt gewinnen. Als Kipppunkte werden die Momente bezeichnet, in denen eine Summe von kleinen Veränderungen in einem System dessen Eigenschaften irreversibel verändert. In Begriffen der Dialektik findet ein Umschlag von Quantität in Qualität statt (Angus 2020: 67). Bezogen auf das Klima lösen Kipppunkte Prozesse aus, die aus sich heraus die Erwärmung beschleunigen. Wird ein solcher Punkt erreicht, kommt es in Ökosystemen zu unkontrollierbaren, selbstverstärkenden Prozessen. Beispiele für solche Prozesse sind das Auftauen der Permafrostböden, das das aggressive Treibhausgas Methan freisetzt, sowie der Rückgang des Meereises mit der Konsequenz, dass sich das eisfrei gewordene Meer schneller erwärmt. Denn das helle Eis strahlt Sonnenwärme wesentlich stärker zurück als das dunkle Wasser.

3.2 Umfang der notwendigen Reduktion von Treibhausgas-Emissionen

Der Zusammenhang zwischen der Zunahme der THG-Emissionen und dem Anstieg der Temperatur ist unstrittig und modellierbar. Wenn also eine Grenze des Temperaturanstiegs benannt wird, die nicht überschritten werden darf, lässt sich bestimmen, auf welche Höchstmenge die zukünftigen THG-Emissionen begrenzt werden müssen. Ebenso lässt sich berechnen, welche Menge Treibhausgase in einzelnen Staaten noch emittiert werden darf.

Zur Bestimmung einer Grenze für den Temperaturanstieg wird häufig auf die Klimarahmenkonvention Bezug genommen, die während der Konferenz der Vereinten Nationen über Umwelt und Entwicklung 1992 in Rio de Janeiro verabschiedet worden ist. In Artikel 2 wird das Ziel benannt, die THG-Konzentration in der Atmosphäre auf einem Niveau zu stabilisieren, »auf dem eine gefährliche anthropogene Störung des Klimasystems verhindert wird«.[10] Konkretisiert wurde dieses Vorhaben mit der 2°C-Grenze für die globale Erwärmung auf der Weltklimakonferenz in Cancún 2010.

Im November 2016 trat das Pariser Klimaschutzabkommen in Kraft, das von seinem Status her eine völkerrechtliche Vereinbarung darstellt. In ihm haben erstmals 196 Vertragsparteien vereinbart, die durch Treibhausgase verursachte Erderwärmung bis zum Ende des Jahrhunderts auf »deutlich unter 2°C« gegenüber der vorindustriellen Zeit zu beschränken. Zusätzlich sollen Anstrengungen unternommen werden, um den Temperaturanstieg möglichst auf 1,5°C zu begrenzen.[11] Das Pariser Abkommen stellt also eine Verschärfung der Zielsetzung gegenüber dem 2010 bestätigten 2°C-Ziel dar. Der Zielwert von 1,5°C ist wissenschaftlich durchaus begründet, denn insbesondere hinsichtlich des Anstiegs des Meeresspiegels drohen bei der Orientierung am 2°C-Ziel wesentliche Kipppunkte überschritten zu werden (Schellnhuber et al. 2016: 650f.). Dennoch ist der Trend eines steigenden weltweiten Ausstoßes von Treibhausgasen bislang ungebrochen (Jackson et al. 2019), auch wenn durch die Corona-Pandemie für 2020 mit einem Rückgang der globalen CO_2-Emissionen von ca. 7 Prozent gegenüber 2019 gerechnet wird (Global Carbon Project 2020: 14).

Dabei beruht die Politik zur Erreichung des globalen Klimaziels, wie sie im Pariser Abkommen formuliert ist, auf jeweils freiwillig abgegebenen Erklärungen der Nationalstaaten. Die von den Staaten bislang zugesagten Maßnahmen (*Nationally Determined Contributions*) führen allerdings in ihrer Summe, selbst wenn sie komplett umgesetzt würden, nicht zur Einhaltung des beschlossenen Klimaziels, sondern laufen auf einen Temperaturanstieg um 2,8°C bis 2100 hinaus.[12]

Auf der Basis der oben genannten Zusammenhänge hat Stefan Rahmstorf (2019) vom Potsdam-Institut für Klimafolgenforschung eine Modellrechnung durchgeführt, in der er bestimmt, wie viel CO_2

---

10   https://unfccc.int/resource/docs/convkp/convger.pdf
11   https://eur-lex.europa.eu/legal-content/DE/TXT/?uri=CELEX:22016A1019(01)
12   https://climateactiontracker.org/documents/698/CAT_2019-12-10_BriefingCOP2 5_WarmingProjectionsGlobalUpdate_Dec2019.pdf

in der Zukunft noch emittiert werden darf, damit die Zielsetzungen des Pariser Abkommens eingehalten werden können. Die weltweiten Emissionen müssten danach ab 2016 auf 880 Gt CO_2 begrenzt werden, um mit einer Wahrscheinlichkeit von zwei Dritteln unterhalb eines Temperaturanstiegs von 1,75°C zu bleiben.

Da die Klimapolitik nach wie vor im Wesentlichen von Nationalstaaten bestimmt wird, ist die Frage zu stellen, welcher Anteil einem Staat, im vorliegenden Fall Deutschland, zusteht. Manche Länder des globalen Südens argumentieren nachvollziehbar, dass jedes Land die Verantwortung für die THG-Emissionen seit dem ersten IPCC-Bericht 1990 übernehmen sollte. Das 1990 noch vorhandene Emissionsbudget müsse also ab diesem Zeitpunkt auf die Staaten entsprechend ihrem Anteil an der Weltbevölkerung aufgeteilt werden. Dies wären für Deutschland 1,1 Prozent.

Werden die Emissionen seit 1990 betrachtet, hätte Deutschland seitdem mehr als das ihm noch zustehende Budget verbraucht. Rahmstorf vertritt vor diesem Hintergrund einen weniger radikalen Ansatz: Als Zeitpunkt, ab dem diese Regel gelten soll, wählt er nicht 1990, sondern den Abschluss des Pariser Abkommens, also 2016. Danach stehen Deutschland ab 2016 noch 9,7 Gt CO_2 zur Verfügung. Allerdings wurden hiervon im Zeitraum von 2016 bis 2018 bereits 2,4 Gt verbraucht. Damit verbleiben 7,3 Gt, die ab dem Jahr 2019 noch emittiert werden dürfen (ebd.).

Wie diese verbleibende Menge über die Zeit verteilt wird, ist nicht entscheidend. Als plausible Möglichkeit schlägt Rahmstorf vor, den Verbrauch in jedem Jahr um dieselbe Menge zu verringern. In diesem Fall müssten jährlich 6 Prozent der Emissionen von 2019 eingespart werden, um 2036 bei einem völligen Verzicht auf CO_2-Emissionen anzukommen. Eine geringere Senkung der Emissionen zu Beginn dieses Zeitraums bedeutet, dass später noch drastischere Einschränkungen erforderlich sind. Würde der Rückgang bis 2050 gestreckt, wie es die Planungen der Bundesregierung und der EU-Kommission vorsehen, müsste in den ersten Jahren eine noch stärkere Senkung vorgenommen werden. Denn die zwischen 2036 und 2050 noch anfallenden Emissionen müssten im Zeitraum zuvor eingespart werden, damit die Grenze von 7,3 Gt eingehalten werden kann.

Entsprechend kann Rahmstorf nicht erkennen, »wie die Pläne der Bundesregierung – nach denen wir selbst 2050 noch nicht bei Nullemissionen sind – mit dem Pariser ›deutlich unter 2 Grad‹ vereinbar sind« (ebd.). Das verfügbare Emissionsbudget wäre noch deutlich geringer, wenn die wissenschaftlich viel eher begründbare Begrenzung des Temperaturanstiegs auf 1,5°C angestrebt wird (Lenton et al. 2019) und wenn diese Begrenzung mit einer höheren Wahrscheinlichkeit erreicht werden soll.

3.3 Ungenügende Handlungsvorschläge aus Politik und Wirtschaft

Die Bundesregierung und die EU-Kommission bestimmen mit ihren Planungen gegenwärtig die Strategie, innerhalb derer der Strukturwandel bearbeitet werden soll. Hierbei haben sie sowohl die kurzfristige Sicherung der Rentabilität als auch einen Entwicklungspfad im Blick, der diese längerfristig gewährleisten soll (3.3.1 und 3.3.2). Damit sind jedoch politische Eingriffe verbunden, die Kapitalverbänden wie dem Deutschen Industrie- und Handelskammertag (DIHK) bereits zu weit gehen (3.3.3). Kritik an diesen Positionen kommt von Organisationen, die eine grundlegende Veränderung in der Klimapolitik anmahnen; diese Kritik wird hier am Beispiel des Bunds für Umwelt und Naturschutz Deutschland (BUND) erläutert (3.3.4).

3.3.1 Politik der Bundesregierung

Die Diskussionen und politischen Auseinandersetzungen um den Klimawandel sowie die internationalen Abkommen schlugen sich in Deutschland in verbindlichen staatlichen Zielsetzungen nieder. In Reaktion auf das Pariser Abkommen wurde 2016 der »Klimaschutzplan 2050« aufgestellt, in dem eine Reduktion der THG-Emissionen im Jahr 2050 um 80 bis 95 Prozent gegenüber 1990 vorgesehen ist. Bis 2030 soll ein Rückgang der Emissionen um 55 Prozent erreicht werden (BMU 2016: 7).

Im Klimaschutzplan betrachtet die Bundesregierung den Klimaschutz als »umfassendes Investitions- und Modernisierungsprogramm für die deutsche Volkswirtschaft« (ebd.: 27). Unter der Annahme, dass ein Umbau der Produktionsstruktur in Richtung Klimaneutralität[13] bis Mitte des Jahrhunderts ohnehin erforderlich ist, gelte es, diesen einerseits technologieoffen und andererseits unter Vermeidung von Fehlinvestitionen durchzuführen. Aus Letzterem ergibt sich die Notwendigkeit einer staatlichen Einflussnahme, denn es gehe um »vorausschauende Planung und die gezielte Eröffnung neuer, auch technischer Möglichkeiten« (ebd.: 26). Als selbstverständliche Rahmenbedingung wird gesetzt, dass diese Modernisierung »nicht nur eine klimapolitische, sondern auch eine wirtschaftliche Erfolgsgeschichte wird« (ebd.: 17). Schließlich finde gerade »ein Wettbewerb der Staaten um die klügste und kosteneffizienteste Modernisierungspolitik« (ebd.: 19) statt.

Auch vor dem Hintergrund der von Fridays for Future organisierten Schulstreiks und Demonstrationen legte die Bundesregierung im Herbst 2019 ein »Klimaschutzprogramm 2030« nach, das als Konkretisierung und inhaltliche Verschärfung des Klimaschutzplans dargestellt wird. Besonders wichtig ist hier die Einführung einer Bepreisung von CO_2-Emissionen auch in den Bereichen Gebäude und Verkehr, die vom Emissionshandelssystem der EU ausgenommen sind (BMU 2019: 25ff.). Zudem wurden die Ziele aus Klimaschutzplan und Klimaschutzprogramm im Dezember 2019 in einem Klimaschutzgesetz erstmals rechtsverbindlich festgeschrieben.[14]

---

13 Klimaneutralität ist der Zustand, in dem ein Gleichgewicht zwischen THG-Emissionen und der Aufnahme von Treibhausgasen aus der Atmosphäre in Senken hergestellt ist.

14 www.gesetze-im-internet.de/ksg/KSG.pdf. Allerdings heißt es dort in §4: »Subjektive Rechte und klagbare Rechtspositionen werden durch dieses Gesetz oder aufgrund dieses Gesetzes nicht begründet.«

Entsprechend diesen Zielsetzungen soll der Umbau der materiellen ökonomischen Struktur am Einsatz erneuerbarer Energien und an steigender Energieeffizienz[15] ausgerichtet werden; ein Rückgang des Bruttoinlandsprodukts (BIP) oder auch nur der Güterproduktion ist nicht Bestandteil der Strategie. Damit lässt diese Politik ökonomisch zentrale Produktionskomplexe wie den individuellen Autoverkehr oder die Bedeutung energieintensiver Industrien unangetastet. Als förderungswürdige sektorenübergreifende Technologien werden Wasserstoffnutzung, Batteriezellfertigung sowie die Abscheidung, Speicherung und Nutzung von Kohlendioxid explizit genannt (ebd.: 101, 151f.).[16]

Durch technologische Veränderungen und die verabschiedeten politischen Rahmensetzungen ist in den letzten Jahrzehnten der Ausstoß von Treibhausgasen in Deutschland gesunken. Im Zeitraum von 1990 bis 2019 sind die Emissionen um insgesamt 35,7 Prozent zurückgegangen.[17] Dieser Rückgang kam zustande, obwohl das Bruttoinlandsprodukt in diesem Zeitraum um 53 Prozent angestiegen ist. Denn zugleich ist der Endenergieverbrauch von 1990 bis 2019 um 4 Prozent gesunken. Dem liegt eine gestiegene Energieproduktivität zugrunde.[18] Dass die THG-Emissionen deutlicher als der Energieverbrauch gesunken sind, hängt insbesondere mit dem Anstieg der Anteile erneuerbarer Energiequellen sowie von Erdgas als vergleichsweise weniger belastendem fossilen Energieträger zusammen. Parallel dazu ging der Anteil von Mineralöl und Kohle an den Energiequellen zurück (BMWi 2019a: 14). In der genannten Periode ist jedoch der Einmaleffekt der Deindustrialisierung der ehemaligen DDR mit ihrem hohen Anteil von Kohle als

---

15   Energieeffizienz lässt sich quantitativ durch die Energieproduktivität ausdrücken. Diese wird berechnet als Quotient aus BIP und Energieverbrauch.
16   Die Abscheidung und Speicherung von CO_2 (Carbon Capture and Storage: CCS) basiert darauf, dass CO_2 aus der Luft oder aus den Abgasen von Verbrennungsprozessen herausgefiltert und in Gesteinsschichten eingelagert wird.
17   https://www.bmu.de/pressemitteilung/treibhausgasemissionen-gingen-2019-um-63-prozent-zurueck/
18   https://www.umweltbundesamt.de/sites/default/files/medien/384/bilder/dateien/de_indikator_ener-02_energieproduktivitaet_2020-11-16_0.pdf

Energiequelle zu berücksichtigen: Von 1990 bis 1992 nahmen die CO_2-Emissionen im Verhältnis zum BIP viel stärker ab als in späteren Jahren.[19]

Die Steigerung der Energieproduktivität und der wachsende Anteil erneuerbarer Energien führen also zu einem Sinken der THG-Emissionen. Dennoch sah es bis 2019 danach aus, dass das für 2020 gesetzte Ziel einer Reduktion der THG-Emissionen von 40 Prozent gegenüber 1990 nicht erfüllt würde. Wegen der Sondersituation der Corona-Pandemie und der damit verbundenen weltweiten Rezession ist es nach Schätzungen von Agora Energiewende (2020: 13) noch gelungen, dieses Ziel zu erreichen.

Da die Bundesregierung für die Zukunft bis zum Jahr 2030 mit einem Rückgang der THG-Emissionen um 55 Prozent im Vergleich zum Jahr 1990 plant, muss der Rückgang der Emissionen allerdings beschleunigt werden. Während der jährliche Rückgang der THG-Emissionen zwischen 1990 und 2019 im Durchschnitt 1,2 Prozent der Emissionen von 1990 betrug, ist zwischen 2019 und 2030 ein durchschnittlicher Rückgang von jährlich 2,8 Prozent der THG-Emissionen von 2019 erforderlich.[20] Dafür müssen in allen Bereichen der Ökonomie die Emissionen reduziert werden. Dies gelang bisher in sehr unterschiedlichem Ausmaß: Von 1990 bis 2018, dem letzten Jahr, für das bei Abschluss des Manuskripts nach Sektoren differenzierte Zahlen vorlagen, gingen die THG-Emissionen, wie oben bereits erwähnt, insgesamt um 31,4 Prozent zurück. In der Landwirtschaft (-22,2 %) und insbesondere im Verkehr (-1,2 %) verlief die Entwicklung jedoch wesentlich langsamer. Überdurchschnittlich war die Reduktion im Gebäudebereich (-44,3 %); Energiewirtschaft und Industrie lagen ungefähr im Durchschnitt.[21]

---

19 https://www.deutschlandinzahlen.de/tab/welt/umwelt-Energie/umwelt/co2-emissionen-in-kg-pro-bip-einheit

20 https://www.umweltbundesamt.de/indikator-emission-von-treibhausgasen#die-wichtigsten-fakten und eigene Berechnungen

21 https://www.umweltbundesamt.de/sites/default/files/medien/384/bilder/dateien/3_tab_sektorziele_2020-02-19.pdf und eigene Berechnungen

Abgesehen von der notwendigen Beschleunigung des Rückgangs der Emissionen entspricht jedoch schon die Zielsetzung keineswegs der Dimension, wie sie von Rahmstorf wissenschaftlich begründet formuliert wurde. Wenn die Zielvorgaben des Klimaschutzplans erreicht würden, wären bis 2050 12,8 Gt CO_2 ausgestoßen.[22] Damit übersteigen die Pläne der Bundesregierung den von Rahmstorf errechneten noch zulässigen Ausstoß von 7,3 Gt deutlich. Der Sachverständigenrat für Umweltfragen (SRU) kommt mit einer ähnlichen Modellrechnung ebenfalls zu dem Ergebnis, »dass das Treibhausgasbudget, das sich gemäß der aktuellen nationalen Klimaschutzziele ergäbe, nahezu doppelt so groß ist wie das CO_2-Budget, das nach der Rechnung des SRU zur Erfüllung des Pariser Klimaschutzabkommens für Deutschland angemessen ist« (SRU 2020: 55).

3.3.2 Pläne der Europäischen Kommission

Im Dezember 2019 stellte die Europäische Kommission den Vorschlag eines »European Green Deal« vor, mit dem sie das Reduktionsziel bei der Emission von Treibhausgasen bis 2030 von bisher 40 Prozent auf 50 bis 55 Prozent gegenüber 1990 erhöhen und bis 2050 eine Reduktion um 80 bis 95 Prozent erreichen möchte (EU 2019). Im September 2020 hat die Kommission das Ziel für 2030 verändert; die THG-Emissionen sollen nunmehr um mindestens 55 Prozent reduziert werden.[23] Der Europäische Rat hat dieses Ziel im Dezember 2020 als Beitrag der EU

---

22 https://www.umweltbundesamt.de/sites/default/files/medien/384/bilder/da teien/3_tab_sektorziele_2020-02-19.pdf und eigene Berechnungen. Für die Berechnung wird der Wert der THG-Emissionen von 2018 übernommen und es wird eine Einhaltung der Zwischenziele für 2030 und 2050 angenommen. Für 2050 wird zugunsten der Bundesregierung angenommen, dass das Maximalziel von 95 % Reduktion gegenüber 1990 erreicht wird; die jährliche Reduktion zwischen den Zielwerten sei linear. Der Anteil des CO2-Ausstoßes an den THG-Emissionen sei mit 88 % konstant.

23 https://ec.europa.eu/transparency/regdoc/rep/1/2020/DE/COM-2020-562-F1-DE -MAIN-PART-1.PDF, S. 2

im Rahmen des Pariser Abkommens beschlossen.[24] Auch wenn dieser Green Deal zum Zeitpunkt der Fertigstellung des Manuskripts für dieses Buch im Dezember 2020 noch keinen verbindlichen Status hatte, da ein rechtsverbindliches EU-Klimagesetz erst 2021 verabschiedet werden soll, ist es interessant, ihn sich etwas näher anzuschauen. Denn die Klimaziele der EU sind der Rahmen, innerhalb dessen Deutschland völkerrechtliche Verpflichtungen eingegangen ist; entsprechend werden sich Veränderungen dieser Ziele auch auf die nationalstaatlichen Klimapolitiken auswirken. Insbesondere aber wird im Konzept der EU-Kommission nochmals deutlicher als in den Programmen der Bundesregierung, wie der Klimaschutz mit dem Ziel einer Stärkung der globalen Konkurrenzfähigkeit verkoppelt wird. Es ist auch offensiver in eine allgemeine Modernisierungsstrategie eingefügt.

Wie die Klimapolitik Deutschlands hat auch der Vorschlag eines Green Deal der EU-Kommission zur Prämisse, dass das Gelingen der Kapitalverwertung zu jedem Zeitpunkt gewährleistet sein muss. Dies bedeutet in der Konsequenz erstens, dass ein hinreichendes Wachstum generiert wird, zweitens, dass in der internationalen Konkurrenz keine Nachteile entstehen, und drittens, dass die Finanzierung des Umbaus der Wirtschaftsstruktur die Gewinne nicht belastet. In allen drei Punkten steht der Vorschlag der EU-Kommission durchaus in der Kontinuität neoliberaler Wirtschaftspolitik. Allerdings erkennt die EU-Kommission an, dass dieser grundlegende Umbau der Ökonomie in relativ kurzer Frist erfolgen muss und dass es hierfür einer weitgehenden staatlichen Regulierung bedarf.

Im Mittelpunkt des Green Deal steht die »Dekarbonisierung des Energiesystems« (ebd.: 6), das nach Angaben der Kommission für drei Viertel der THG-Emissionen verantwortlich ist. Dies bedeutet, auf einen wachsenden Anteil regenerativer Energien zu setzen. Eine Beschränkung energieintensiver Industrien schließt die Kommission jedoch aus und strebt stattdessen höhere Energieeffizienz sowie

---

24 https://www.consilium.europa.eu/media/47346/1011-12-20-euco-conclusions-de.pdf, S. 5-8

Reparierbarkeit der Produkte und Wiederverwendbarkeit der eingesetzten Rohstoffe an. Darüber hinaus baut die EU-Kommission als notwendigen Bestandteil ihrer Strategie auf Abscheidung, Speicherung und Nutzung von Kohlendioxid (ebd.: 10). Das Problem hierbei ist, dass diese Technologie noch weitgehend unausgereift und in ihrer Sicherheit und Anwendbarkeit überhaupt noch nicht einschätzbar ist. Sich auf ihre Verfügbarkeit zu verlassen, ist ein Vabanquespiel. Hinzu kommt, dass das Problem der Ressourcenknappheit und der allgemeinen Umweltbelastung zunehmen wird, wenn mithilfe dieser Abscheidungstechnologien der bisherige Umfang industrieller Produktion beibehalten wird.

Beim Umbau der Produktionsstruktur setzt die EU-Kommission auf ein Wachstum der Investitionen und geht von einem dauerhaft zusätzlich erforderlichen jährlichen Investitionsbedarf von 260 Mrd. Euro aus, um die gesetzten Klimaziele erreichen zu können (ebd.: 18). Diese Mittel sollen aus dem Haushalt der EU bereitgestellt werden, insbesondere aber durch Investitionen der Nationalstaaten und vor allem privater Unternehmen. Die Erfüllung dieses Ziels setzt deshalb voraus, dass die EU-Kommission den Unternehmen entsprechende Aussichten auf zukünftige Gewinne eröffnet, ohne die kein Unternehmen zu umfangreichen Investitionen bereit sein wird.

Die Unternehmen in Richtung eines klimaneutralen Umbaus der Produktionsstruktur zu lenken, soll zum Teil über Vorgaben geschehen; im Zentrum der vorgeschlagenen Maßnahmen steht jedoch das bereits bestehende EU-Emissionshandelssystem (ebd.: 5), das auf weitere Bereiche ausgedehnt werden soll.[25] Das Ziel ist, Emissionen auf diesem Weg zunehmend zu verteuern. Gleichzeitig sollen die Unternehmen jedoch vor Konkurrenznachteilen auf dem Weltmarkt geschützt werden. Daher werden gegenwärtig den besonders emissionsintensiven Industrien kostenlose Emissionszertifikate zugeteilt, um deren Wettbewerbsfähigkeit zu sichern. Die Erhaltung von Industriezweigen wie Stahl-, Chemie- und Zementindustrie ist laut EU-Kommission wegen

---

25 Gegenwärtig sind vom EU-Emissionshandelssystem ca. 40 % der CO_2-Emissionen erfasst (Zaklan et al. 2020: 485).

ihrer Stellung in den Wertschöpfungsketten in jedem Fall erforderlich (ebd.: 8).

Die Strategie der EU-Kommission basiert also wie diejenige der Bundesregierung auf der Notwendigkeit eines langfristigen und planmäßigen Umbaus der Produktionsstruktur. Um diese klimaneutrale und kreislauforientierte Wirtschaft zu verwirklichen, möchte die EU-Kommission die gesamte Industrie mobilisieren, allerdings unter der Voraussetzung, dass die Verwertung des in der EU operierenden Kapitals nicht gefährdet wird. Dem entspricht die durchgehende Tendenz, sich für großtechnische Lösungen statt für eine Beschränkung von Produktionsprozessen zu entscheiden. Konsequent ist dann auch, dass in großem Umfang auf Digitalisierung, auf globalen Zugang zu Rohstoffen und auf Technologien gesetzt wird, die hohen zusätzlichen Energieaufwand erfordern und teils auch in ihren Folgen umstritten sind, beispielsweise Wasserstofftechnologien oder die Technologien zur CO_2-Abscheidung, -Speicherung und -Nutzung (ebd.: 10f.). Auch wird mit der Konzentration auf alternative Treibstoffe wie Wasserstoff weiter auf den Individualverkehr gesetzt statt auf einen konsequenten Umstieg auf öffentliche Verkehrsmittel.

3.3.3 Kritik des Deutschen Industrie- und Handelskammertags

Die Position des Deutschen Industrie- und Handelskammertags (DIHK) soll stellvertretend für die Unternehmen herangezogen werden, die das Modernisierungsprojekt, wie es oben vorgestellt wurde, nicht mittragen. Der DIHK teilt mit der Bundesregierung und der EU-Kommission die Prämisse, dass die Konkurrenzfähigkeit der im Inland produzierenden Unternehmen stets gewährleistet sein muss. Allerdings lehnt er weitergehende staatliche Eingriffe ab und akzeptiert auch nicht den Zeitrahmen des Umbaus der Produktionsstruktur in Richtung Klimaneutralität. Worum es ihm im Kern geht, formuliert er gleich zu Beginn seiner Bewertung des oben vorgestellten Vorschlags der EU-Kommission: »Bisher fokussiert der Green Deal zu einseitig auf die Verschärfung der bestehenden und im globalen Vergleich bereits ambitionierten Treibhausgasminderungsziele« (DIHK 2020: 4).

Diskursiv wird das Ziel mitgetragen, zu einer Klimaneutralität der Ökonomie zu gelangen. Dabei führt der DIHK jedoch Argumente ins Feld, die ein Erreichen der Reduktionsziele der EU-Kommission unmöglich machen würden. Beispielsweise fordert er ein, dass zunächst die Einhaltung des bisherigen Reduktionsziels auf europäischer Ebene, das für 2030 eine Einsparung von 40 Prozent der bisherigen THG-Emissionen anstrebt, gesichert werden soll, bevor eine Verschärfung auf 55 Prozent stattfinden kann (ebd.: 5).[26] Ebenso warnt der DIHK davor, dass kurzfristig veränderte Auflagen oder Produktionsverbote die Planungssicherheit von Unternehmen gefährden oder dass Kosten steigernde Auflagen für besonders klimaschädlich produzierende Unternehmen sich über die Vorleistungsverflechtung nachteilig auf andere Unternehmen auswirken würden.

Besonders deutlich wird die Blockadestrategie bei der Frage der globalen Konkurrenzfähigkeit von in der EU produzierenden Unternehmen: Einen Grenzausgleich, der Kostenvorteile von Importen aus Ländern mit geringeren klimapolitischen Standards ausgleicht, befürwortet der DIHK grundsätzlich. Jedoch müsse dieser wegen der Gefahr von Gegenmaßnahmen anderer Staaten in internationalem Einvernehmen stattfinden. Bis dieses hergestellt ist, dürfe die EU nicht auf geltende Fördermaßnahmen wie die Herausnahme bestimmter Branchen aus dem EU-Emissionshandelssystem oder die Zuteilung kostenloser Emissionsrechte verzichten (ebd.: 7ff.). Faktisch bedeutet dies, dass Unternehmen nicht zu gleichermaßen produktionstechnisch möglichen wie klimapolitisch erforderlichen Maßnahmen gezwungen werden dürfen, solange dies in konkurrierenden Wirtschaftsräumen nicht ebenfalls erfolgt oder emissionsarme Technologien ohnehin hinreichend konkurrenzfähig sind. Grundsätzlich wehrt sich der DIHK dagegen, dass Un-

---

26 Von Vertreter*innen dieser politischen Richtung wird eine solche Kritik auch offen damit begründet, dass eine Verschärfung der EU-Klimaziele zu einer Verschärfung auch der in Deutschland geltenden Vorgaben führen würde (CDU/CSU 2020: 3), da nach den bisherigen EU-Regelungen die Klimaziele Deutschlands so wie die der übrigen reichen EU-Länder oberhalb des EU-Durchschnitts liegen müssen.

ternehmen Auflagen gemacht werden, die über eine globale Mengenbegrenzung der THG-Emissionen hinausgehen. Entscheidungen über Produktionsprozesse und Produkte müssen seiner Auffassung nach den Kapitaleigentümer*innen überlassen bleiben.

Aus der Prämisse, dass die Verwertung des eingesetzten Kapitals zu sichern ist, folgt in den bislang vorgestellten Konzepten notwendig ein Wachstum des Bruttoinlandsprodukts. Doch während die EU-Kommission die aus ihrer Sicht erforderliche weitergehende Klimapolitik mit einer staatlich beeinflussten Modernisierungsstrategie verbinden will, wehrt sich der DIHK sowohl gegen eine Einschränkung des Handlungsspielraums der Unternehmen als auch gegen eine Verschärfung der Klimaziele.

3.3.4 Notwendigkeit eines Pfadwechsels

Kritik am Konzept der EU-Kommission wird nicht nur von Akteur*innen vorgetragen, die den einzelnen Unternehmen möglichst umfassende Freiheiten sichern wollen, sondern auch von solchen, die die Notwendigkeit eines grundsätzlichen Pfadwechsels der ökonomischen Entwicklung betonen und auf dieser Basis weitergehende Eingriffe befürworten. Für diese Position steht hier der Bund für Umwelt und Naturschutz Deutschland (BUND), der darauf hinweist, dass die EU-Kommission zu zögerlich vorgeht und die Änderungen nicht grundlegend genug sind (BUND 2020).

Schon die Zielmarke einer weitgehenden Klimaneutralität bis 2050 hält der BUND für unangemessen: Um die globale Erwärmung auf die in Paris beschlossenen Ziele zu begrenzen und um der historischen Verantwortung der EU nachzukommen, müsse dieses Ziel deutlich früher, spätestens jedoch im Jahr 2040, erfüllt werden (ebd.: 6). Damit wird gleich zu Beginn ein komplett anderer Maßstab der Beurteilung notwendiger Maßnahmen deutlich; die Sicherung der Konkurrenzfähigkeit und die Rentabilität spielen hier keine Rolle.

Entsprechend seiner unmittelbaren Orientierung am Klimaziel statt an der Sicherung der Konkurrenzfähigkeit der Unternehmen kritisiert der BUND auch, dass die EU-Kommission sich nicht zu einer Abkehr vom Wachstumspfad bekennt. Insbesondere eine Beschränkung des Ressourcenverbrauchs hält er für entscheidend, nicht zuletzt, weil die Rohstoffgewinnung und -verarbeitung die Hälfte der globalen THG-Emissionen verursache. Denn Effizienzsteigerungen alleine hätten bisher nicht zu einem geringeren Ressourcenverbrauch geführt (ebd.: 11). Der BUND schlägt in diesem Zusammenhang vor, für den Ressourcenverbrauch auf ähnliche Weise wie für THG-Emissionen vertragliche Obergrenzen zu beschließen.

In dieselbe Richtung geht die Kritik des BUND, wenn er das Festhalten an den gegenwärtigen Produktionsstrukturen kritisiert. Das betrifft etwa großtechnologische Lösungen beim Ausbau erneuerbarer Energiequellen, wenn beispielsweise Offshore-Windenergie gefördert werden soll. Auch lehnt er den Fokus auf Wasserstoff als Energieträger oder die Förderung alternativer Treibstoffe ab. Dies würde dazu beitragen, dass weiterhin Lösungen für den Individualverkehr im Mittelpunkt stünden und der öffentliche Personenverkehr nicht zum zentralen Ansatz einer Mobilitätswende werde (ebd.: 17).

Auch eine absolute Senkung des Energieverbrauchs hält der BUND für erforderlich. Diese sei »ohne Suffizienzpolitik und auch die aktive Einbindung der Konsument*innenseite nicht zu haben« (ebd.: 9). Hier wird die Notwendigkeit einer absoluten Reduktion der Menge hergestellter Güter zumindest angedeutet.[27] Wird auf eine Senkung des Energieverbrauchs verzichtet, so der BUND, erzwingt dies den Einsatz von CO_2-Abscheidungs- und Speichertechnologien, den umfassenderen Anbau von Pflanzen als Energieträger und eventuell weitergehende Geoengineering-Maßnahmen. Aus Sicht des BUND sind jedoch die Prozesse selbst, die CO_2 erzeugen, zu vermeiden (ebd.: 8).

Wie die Reduktion von Verkehr, der Nutzung von Wohnfläche und Haushaltsgeräten sowie des Fleischkonsums insbesondere im globalen Norden zum Erreichen der Klimaziele beitragen kann, untersucht eine

---

27 Auch an anderer Stelle drückt sich der BUND (2020: 13) sehr zurückhaltend aus: »Eine absolute Entkopplung von Wirtschaftswachstum und Ressourcenverbrauch, die ausreicht, die planetaren Grenzen einzuhalten, wird es realistischerweise nicht geben.«

Studie der Heinrich-Böll-Stiftung und des Konzeptwerks Neue Ökonomie (Kuhnhenn et al. 2020). Dies erfordere eine Verringerung des Konsums und der Güterproduktion sowie »a change of welfare systems, economic principles and lifestyles« (ebd.: 21). Entsprechend werden Maßnahmen wie die Demokratisierung wirtschaftlicher Entscheidungen oder die Begrenzung hoher Einkommen als erforderlich angesehen.

Die Forderung nach einer Beschränkung der Energienachfrage durch Veränderungen in der Lebensweise[28] kann unabhängig von der politischen Positionierung auch bereits aus einer konsequenten Orientierung am 1,5°C-Ziel hervorgehen. Dies zeigt die Position des Intergovernmental Panel on Climate Change (IPCC). Dieser untersucht in einem Sonderbericht die Auswirkungen einer globalen Erwärmung um 1,5°C und stellt in diesem Kontext verschiedene Pfade vor, auf denen dieses Ziel erreicht werden könnte (IPCC 2018: 14).

Hierfür wurde eine Reihe von Szenarien untersucht, mittels derer die Erderwärmung bis 2100 mit einer Wahrscheinlichkeit von 50 bis 66 Prozent auf 1,5°C begrenzt werden kann. Die Pfade unterscheiden sich insbesondere darin, wie schnell und wie intensiv der globale Energiebedarf eingeschränkt wird. Dabei wird in allen Fällen auf die weitere Nutzung von Atomenergie gesetzt und nur einer der beschriebenen Pfade kommt ohne CO_2-Abscheidung und -speicherung aus. Das Vertrauen in eine solche bislang noch nicht in größerem Maßstab verfügbare und in ihrer Sicherheit fragliche Technologie sieht der IPCC als großes Risiko. Ihr Einsatz sei nur zu vermeiden, wenn besonderes Augenmerk auf steigende Energieeffizienz und sinkende Energienachfrage gelegt wird (ebd.: 96). Dies lässt sich auch als eine Kritik an Konzepten verstehen, wie sie von Bundesregierung und EU-Kommission vertreten werden. Denn diese setzen auf die CO_2-Abscheidung, die im IPCC-Bericht als riskante Technologie dargestellt wird.

---

28 »Lifestyle choices lowering energy demand and the land- and GHG-intensity of food consumption can further support achievement of 1.5°C pathways« (IPCC 2018: 97).

3.4 Erforderliche Senkung der Treibhausgas-Emissionen

Schon dieser kurze Einblick in die Dramatik des Klimawandels zeigt, dass eine schnelle und umfassende Senkung der THG-Emissionen notwendig ist. Das erforderliche Ausmaß dieser Senkung bestimmt sich dabei nach naturwissenschaftlich belegten Wirkungszusammenhängen, über die das globale Niveau der THG-Emissionen und der Grad der Erwärmung verknüpft sind. Der Anteil der Emissionen wiederum sollte dem jeweiligen Anteil an der Weltbevölkerung entsprechen. Da die Emissionen in Deutschland gegenwärtig pro Kopf der Bevölkerung ungefähr doppelt so hoch wie im globalen Durchschnitt sind, muss der Rückgang entsprechend drastischer ausfallen. Hinter dieser Anforderung bleiben die Strategien, die von der Bundesregierung und von der EU-Kommission formuliert wurden, deutlich zurück.

Dies liegt darin begründet, dass die globale Konkurrenzfähigkeit der von Deutschland bzw. der EU aus operierenden Unternehmen als notwendige Rahmenbedingung dieser Strategien gesetzt wird. Deswegen haben eine absolute Senkung des Produktionsniveaus oder die Infragestellung großtechnischer Lösungen im Rahmen dieser Strategien keinen Platz. Allerdings wird, um einen neuen technologischen Entwicklungspfad einzuschlagen, die Bedeutung umfassender staatlicher Eingriffe formuliert. Solche Eingriffe in Unternehmenspolitiken lehnt der DIHK als Gegenposition innerhalb der neoliberalen Politik deutlich ab.

Ernster nehmen den Klimawandel Positionen, die die Klimaziele nicht allein mit steigender Energieeffizienz und einem zunehmenden Anteil nachhaltiger Energiequellen erreichen wollen. Zu den hierfür nötigen Veränderungen im Gesellschaftssystem gibt es beim BUND jedoch keine klaren Aussagen, vom IPCC als Institution der Vereinten Nationen ist dies ohnehin nicht zu erwarten. Lediglich das Gutachten der Heinrich-Böll-Stiftung und des Konzeptwerks Neue Ökonomie verweist darauf, dass die individuelle und kollektive Absicherung wachstumsunabhängig gestaltet und die derzeitigen Lebensweisen verändert werden müssten. Die Studie verdeutlicht allerdings nicht, wie dies gelingen könnte. So bleibt die Frage offen, welche gesellschaftlichen Voraussetzungen notwendig sind, um das permanente Wirtschaftswachstum beenden zu können. Diese Diskussion wird sowohl unter dem Care- als auch unter dem Klimaaspekt in Kapitel 4 weitergeführt.

4. Erschöpfung menschlicher und ökologischer Ressourcen

Kapitel 2 und 3 haben gezeigt, dass sich die Voraussetzungen für gutes Leben ohne einen grundlegenden gesellschaftlichen Wandel in den nächsten Jahrzehnten deutlich verschlechtern werden. In diesem Kapitel begründe ich, warum weder die übermäßige Arbeitsbelastung in Beruf und Familie noch die Erderwärmung durch hohe Treibhausgas(THG)-Emissionen innerhalb der kapitalistischen Gesellschaft zu beheben sind. Zunächst analysiere ich hierfür die Krise sozialer Reproduktion (4.1) und im Anschluss die Krise ökologischer Reproduktion (4.2). Abschließend begründe ich, dass sich daraus die Aufgabe stellt, das kapitalistische System zu überwinden (4.3).

4.1 Krise sozialer Reproduktion

Während ich mich in Kapitel 2 mit den Auswirkungen der neoliberal gesetzten Rahmenbedingungen auf die Sorgearbeitenden beschäftigt habe, gehe ich im Folgenden auf deren systemischen Ursachen ein. Hierfür ist es wichtig, den Stellenwert der unentlohnten Sorgearbeit in einem kapitalistischen System zu verstehen. Im Rahmen dieser politisch-ökonomischen Analyse verwende ich für die unentlohnte Sorgearbeit den Begriff der Reproduktionsarbeit. Denn in diesem Zusammenhang geht es nicht um die Bedeutung der familiären Sorgearbeit für einzelne Menschen, sondern um die Funktion dieser Arbeit für die Kapitalverwertung. Ich stelle also zunächst dar, dass Reproduktionsarbeit in einem kapitalistischen System möglichst kostengünstig und damit Mehrwert steigernd eingesetzt wird (4.1.1). Danach verdeutliche ich, wie sich daraus im Neoliberalismus eine Krise sozialer Reproduktion entwickelt und worin sie sich gegenwärtig zeigt (4.1.2). Abschließend begründe ich, warum innerhalb kapitalistischer Strukturen diese Krise nicht aufzulösen ist, auch wenn sich ihre Auswirkungen durch politische Veränderungen zugunsten von Sorgearbeitenden abschwächen lassen (4.1.3).

4.1.1 Kostengünstige Reproduktion der Arbeitskraft

Menschen können durch ihre Arbeit mehr herstellen, als sie für ihren eigenen Lebensunterhalt benötigen. Diese Fähigkeit machen sich im Kapitalismus Produktionsmittelbesitzende[1] zunutze. Mit dem Einsatz der Arbeitskraft von Lohnabhängigen können sie Mehrwert erzielen und Profite realisieren. Dies ist deswegen möglich, wie Karl Marx im ersten Band des *Kapital* (MEW 23: 207f.) zeigt, weil die Ware Arbeitskraft im Unterschied zu jeder anderen Ware die Besonderheit hat, dass sie mehr Güter und Dienstleistungen produzieren kann, als zu ihrer Reproduktion nötig sind. Diese Differenz eignen sich die Produktionsmittelbesitzenden als Mehrwert an. Entsprechend streben sie danach, die Kosten für die Reproduktion der Arbeitskraft, den Lohn, möglichst gering zu halten.

Dabei bestimmt sich nach Marx der Wert der Arbeitskraft ebenso wie der jeder anderen Ware durch die gesellschaftlich im Durchschnitt notwendige Arbeitszeit, die zur Produktion bzw. Reproduktion dieser spezifischen Ware notwendig ist (ebd.: 184). In diesen Wert fließen nicht nur die Kosten für die Aufrechterhaltung der Arbeitskraft der Lohnarbeitenden ein, sondern auch die Reproduktionskosten für eine neue Generation (ebd.: 185f.). Der Wert der Arbeitskraft und damit auch der Durchschnittslohn hängen also vom Wert der Güter und Dienstleistungen ab, die Lohnarbeitende für ihre eigene Reproduktion

---

1 In diesen Begriff von Marx sind unter anderem auch die Aktionär*innen einer Aktiengesellschaft eingeschlossen.

und für diejenige der von ihnen finanziell abhängigen Familienmitglieder benötigen. Dabei betont Marx, dass »die Wertbestimmung der Arbeitskraft ein historisches und moralisches Element« (ebd.:185) enthält. Das bedeutet, dass auch die Resultate sozialer Kämpfe das gesellschaftlich anerkannte Niveau der Reproduktion bestimmen und damit in die Wertbestimmung der Arbeitskraft einfließen.

Feminist*innen der zweiten Frauenbewegung wiesen darauf hin, dass der Möglichkeit, Profite anzueignen, auch die Tatsache zugrunde liegt, dass Frauen in Familien unentlohnte Arbeit zur Reproduktion der Arbeitskraft leisten. Diese Reproduktionsarbeit ist im Sinne von Marx zwar keine wertschaffende Arbeit, da Arbeitskraft im familiären Zusammenhang von den meist weiblichen Familienangehörigen nicht als Ware produziert wird. Das Ausmaß der Reproduktionsarbeit kann aber dennoch die durchschnittlichen Reproduktionskosten und damit den Wert der Arbeitskraft beeinflussen. Denn je mehr Reproduktionsarbeit, die den Kauf von Waren ersetzt, unentlohnt neben der Lohnarbeit geleistet wird, desto geringer wird der Wert der Arbeitskraft. Damit ist bei ansonsten gleichen Bedingungen der Lohn niedriger und der Mehrwert erhöht sich. Oder andersherum ausgedrückt: Je mehr die zur Reproduktion der Arbeitskraft notwendige Arbeit beispielsweise mittels haushaltsnaher Dienstleistungen, in Restaurants oder in privaten Nachhilfeschulen ausgeführt wird, desto höher müssen die Löhne sein. Damit nimmt bei ansonsten gleichen Bedingungen der Mehrwert ab (vgl. ausführlicher Winker 2018).

Entgegen der naheliegenden Annahme, das Kapital profitiere in besonderem Maß von der nicht erwerbstätigen Hausfrau, lässt sich mit Marx begründen, dass es für die Kapitalverwertung deutlich lukrativer ist, wenn, wie im neoliberalen System, möglichst viele erwerbsfähige Personen ihre Arbeitskraft möglichst lange verkaufen. Marx weist darauf hin, dass mit steigender Erwerbsbeteiligung von Frauen der durchschnittliche Lohn fällt, da kein Familienlohn mehr erforderlich ist und zwei Familienmitglieder zur Deckung der Kosten des Lebensunterhalts einer Familie beitragen. Auch wenn eine solche Familie, weil Zeit für Reproduktionsarbeit fehlt, mehr Fertigwaren und Dienstleistungen kauft und damit für zwei Familienmitglieder mehr

Lohn bezahlt werden muss als vorher für eine Person, verbessert dies die Verwertungsbedingungen, da zwei Lohnarbeitende eine deutlich höhere Mehrarbeit liefern:

> »Der Wert der Arbeitskraft war bestimmt nicht nur durch die zur Erhaltung des individuellen erwachsnen Arbeiters, sondern durch die zur Erhaltung der Arbeiterfamilie nötige Arbeitszeit. Indem die Maschinerie alle Glieder der Arbeiterfamilie auf den Arbeitsmarkt wirft, verteilt sie den Wert der Arbeitskraft des Mannes über seine ganze Familie. Sie entwertet daher seine Arbeitskraft.« (MEW 23: 417)

Gleichzeitig zeigt Marx, dass für die Arbeiterfamilie die Kosten wachsen:

> »Da gewisse Funktionen der Familie, z.B. Warten und Säugen der Kinder usw., nicht ganz unterdrückt werden können, müssen die vom Kapital konfiszierten Familienmütter mehr oder minder Stellvertreter dingen. Die Arbeiten, [...] wie Nähen, Flicken usw., müssen durch Kauf fertiger Waren ersetzt werden. Der verminderten Ausgabe von häuslicher Arbeit entspricht also vermehrte Geldausgabe.« (MEW 23: 417, Fn 121)

An diesem Beispiel aus der frühindustriellen Zeit verdeutlicht Marx, dass die Reproduktionskosten für Familien mit der Berufstätigkeit von Frauen wachsen und dass dies mit einer höheren Lohnsumme, die alle Familienmitglieder gemeinsam erwirtschaften, ausgeglichen wird. Dennoch profitieren die Produktionsmittelbesitzenden, da der Mehrwert gleichzeitig steigt. Denn der Umfang der geleisteten Arbeitsstunden steigt in höherem Maß als die Lohnsumme.

Möglichst umfangreiche Lohnarbeit jeder erwerbsfähigen Person ist auch heute für das Kapital interessant, weil damit die Zahlung von Familienlöhnen nicht mehr erforderlich ist. Auch beeinflusst die familiäre Reproduktionsarbeit, selbst wenn sie keinen Mehrwert schafft, dennoch indirekt die Höhe des Mehrwerts positiv, indem sie die durchschnittlichen Reproduktionskosten der Arbeitskraft verringert. Dies gilt allerdings nur, sofern die erwerbstätigen Reproduktionsarbeiter*innen ihren Lebensunterhalt selbst sichern können.

4. Erschöpfung menschlicher und ökologischer Ressourcen

Die Reproduktionskosten der Arbeitskraft steigen allerdings auch dann an, wenn entlohnte Care-Beschäftigte einen großen Teil der bisher in Familien ausgeführten Reproduktionsarbeit als entlohnte Arbeit übernehmen. Häufig geschieht dies nicht direkt über höhere Ausgaben der Privathaushalte, sondern über höhere Staatsausgaben zum Beispiel für Kitas. Diese in allen hochindustrialisierten Staaten derzeit stattfindende Entwicklung muss über die Erhöhung von Steuern oder Sozialversicherungsbeiträgen finanziert werden. Neoliberal ausgerichtete Gesundheits-, Bildungs- und Familienpolitiken setzen deswegen alles daran, diese Kostensteigerungen so gering wie möglich zu halten, indem beispielsweise Fallpauschalen im Krankenhaus Einsparungen erzwingen oder in privaten Haushalten die Anstellung irregulär Beschäftigter ohne Sozialversicherung und ohne Einhaltung des gesetzlich festgelegten Mindestlohns akzeptiert wird (vgl. Kapitel 2). Gleichzeitig werden zur Begrenzung der Kosten Erwerbstätige aufgefordert, die Sorge um Kinder und Angehörige möglichst weitgehend selbst zu übernehmen. Nur dort, wo andernfalls die Verfügbarkeit der Lohnarbeitenden beeinträchtigt wäre, sind aus dieser Sichtweise Care-Institutionen sinnvoll, deren Kosten allerdings nach Möglichkeit begrenzt werden sollen.

Für die Verwertung des Kapitals ist es also nicht nur wichtig, dass Arbeitskraft reproduziert wird, sondern auch, dass diese Reproduktion möglichst kostengünstig stattfindet. Wie dies konkret passiert – in Kleinfamilien oder in Wohngemeinschaften oder mit Unterstützung von im Haushalt zu niedrigen Löhnen Beschäftigten –, ist in der Logik des kapitalistischen Verwertungsprozesses weitgehend unbedeutend. Entscheidend ist, dass erstens Arbeitskraft in möglichst hohem Umfang zur Verfügung steht, dass Beschäftigte zweitens gleichzeitig durch nicht entlohnte Sorgearbeit die Reproduktionskosten der Arbeitskraft gering halten, dass sie drittens dafür sorgen, dass ihre Arbeitskraft hinsichtlich Qualifikation sowie physischer und psychischer Gesundheit in der Warenproduktion auch rentabel einsetzbar ist, und dass sie viertens Kinder als Arbeitskräfte von morgen großziehen und sich auch um unterstützungsbedürftige ehemalige Arbeitskräfte kümmern.

Es ist allerdings in einer kapitalistischen Ökonomie nicht einfach, die sich widersprechenden Ziele auszubalancieren, einerseits die Reproduktionskosten der Arbeitskraft möglichst niedrig zu halten und gleichzeitig geeignete, passend qualifizierte und flexible Arbeitskräfte zur Verfügung zu haben. Um diesem dem Kapitalismus inhärenten Widerspruch zu begegnen, ist es für die Kapitalverwertung hilfreich, wenn das Lohnniveau differenziert ist. Eine solche Spaltung der Lohnabhängigen gelingt, da klassistische, heteronormative, rassistische und bodyistische – auf körperliche Leistungsfähigkeit bezogene – Herrschaftsverhältnisse wirksam sind. Die in diesem Kontext konstruierten Ungleichheiten, insbesondere in Bezug auf die Leistungsfähigkeit, können dazu führen, dass bestimmten Personengruppen geringere materielle Ressourcen zugewiesen und damit die gesamten Reproduktionskosten der Arbeitskraft gesenkt werden. Mit dem intersektionalen Mehrebenenansatz von Nina Degele und mir (Winker/Degele 2009; Winker 2012) lassen sich diese differenten Positionierungen in Bezug auf Lohn- und Reproduktionsarbeit analysieren.

Eine klassistische Arbeitsteilung spielt Beschäftigte entlang sozialer Herkunft, Bildung und Beruf gegeneinander aus. So drücken Unternehmen und neoliberale Politik in den unteren Einkommensgruppen die Löhne unter das durchschnittliche Reproduktionsniveau; Armut und Existenzunsicherheit sind die Folge. Legitimiert wird dieses Vorgehen mit dem Verweis auf angebliche Leistungsunterschiede. Dies gilt in ähnlicher Weise auch für aus bodyistischen Gründen diskriminierte Personen.

Die ungleiche Entlohnung zwischen den Geschlechtern, aber auch die niedrigeren Löhne von Migrant*innen werden dagegen eher mit Naturalisierungen und kulturellen Differenzen legitimiert. Darauf verweisen auch queer-feministische Theorien, die verdeutlichen, wie durch performative Wiederholungen sexistischer und rassistischer Normen Diskriminierungen aufrechterhalten werden.

Eine weitere Strategie, um die Reproduktionskosten gering zu halten, ist gerade in Zeiten staatlicher Kürzungen im Sozialbereich die Rückverlagerung von Reproduktionsarbeit an die Lohnabhängigen selbst. Entsprechend der neoliberalen Anrufung, Eigenverantwortung für den Lebensunterhalt zu übernehmen, sollen sie neben ihrer Lohnarbeit möglichst eigenständig die Sorgearbeit für sich und ihre Angehörigen übernehmen. Diese Reproduktionsarbeit ist über Geschlechterstereotype, die trotz erhöhter Frauenerwerbstätigkeit wirksam bleiben, weiterhin Frauen zugeordnet. Gleichzeitig bleibt diese gesellschaftlich notwendige Arbeit im hegemonialen Diskurs oft unsichtbar und wird abgewertet. Dies gilt auch, wenn vor dem Hintergrund der rassistischen globalen Arbeitsteilung Familien Teile ihrer Reproduktionsarbeit für Kinder und pflegebedürftige Angehörige an schlecht entlohnte Haushaltsarbeiter*innen ohne soziale Absicherung und ohne Mindestlohn weitergeben. Auch durch Kürzungen sozialer Leistungen für Menschen, die wegen Krankheit oder Weiterbildungsanforderungen einen hohen Aufwand an Selbstsorge leisten müssen, lassen sich die Reproduktionskosten senken.

4.1.2 Kennzeichen der Krise sozialer Reproduktion

Die kapitalistische Produktionsweise ist also auf der Verbindung von Lohnarbeit und unentlohnter Reproduktionsarbeit aufgebaut. Die Absicherung grundlegender menschlicher Bedürfnisse ist nicht Zweck einer so organisierten Ökonomie. Dieser liegt vielmehr in der Verwertung des Kapitals. Um mit dem eingesetzten Kapital Profit zu erzielen, ist der Einsatz von Arbeitskraft unabdingbar. Benötigt werden hinreichend kompetente, möglichst hoch motivierte Arbeitskräfte zu möglichst geringen Löhnen und Gehältern, ohne dass für deren Reproduktion und Bereitstellung zu hohe Kosten entstehen.

Die Entwicklung in der jüngsten Vergangenheit scheint in ebendiese Richtung zu weisen. In Deutschland sind in der Dekade von 2000 bis 2009 die Reallöhne gesunken (Haipeter 2017); mittlerweile verfügen die allermeisten Beschäftigten nicht mehr über einen Familienernährerlohn. Im selben Zeitraum wurden mit den Hartz-Gesetzen Minijobs eingeführt, die Leiharbeit liberalisiert sowie der Abschluss von Werkverträgen erleichtert. Insgesamt wird mit Blick auf die globale Konkurrenz die Lohnarbeit intensiviert und unentlohnt in den Feierabend und den Urlaub hinein ausgedehnt. Darüber hinaus werden die staatlichen Leistungen im Sozialbereich gekürzt sowie die individuellen Absicherungen durch Sozialtransfers begrenzt. Es wird an Betreuungs- und Bildungsausgaben ebenso gespart wie an der Gesundheitsvorsorge oder der Unterstützung Älterer und Kranker. Gleichzeitig muss trotz Kosteneinsparung die Reproduktion der Arbeitskraft aufrechterhalten werden. Deswegen wird in Ergänzung der umfangreichen Kürzungspolitik die Aufgabe, sich beschäftigungsfähig zu halten, verstärkt an die Menschen selbst zurückgegeben.

Allerdings ist das Gelingen dieser Strategie längst nicht gesichert. Der Versuch, die Kosten für die Reproduktion der Arbeitskraft zu drücken, führt nicht nur zu sozialem Leid (vgl. Kapitel 2), sondern auch zur Beeinträchtigung der Kapitalverwertung. Insofern die Zuspitzung des Widerspruchs zwischen der Profitmaximierung durch Kostenreduktion und der notwendigen Reproduktion der Arbeitskraft die quantitative und qualitative Verfügbarkeit der Arbeitskräfte so beeinträchtigt, dass dies perspektivisch eine deutliche Verschlechterung der Bedingungen der Kapitalverwertung nach sich zieht, spreche ich von einer Krise sozialer Reproduktion. Diese Krise zu konstatieren und ihren Verlauf zu untersuchen, ist von politischer Relevanz. Denn der Verlauf der Krise beeinflusst ebenso wie ihre Bearbeitung durch Staat und Unternehmen die Bedingungen, unter denen sich Lohnabhängige reproduzieren. Zudem kann eine Analyse auch Ansatzpunkte für eine gesellschaftsverändernde Politik eröffnen. In Deutschland zeigt sich die Krise sozialer Reproduktion bereits in vielfältiger Art und Weise:

Zunächst äußert sie sich darin, dass in bestimmten Berufsgruppen, beispielsweise in informationstechnischen oder Care-Berufen, Fachkräfte fehlen. Das hat mit den von Beschäftigten kaum beeinflussbaren Arbeitszeiten ebenso zu tun wie mit fehlenden staatlichen Angeboten der Kinderbetreuung. So können insbesondere Mütter mit minderjährigen Kindern wegen ihrer familiären Sorgeaufgaben dem Arbeitsmarkt weder in Vollzeit noch in der gewünschten Flexibilität zur Verfügung stehen. Entsprechend begrenzen diese Frauen den Umfang ihrer Berufstätigkeit.

Durch die starke Zunahme von Teilzeitarbeit ist die durchschnittliche Erwerbsarbeitszeit von Frauen seit 1991 um 3,9 Stunden auf 30,5

Wochenstunden im Jahr 2019 gesunken (Hobler et al. 2021a). Lag im Jahr 1991 die Teilzeitquote der abhängig beschäftigten Frauen bei 30,2 Prozent, so ist sie bis zum Jahr 2019 auf 46,1 Prozent angestiegen (Hobler et al. 2021b). 2015 begründeten mehr als drei Viertel der Mütter (77,9 %) ihre Teilzeitbeschäftigung mit familiären Aufgaben (Hobler et al. 2018c). Als Konsequenz ist das Volumen der Frauenerwerbsarbeit von 1991 bis 2019 deutlich langsamer gewachsen als die Erwerbstätigenquote der Frauen, die seit 1991 um 28 Prozent angestiegen ist.[2] Auch das gesamte Erwerbsarbeitsvolumen aller Beschäftigten wuchs von 1991 bis 2018 nur um 3,0 Prozent, obwohl sich die Zahl der Erwerbstätigen in diesem Zeitraum um 15,4 Prozent erhöht hat.[3]

Ferner fehlt es an hochqualifizierten Fachkräften, die sich in neue Aufgabenstellungen zügig einarbeiten können. Für diese Misere sind insbesondere Sparmaßnahmen im Bildungsbereich verantwortlich, beispielsweise die Verkürzung der Bildungszeiten an Gymnasien und Hochschulen. Entsprechend wurden in den letzten Jahrzehnten für ein hoch industrialisiertes Land wie Deutschland deutlich zu geringe Ressourcen für Bildung und Weiterbildung zur Verfügung gestellt. Diese Unterversorgung lässt sich an den jährlichen Bildungsausgaben ablesen, die in Deutschland im Vergleich zu vielen anderen OECD-Ländern niedrig sind. Während im Jahr 2017 Deutschland 4,2 Prozent des Bruttoinlandsprodukts (BIP) für Schulen und Hochschulen ausgab, lagen die durchschnittlichen Ausgaben der OECD-Länder mit 4,9 Prozent deutlich höher. Norwegen, das Land an der Spitze dieses Rankings, gab mit 6,6 Prozent des BIP über die Hälfte mehr aus als Deutschland. Auch die durchschnittliche Quote der EU23[4] lag mit 4,5 Prozent über der in Deutschland (OECD/wbv 2020: 364). Zwischen 2012 und 2017, in diesem Zeitraum war der Fachkräftemangel bereits sichtbar, nahm der Anteil der gesamten Bildungsausgaben am BIP in Deutschland sogar ab (ebd.: 366).

---

2   Hobler et al. (2021a) und eigene Berechnungen
3   Statistisches Bundesamt (2020c: 68, 74) und eigene Berechnungen
4   EU23: EU mit Großbritannien, aber ohne Bulgarien, Kroatien, Malta, Rumänien und Zypern

Ein weiteres Problem auch für die Unternehmen ist, dass es aufgrund von hohen Belastungen in Beruf und Familie bei Beschäftigten häufig zu Erschöpfungszuständen kommt, die sich in der deutlichen Zunahme psychischer Erkrankungen ausdrücken. Dazu gehören unter anderem Depressionen inklusive Burnout sowie Suchtkrankheiten. Nach einer Studie der Bundespsychotherapeutenkammer (2019) hat sich die Anzahl der Versicherten, die innerhalb eines Jahres aufgrund einer psychischen Erkrankung arbeitsunfähig waren, in den vergangenen zwei Jahrzehnten auffallend erhöht. Eine Auswertung der Daten von Versicherten in der Techniker Krankenkasse stellt fest, dass 2018 erstmalig die meisten Krankheitsfehltage auf Erkrankungen mit Diagnosen von psychischen Störungen entfielen. Im Jahr 2019 waren 18,8 Prozent aller Fehltage dieser Erkrankungsgruppe zuzuordnen (Grobe/Bessel 2020: 87).

Schlechte Arbeitsbedingungen und damit im Zusammenhang stehende hohe Beanspruchungen können darüber hinaus dazu führen, dass Beschäftigte ihre Arbeitskraft in Betrieben und Fabriken zurückhalten. So kommt eine Studie der Gallup Organization jedes Jahr neu zu der für Unternehmen alarmierenden Erkenntnis, dass sich nur 15 Prozent aller Beschäftigten voll für die Ziele ihres Betriebs einsetzen und eine »emotionale Bindung« an ihr Unternehmen haben. 69 Prozent »fühlen sich nur wenig gebunden und machen Dienst nach Vorschrift«. 16 Prozent der Beschäftigten »haben gar keine emotionale Bindung zu ihrem Unternehmen und haben bereits innerlich gekündigt«.[5] Damit ist der erforderliche Einsatz für Projekte, die in ihrer Komplexität und ihrem Umfang zunehmen und entsprechend hohe Anforderungen stellen, nur bei einem kleinen Teil der Beschäftigten gegeben.

4.1.3 Unheilbare Widersprüche

Zusammenfassend lässt sich festhalten: Für die Verwertung des im Produktionsprozess eingesetzten Kapitals werden Lohnarbeitende benö-

---

5   https://www.personalwirtschaft.de/fuehrung/artikel/deutsche-arbeitnehmer-bemaengeln-fehlende-unterstuetzung-bei-digitaler-weiterbildung.html

4. Erschöpfung menschlicher und ökologischer Ressourcen 79

tigt, für deren Reproduktion möglichst geringe Kosten entstehen sollen. Dies wird derzeit primär unentlohnt durch die meist weiblichen familiären Sorgearbeitenden gewährleistet, die gleichzeitig zur Erhöhung des Lohnarbeitsvolumens möglichst umfassend erwerbstätig sein sollen. Allerdings fehlt den Beschäftigten, sobald sie versuchen, eigenständig für ihren Lebensunterhalt aufzukommen, die Zeit für die alltägliche Sorgearbeit. Dieses Problem wird noch verstärkt durch eine staatliche Austeritätspolitik, die an sozialer Infrastruktur ebenso spart wie an monetären Familien- oder Pflegeleistungen.

Das Ergebnis ist eine Krise sozialer Reproduktion. Um die Profite der Unternehmen zu stützen, versucht der Staat durch Einsparungen im System der Sozialversicherungen und in der sozialen Infrastruktur die Kosten zu reduzieren. Zugleich setzen Unternehmen auf anhaltend niedrige Löhne, die in Bereichen ohne Tarifbindung teilweise zu prekären Lebensbedingungen und Armut führen, und auf eine Erhöhung des Lohnarbeitsvolumens, insbesondere durch die umfassendere Integration von Frauen in den Arbeitsmarkt. Allerdings verschärfen diese Maßnahmen zugleich die Krise der sozialen Reproduktion. Denn solange Zeit und Ressourcen sowohl bei den Care-Beschäftigten als auch in den Familien fehlen, werden auch weiterhin zu wenige qualifizierte, gesunde und motivierte Arbeitskräfte zur Verfügung stehen.

Entsprechend versuchen Unternehmen und die Bundesregierung, qualifizierte Arbeitskräfte, die in anderen Ländern bereits ausgebildet wurden, in den bundesdeutschen Arbeitsmarkt zu integrieren. Insbesondere in den Pflegeberufen werden ausländische Fachkräfte angeworben, deren Weggang wiederum in ihren Herkunftsländern einen Mangel verursacht. Dieses Vorgehen stellt den Versuch einer Krisenbewältigung auf Kosten anderer Länder dar, der nur trägt, weil das globale Lohngefälle ihn unterstützt. Damit lässt sich die Krise sozialer Reproduktion zwar begrenzen, allerdings nicht lösen.

Trotz der für sie negativen Auswirkungen der eigenen Strategie halten Unternehmen und Staat grundsätzlich am Versuch fest, die Kosten für die Reproduktion der Arbeitskraft möglichst niedrig zu halten. Dies löst jedoch die bestehenden Verwertungsprobleme des Kapitals nicht, verschlechtert zudem die Lebensgrundlage vieler Menschen und wird in der Folge dazu führen, dass sich die sozialen Auseinandersetzungen um die Daseinsvorsorge zuspitzen. Denn insbesondere die Versprechungen, dass Lohnzurückhaltung, Begrenzung der Staatsausgaben und hohe Unternehmensgewinne zu besseren Lebensumständen für alle führten, werden unglaubwürdig. So kommt mit der Krise sozialer Reproduktion das neoliberale Konzept an seine Grenzen, es stößt an »unheilbare Widersprüche« (Gramsci 1932-34/1996: 1557).

Das bedeutet allerdings nicht, dass damit der Kapitalismus an sein Ende gekommen ist. Im Gegenteil kann davon ausgegangen werden, dass er wandlungsfähig bleibt. Möglicherweise werden Unternehmensverbände und Staat das Problem steigender Reproduktionskosten der Arbeitskraft darüber zu lösen versuchen, dass etwa das Renteneintrittsalter erhöht wird oder sich für Menschen in prekären Lebenslagen die Arbeitsbedingungen noch weiter verschlechtern. Dies würde vermutlich mit mehr Zwang und dem Abbau von demokratischen Rechten sowie der Stärkung von rechtspopulistischen Kräften einhergehen. So kann sich aus der Krise der sozialen Reproduktion auch eine autoritäre Wende entwickeln.

Gleichzeitig heißt dies: Da ein kapitalistisches System im Rahmen globaler Konkurrenz auf die möglichst kostengünstige Reproduktion von Arbeitskraft angewiesen ist, wird auch in Zukunft jeder Schritt hart umkämpft sein, der darauf abzielt, die Bedingungen für Sorgearbeit zu verbessern. Denn eine solche Politik erhöht zwangsläufig die Reproduktionskosten der Arbeitskraft. Selbst wenn es gelingt, durch ein verändertes Kräfteverhältnis grundlegende Reformen durchzusetzen, werden diese Verbesserungen umkämpft bleiben. Mittelfristig ist daher eine Revolutionierung aller Bedingungen notwendig, unter denen Menschen derzeit leben und häufig auch leiden.

4.2 Krise ökologischer Reproduktion

In Kapitel 3 habe ich die Zerstörung der ökologischen Grundlagen anhand des durch die Emission von Treibhausgasen verursachten Klimawandels beschrieben und gezeigt, dass die staatlicherseits erwogenen

Maßnahmen deutlich zu kurz greifen. Hier erläutere ich nun, dass dies kein Zufall ist, sondern die Profitmaximierung als Zweck kapitalistischen Wirtschaftens aus sich heraus eine Dynamik erzeugt, die die Zerstörung der natürlichen Lebensgrundlagen befördert (4.2.1). Daran anschließend verdeutliche ich, dass der Klimawandel nicht nur Menschen und Ökosysteme bedroht, sondern auch zunehmend die Kapitalverwertung gefährdet (4.2.2). Abschließend begründe ich, dass im Rahmen einer kapitalistischen Ökonomie die wirksame Bekämpfung des Klimawandels nicht möglich und deswegen ein System Change, der Übergang in eine andere Gesellschaftsformation, erforderlich ist (4.2.3).

4.2.1 Kostensenkung durch Übernutzung der Ökosysteme

In einer kapitalistischen Ökonomie setzen Eigentümer*innen ihr Kapital zum Zweck seiner Verwertung ein. Im Kern der Produktionsweise steht die Herstellung von Waren mit dem Einsatz von Lohnarbeiter*innen, die darauf angewiesen sind, ihre Arbeitskraft zu verkaufen. Wie im vorigen Abschnitt ausgeführt, wird diese Arbeitskraft durch eine Kombination aus dem Kauf von Waren, wie Lebensmittel oder Kleidung, und unentlohnt geleisteter Sorgearbeit reproduziert. Der Prozess der Kapitalverwertung basiert darauf, dass Menschen mehr produzieren können, als sie zu ihrer Reproduktion benötigen. Es kann also ein Mehrprodukt entstehen; in der kapitalistischen Produktionsweise muss es jedoch auch entstehen. Dabei verfolgen die einzelnen Kapitale das Ziel der Verwertung ihres Kapitals durch Produktion und Verkauf von Waren in Konkurrenz zueinander.

Diese Konkurrenz begründet einen beständigen Zwang, Produktionsprozesse zu modernisieren und Kosten zu senken sowie den in Form von Profit angeeigneten Überschuss erneut zu investieren. Gerade wegen der systemimmanenten, tendenziell globalen Konkurrenz ist dieser Wachstumsimpuls nicht begrenzbar: Wer nicht mitspielt, verliert. Es findet also eine tendenziell grenzenlose Mehrproduktion von Gütern und Dienstleistungen statt. »Der Markt muß daher beständig ausgedehnt werden, so daß seine Zusammenhänge und die sie regelnden Bedingungen immer mehr die Gestalt eines von den Produzenten unabhängigen Naturgesetzes annehmen, immer unkontrollierbarer werden.« (MEW 25: 255)

Zusätzlich hat die Tatsache, dass der Zweck kapitalistischer Produktion nicht die Herstellung von Dingen, sondern die Verwertung des eingesetzten Kapitals ist, noch eine weitere Konsequenz: Es gibt keinen Maßstab, wie viel Gewinn hinreichend ist. Kein Unternehmen ist jemals davor gefeit, von der Konkurrenz überflügelt oder aufgekauft zu werden; Kapitalanleger*innen, auf die die meisten Unternehmen angewiesen sind, können sich immer für eine konkurrierende, noch rentablere Anlageoption entscheiden.

Ein Verhalten, das innerhalb der kapitalistischen Produktionsweise rational ist, stellt in seiner Auswirkung auf ökologische Kreisläufe und auf den Menschen als körperliches, soziales Wesen eine Katastrophe dar. Hier ist Bruno Kern (2019: 190) zuzustimmen, der schreibt: »Im Wachstumszwang findet die Irrationalität der kapitalistischen Ökonomie gerade heute, wenn angesichts der Bedrohung unserer natürlichen Lebensgrundlagen nach der Möglichkeit von ›Postwachstumsökonomien‹ gesucht wird, ihren deutlichsten Ausdruck.« Dass immanente Rationalität und tatsächliche Irrationalität auf solch brutale Weise auseinanderfallen, hat damit zu tun, dass Unternehmen, um konkurrenzfähig zu bleiben, sich achtsames Verhalten gegenüber der Umwelt, aber auch gegenüber den Beschäftigten nicht leisten können.[6]

Grundsätzlich ist für Unternehmen bei der Nutzung natürlicher Ressourcen entscheidend, die damit verbundenen Kosten so weit wie möglich zu drücken. Weder die langfristige Verfügbarkeit der Ressourcen noch die sozialen und ökologischen Folgen sind demgegenüber von Interesse. Das ist etwa beim Erzabbau oder der Überfischung der Meere offensichtlich; ebenso zeigt es sich aber auch beim Ausstoß von Treibhausgasen: Kein Unternehmen hat einen Grund, diesen zu begrenzen, solange die Nutzung der Atmosphäre als Ort der Aufnahme dieser Gase kostenlos ist.

---

6 Ausnahmen bestätigen die Regel: Einige wenige Unternehmen finden eine Marktlücke im Bereich nachhaltiger Produktion.

Deswegen wird, wie ansatzweise beim EU-Emissionshandelssystem, versucht, die Kosten der THG-Emissionen einzupreisen, um Unternehmen zu ökologisch rationalem Handeln zu veranlassen. Doch neben dem Problem, wie die Ausrottung von Arten oder der Tod von Menschen infolge vermeidbarer Katastrophen mit einem angemessenen Preis versehen werden sollen, zeigt die nationalstaatliche Konstruktion in einem globalen Kapitalismus die Grenzen dieses Konzepts auf. Ein Staat, der von seinem Gebiet aus agierende Kapitale beispielsweise durch die Bepreisung von Treibhausgasen zu ökologisch weniger irrationalem Verhalten zwingt, sorgt dafür, dass diese im internationalen Vergleich an Konkurrenzfähigkeit verlieren und verdrängt werden oder entsprechend subventioniert werden müssen. Den Handlungsgrenzen des einzelnen Unternehmens im Kapitalismus entsprechen also Grenzen nationalstaatlicher Politik angesichts globalisierter Märkte.

4.2.2 Kennzeichen der Krise ökologischer Reproduktion

Die Auswirkungen des Klimawandels zeigen sich zunächst als Bedrohung der Natur, der menschlichen wie der nicht-menschlichen. Gefährdet wird jedoch auch die Kapitalverwertung. Dieses Wissen ist mittlerweile bei den politischen und wirtschaftlichen Repräsentant*innen dieser Produktionsweise angekommen. Ein gutes Indiz hierfür ist der Global Risks Report des World Economic Forum. Dieser wird jährlich veröffentlicht und enthält eine Befragung von »business, government, civil society and thought leaders« (WEF 2020: 88). 2020 waren erstmals die fünf am wahrscheinlichsten eingeschätzten globalen Risiken umweltbezogen; an der Spitze standen Wetterextreme, gefolgt vom Versagen im klimapolitischen Handeln (ebd.: 2).

In der Tat sind die Risiken der Erderwärmung für Unternehmen vielfältig. Die Verwertung des Kapitals ist zunächst eng an die Gesundheit der Menschen gebunden, die als Lohnarbeiter*innen eingesetzt werden. Wenn diese in geringerem Maß zur Lohnarbeit in der Lage sind, weil sie infolge steigender Temperaturen krank oder weniger produktiv sind, trifft dies auch die Unternehmen. Mit diesem Thema beschäftigt sich etwa die International Labour Organization (ILO). In einer Studie kommt sie zum Schluss, dass bei einem globalen Temperaturanstieg von 1,3°C bis zum Jahr 2030 2,2 Prozent der Erwerbsarbeitsstunden nicht mehr verfügbar sein werden, »a productivity loss equivalent to 80 millions full-time jobs« (ILO 2019: 26). Dies trifft insbesondere die Länder des globalen Südens; wegen der globalen Verflechtung des Kapitals sind aber auch Unternehmen in anderen Regionen betroffen.

Mit dem Klimawandel verändern sich auch die Bedingungen, unter denen Produktionsstätten und Geschäftsgebäude eingesetzt werden können. Der Zusammenschluss C40 Cities schätzt für das Jahr 2050, dass 800 Millionen Menschen in Städten leben werden, die von einem Anstieg des Meeresspiegels betroffen sind.[7] Dies erzeugt für Unternehmen enorme Kosten, wenn Produktionsanlagen, Häfen oder Bürogebäude neu gebaut oder vor Hochwasser geschützt werden müssen, wenn Straßen oder Bahnlinien verlegt oder ganze Städte umgebaut oder geräumt werden müssen. Landwirtschaft, Kläranlagen, Wasser- und Elektrizitätsversorgung sind ebenso durch den steigenden Meeresspiegel gefährdet.

Im Fall von Wirbelstürmen stellt sich die Bedrohung für die Ökonomie ähnlich dar. Aber nicht nur Fluten und Stürme, auch Niedrigwasser kann für die wirtschaftliche Entwicklung bedrohlich werden, wenn die Flüsse ihre Funktion als Binnenwasserstraßen oder für die Aufnahme von Abwärme aus Kraftwerken einzubüßen drohen. So wurden im heißen und trockenen Sommer 2018 11,1 Prozent weniger Güter in der deutschen Binnenschifffahrt transportiert (UBA 2019: 184).

Ein weiteres Problem ist, dass sich Schäden durch Sturm, Überflutung oder Ernteverluste zwar grundsätzlich versichern lassen; jedoch werden in vielen Fällen Versicherungen unerschwinglich oder überhaupt nicht mehr angeboten werden (WEF 2020: 32). Daher kann es zu einem Totalverlust nicht versicherten Kapitals kommen, der über die globalen Kreditketten ein Risiko für die Weltfinanzmärkte darstellt.

---

7   https://www.c40.org/other/the-future-we-don-t-want-staying-afloat-the-urban-response-to-sea-level-rise. Die C40 Cities Climate Leadership Group umfasst gegenwärtig weltweit 96 Großstädte.

Wenn zur Bekämpfung des Klimawandels in großem Umfang die CO_2-Abscheidung in Biomasse-Kraftwerken eingesetzt wird, um auf diese Weise während des Wachstums der Pflanzen Kohlendioxid aus der Luft zu entnehmen und bei der Energieproduktion aufzufangen, führt dies zu einer Verknappung der Flächen, die für den Anbau von Nahrungsmitteln zur Verfügung stehen. Die US-amerikanische National Academy of Sciences schätzt, dass, um diese Technologie voll auszuschöpfen, ungefähr ein Sechstel der weltweiten landwirtschaftlichen Nutzfläche gebraucht würde (Schrader 2018). In der Konsequenz würden die Kosten für Nahrungsmittel ansteigen; damit würde nicht nur der Hunger in der Welt verschärft, sondern auch die Lohnkosten würden erhöht. Eine weitere Abholzung von Wäldern als Alternative, um Anbaufläche zu gewinnen, ist kein gangbarer Weg, da dies wiederum die Fähigkeit der Biosphäre verringert, CO_2 aufzunehmen.

Auch das ungünstigere Verhältnis von gewonnener und eingesetzter Energie, der *energy return on energy invested* (ERoEI), bedeutet, dass bei nachhaltiger Energiegewinnung gegenüber dem Einsatz fossiler Energieträger für die Herstellung des gleichen Nettoprodukts mehr Mittel aufgewandt werden müssen (Kern 2019: 60ff.). In einer kapitalistischen Ökonomie schlägt sich dies darin nieder, dass die Produktionskosten, die sich aus der Summe der Kosten für Produktionsmittel und für Löhne zusammensetzen, steigen, wenn nicht gleichzeitig das Reproduktionsniveau der Lohnabhängigen gedrückt wird.

Es zeichnet sich also eine Krise ökologischer Reproduktion ab, der zugrunde liegt, dass die Ökosysteme der Erde nicht weiter in dem Ausmaß wie bislang kostenlos übernutzt werden können und dies die Kapitalverwertung in Zukunft einschränken wird. In diesem Sinn zeigt sich eine Parallele zwischen der Krise ökologischer Reproduktion zu der vorher erläuterten Krise sozialer Reproduktion. Die Krise ökologischer Reproduktion steht dabei erst am Anfang und wird in ihrem Ausmaß zunehmen, je mehr der Klimawandel fortschreitet. Dabei kommt sie für einzelne Unternehmen und Branchen, etwa in der fossilen Energieproduktion oder der Autoindustrie, in besonderem Ausmaß zum Tragen. Diese Branchen, denen Absatzmöglichkeiten wegbrechen und Produktionsverbote drohen, wehren sich entsprechend besonders gegen eine ernsthafte Klimapolitik. Gleichzeitig gibt es jedoch Unternehmen und Branchen, die von diesem Umbau profitieren, etwa im Bereich nachhaltiger Energieproduktion oder der Gebäudesanierung. Hier ist die Parallele zu Gesundheit und Altenpflege, die ebenfalls als Felder der Kapitalanlage an Bedeutung gewinnen, unmittelbar deutlich.

4.2.3 Unheilbare Widersprüche

Es lässt sich also zeigen, dass der Klimawandel als Folge der übermäßigen THG-Emissionen nicht nur die menschlichen Lebensbedingungen drastisch verschlechtert, sondern auch zu Schwierigkeiten bei der Kapitalverwertung führt. Für jede Politik, die dem Klimawandel konsequent entgegentreten will, ist nun ausschlaggebend, ob seine Bekämpfung im Rahmen dieses Gesellschaftssystems möglich ist oder ob es grundlegend verändert werden muss. In einer kapitalistischen Gesellschaft ist eine entscheidende Bedingung, dass die Rentabilität der Unternehmen gesichert werden muss, denn diese stellt den Zweck ihrer wirtschaftlichen Aktivität dar. Letztlich geht es also um die Frage, ob bei gelingender Kapitalverwertung zugleich der Ausstoß von Treibhausgasen hinreichend verringert werden kann. Das ist entweder dann möglich, wenn ein Schrumpfen der Warenproduktion mit der Erzielung von Profiten vereinbar ist, wenn also Kapitalismus und Degrowth sich nicht gegenseitig ausschließen. Oder, dies ist die zweite Möglichkeit, das benötigte Wachstum kann mit einem hinreichend verringerten Ausstoß von Treibhausgasen einhergehen. In der Kombination von beidem muss eine Begrenzung der THG-Emissionen in einem Maß erfolgen, das ermöglicht, in Bezug auf die Erderwärmung das 1,5°C-Ziel einzuhalten.

Zunächst zur Frage, ob Kapitalismus ohne Wachstum funktionieren kann: Dies ist nicht der Fall, auch wenn es gerade in industrialisierten Gesellschaften möglich wäre, den Umfang der Produktion zu senken und zugleich genug für die Bedürfnisse aller herzustellen. Das Interesse der Kapitaleigner*innen ist jedoch nicht auf die Vielzahl der hergestellten Gebrauchswerte, sondern auf die Maximierung des Profits gerichtet. In diesem Sinn ist es ein eindimensionales, allein auf Geldvermehrung ausgerichtetes Interesse. Dabei ist die eigene materielle Existenz an den Erfolg in der Konkurrenz um möglichst hohe Renditen gebunden, und so gerät die Orientierung an dieser Logik maßloser Verwertung vom äußeren Zwang zur »mentale[n] Infrastruktur« (Welzer 2017: 34). Man müsste diese Steigerungslogik ausblenden, um argumentieren zu können, dass Unternehmen auch auf Wachstum verzichten und dabei erfolgreich sein könnten. Den Fall, dass einzelne Branchen oder Unternehmen wachsen und andere schrumpfen, gibt es selbstverständlich. Dabei handelt es sich jedoch um Branchenkrisen oder Unternehmenspleiten. Auf die gesamte Ökonomie bezogen ist der Verzicht auf Wachstum in einer kapitalistischen Gesellschaft keine dauerhafte Option.

Das ist implizit auch die Grundannahme, aus der heraus der Green Deal der EU-Kommission oder das Klimaschutzprogramm der Bundesregierung entstanden sind: Wenn Wachstum unverzichtbar ist, muss die zweite Möglichkeit herangezogen werden; Wachstum und THG-Emissionen müssen voneinander entkoppelt werden. Dies kann zum einen über eine höhere Energieeffizienz, also einen geringeren Energieverbrauch im Verhältnis zum Warenwert, versucht werden. Zum anderen können die THG-Emissionen im Verhältnis zur eingesetzten Energie gesenkt werden, insbesondere durch den Verzicht auf fossile Energieträger.

Zunächst zur steigenden Energieeffizienz: Diese Senkung des Energieverbrauchs bei der Herstellung einer bestimmten Produktmenge wird in den Konzepten von Bundesregierung und EU-Kommission immer wieder als ein zentraler Ansatzpunkt angeführt. Allerdings wurde in der Vergangenheit, wie in Kapitel 3 gezeigt, die tatsächlich deutlich gestiegene Energieeffizienz durch den Anstieg des BIP zum größten Teil wieder kompensiert, so dass letztlich der Energieverbrauch seit 1990 nur geringfügig gesunken ist. Dafür, dass die erhoffte massive Steigerung der Energieeffizienz das Problem nicht lösen wird, gibt es einige Argumente:

Die Herstellung einer wachsenden Zahl von Dingen braucht eine zunehmende Menge Rohstoffe, deren Förderung oder Recycling Energie verbrauchen. Der Ersatz fossiler Energieträger durch Strom aus erneuerbaren Energieträgern erfordert den Bau entsprechender Anlagen, Speicher und Netze, deren Bau ebenfalls Energie verbraucht. Zudem würde eine sprunghaft steigende Energieeffizienz ganz neue Werkstoffe und Prozesse erfordern. Angesichts der Tatsache, dass die bisherige Steigerung nicht ausreicht, um Wachstum mit dem Erreichen der Emissionsziele vereinbar zu machen, müssten Fürsprecher*innen eines solchen technologischen Sprungs diese Möglichkeit belegen. Dieser Nachweis steht bisher aus (Kern 2019: 52ff.).

Wenn die Möglichkeit, die Energieeffizienz innerhalb einer Branche zu steigern, begrenzt ist, liegt der Gedanke nahe, sie ließe sich durch eine Verschiebung in Richtung von Sektoren mit geringerem Energiebedarf pro BIP-Einheit erhöhen. Da die Energieproduktivität im Dienstleistungssektor knapp fünfmal so hoch ist wie in der Industrie,[8] könnte eine mögliche CO_2-Reduktion durch eine entsprechende Vergrößerung des Anteils der Dienstleistungen zustande kommen. Aber auch hier gibt es Einschränkungen: Viele Dienstleistungen wie Logistik und Handel sind unmittelbar an die Produktion von Gütern gekoppelt.

Es gibt jedoch auch Dienstleistungen, die weniger stark mit der Industrie verflochten sind; insbesondere gilt das für den Care-Bereich. Aber auch dieser wird die Krise ökologischer Reproduktion nicht lösen. Denn damit er hierfür hilfreich sein könnte, müsste er in noch höherem Maß als gegenwärtig zum Anlagefeld für privates Kapital werden. Dies wäre allerdings genau die Entwicklung, gegen die Care-Aktivist*innen sich mit gutem Grund wehren. Denn eine bedarfsgerechte Versorgung und die notwendige Demokratisierung sind mit renditeorientierten Care-Einrichtungen nicht zu realisieren. Der grundsätzlich notwendige Ausbau einer öffentlichen Care-Infrastruktur würde diesen Bereich der Kapitalverwertung entziehen und damit nicht zu einer Krisenlösung beitragen.

Wenn auf Wachstum nicht verzichtet werden soll und die Energieeffizienz nicht hinreichend gesteigert werden kann, bleibt schließ-

---
8   BMWi (2019b: 29, 32) und eigene Berechnungen

4. Erschöpfung menschlicher und ökologischer Ressourcen

lich noch die Verringerung der THG-Emissionen je produzierter Energieeinheit. Insbesondere geht es dabei um die Ersetzung fossiler Energiequellen durch nachhaltig gewonnene Energie. Die Hoffnung auf unbegrenztes Wachstum bei Verzicht auf fossile Energieträger trügt jedoch. Dies gilt insbesondere wegen des niedrigeren Erntefaktors nachhaltiger Energien: Es muss vergleichsweise mehr Energie aufgewandt werden, um eine Energieeinheit zu produzieren (Zeller 2020: 86f.). Entsprechend werden mehr stoffliche Investitionen für dieselbe Menge Energie benötigt. In diesem Zusammenhang sind auch Rohstoffe erforderlich, deren Abbau mit Naturzerstörung und Gesundheitsgefährdung einhergeht. Darüber hinaus stellt die begrenzte Verfügbarkeit mancher Erze und Mineralien eine hinreichende Ausweitung der Produktion erneuerbarer Energie in Frage (Müller 2018: 18ff.).

Zudem ist es mit der Ersetzung der bisherigen Produktion von Strom aus fossilen Energieträgern durch Strom aus Wind-, Wasser- oder Sonnenenergie nicht getan. Auch jenseits der Stromerzeugung werden fossile Energieträger eingesetzt, etwa beim Betrieb von Heizungen oder von Autos. Auch hier muss der Verbrauch auf nachhaltig produzierten Strom umgestellt werden. Die Produktion dieses Stroms käme zusätzlich zur bisherigen Stromerzeugung hinzu. Deutlich wird dies etwa im Verkehrsbereich; dort würden die Herstellung von Batterien sowie deren regelmäßiges Aufladen und Recycling die Produktion zusätzlicher Elektroenergie erfordern (Brunnengräber/Haas 2020: 18f.). Dies gilt ebenso, wenn man die energieintensive Herstellung von Wasserstoff, der unter Einsatz erneuerbarer Energien produziert wird, als Energieträger und Alternative zur Elektromobilität betrachtet.[9]

---

9   Dieses Problem sieht im Übrigen auch die Bundesregierung in ihrer »Nationalen Wasserstoffstrategie«: Es sei sicherzustellen, dass die Produktion des Wasserstoffs als Energieträger nicht die gesamten CO_2-Emissionen erhöhe (BMWi 2020: 5). Zudem gelte: »Um den zukünftigen Bedarf zu decken, wird der überwiegende Teil der Wasserstoffnachfrage [sic!] aber importiert werden müssen und kann nicht nur mit der lokalen Erzeugung von grünem Wasserstoff bedient werden.« (ebd.: 6)

Benötigt würde also so etwas wie ein Deus ex Machina, den unter anderem EU-Kommission und Bundesregierung in der Entnahme von CO_2 aus der Luft oder bei der Verwendung pflanzlicher Rohstoffe zur Energieproduktion zu finden glauben. Dies ist das schon beschriebene *carbon capture and storage*, also eine Technik, die Unternehmen ein neues Anlagefeld bietet und die zugleich sowohl unsicher als auch unausgereift ist. Auch ist die Frage, ob sie ökonomisch effizient werden kann, bislang nicht geklärt.[10] Gleichzeitig ist sie aber erforderlich, wenn auf Wachstum nicht verzichtet werden soll. Die Parallelen zur Atomenergie sind offensichtlich.

Schon unter der Voraussetzung, dass das technisch und ökonomisch Machbare in Zukunft umgesetzt wird, ist es also wenig plausibel, dass Wachstum in einem Maß stattfindet, das Kapitalverwertung ermöglicht, und zugleich die Klimaziele erreicht werden. Aufgrund der beschriebenen Krise ökologischer Reproduktion ist jedoch der Verzicht auf Klimapolitik auch für die kapitalistischen Staaten keine langfristig rationale Option. Daher müssen zum einen die einzelnen Unternehmen durch staatliche Gesetzgebung zu Kosten verursachenden Maßnahmen gebracht werden. Zum anderen muss ein ökologisch ausgerichteter Umbau der Ökonomie staatlich organisiert werden. Dieser Umbau wird jedoch, weil er tendenziell immer die Verwertungsinteressen der Unternehmen einbeziehen muss, unzureichend sein und die Tendenz zu einem »grün lackierten ›Weiter so‹« (Wolf 2020: 31) haben.

Allerdings haben insbesondere diejenigen Branchen und Staaten, die besonders von der fossilen Basis des Kapitalismus profitieren und für die ein Pfadwechsel besonders teuer wäre, kein Interesse, sich umzuorientieren. Diese potenziellen Verlierer*innen werden einer öko-

---

10   Von der Website des DFG-Schwerpunktprogramms zu *climate engineering* stammt folgende makabre Information: »Rentabel sind bisher nur jene CCS-Anlagen in den USA, bei denen das abgetrennte Kohlendioxid an die Mineralölindustrie weiterverkauft wird. Die Mineralölkonzerne pressen das Kohlendioxid in weitgehend ausgebeutete Lagerstätten, um so verbliebenes Gas und Öl zu gewinnen.« https://www.spp-climate-engineering.de/index.php/EXKURS-CCS.html

logischen Modernisierung auch innerhalb des Kapitalismus massiven Widerstand entgegensetzen. Die Konkurrenz zwischen Unternehmen und zwischen Nationalstaaten als Kapitalstandorten führt also nicht nur zu beständigem Wachstum, sondern auch dazu, dass das technologische Potenzial, dem Klimawandel entgegenzuwirken, nicht ausgeschöpft wird.

Deshalb lässt sich festhalten, dass erstens eine Reduktion des THG-Ausstoßes in notwendigem Umfang ohne deutlichen Rückgang der Produktion nicht möglich ist und dass zweitens ein Rückgang der Produktion innerhalb der kapitalistischen Produktionsweise nur als krisenhafter Prozess, nicht dauerhaft und planvoll, denkbar ist. Alles, was in diesem Abschnitt angesprochen wurde – Verringerung der Produktion, Steigerung der Energieeffizienz, Umstieg auf nachhaltige Energieträger – ist zwar dringend erforderlich, unabhängig von der Gesellschaftsformation, in der diese Schritte gegangen werden. Jedoch werden im Rahmen einer kapitalistischen Gesellschaft die vollzogenen Schritte nicht ausreichend sein – nicht wegen des bösen Willens der Subjekte, sondern wegen der entgegenstehenden Logik von Wachstum und Konkurrenz.

4.3 Kein Ausweg im Kapitalismus

Im bisherigen Verlauf der Argumentation wurden die Krisen der sozialen und ökologischen Reproduktion als parallel verlaufend dargestellt. Zudem wurde gezeigt, wie beide Krisen aus der inneren Logik der kapitalistischen Produktionsweise entspringen. Denn Unternehmensentscheidungen sind vom Ziel geprägt, möglichst hohen Profit zu erzielen. Dieses Ziel bestimmt den Versuch, die Reproduktionskosten der Arbeitskraft zu begrenzen, der im Zentrum der Krise sozialer Reproduktion steht. Ebenso folgt aus ihm die Notwendigkeit permanenten Wachstums, das den wesentlichen Grund für die Krise ökologischer Reproduktion darstellt. Insofern wohnt dem Kapitalismus die Überbeanspruchung sowohl der unentlohnten Sorgearbeit als auch der Ökosysteme inne; die Krisen sozialer und ökologischer Reproduktion sind also gleichursprünglich.

Ökofeministische Analysen verweisen zudem darauf, dass die unentlohnte Sorgearbeit ebenso wie Naturressourcen als unbegrenzt verfügbar unterstellt werden (Bauhardt 2017: 104f.). Beide werden gleichsam als von Natur aus stets vorhanden betrachtet; die Beachtung ihrer Grenzen wird nicht als Bedingung wirtschaftlichen Handelns anerkannt. In diesem Kontext wird ihre Bedeutung ausgeblendet und abgewertet; dies wiederum ist Voraussetzung für das Funktionieren der kapitalistischen Ökonomie. Die Folgen der Überlastung von unentlohnter Arbeit und natürlichen Stoffkreisläufen werden erst dann, wenn sie auf die Kapitalverwertung selbst zurückschlagen, in Form der Krise sichtbar.

Um der Abwertung und Überbeanspruchung der unentlohnten Sorgearbeit sowie der Stoffkreisläufe im Kapitalismus zu begegnen, muss die Trennung der gesellschaftlichen Arbeit in entlohnte und unentlohnte Arbeit beendet werden. Dies ist jedoch nicht in Richtung der Entlohnung aller Arbeit, also auch der bislang unentlohnten, vorstellbar. Denn dann würde auch die familiäre Sorgearbeit noch unmittelbarer Leistungskontrollen und Versuchen der Effizienzsteigerung ausgesetzt, als dies bislang schon mit der Aufforderung zur Selbstoptimierung und angesichts des allgegenwärtigen Zeitmangels der Fall ist. Ähnlich liegt der Fall bei natürlichen Ressourcen: Ihre Bepreisung würde einen sparsameren, effizienteren Umgang mit ihnen nahelegen; sie würden jedoch weiterhin nur in ihrer Dimension als Waren wahrgenommen, nicht als Bestandteile einer insgesamt zu bewahrenden Biosphäre.

Insofern sollte die Form der entlohnten Arbeit zurückgedrängt und die der unentlohnten Arbeit verallgemeinert werden. Dabei geht es jedoch nicht darum, das »jeweils als ›reproduktiv‹ Abgespaltene zu idealisieren und es ins Normative zu verkehren« (Hofmeister et al. 2019: 243). Denn unentlohnte Arbeit ist heute primär als Reproduktionsarbeit sichtbar, die zweckorientiert auf die Erwerbsarbeit ausgerichtet sowie deren Anforderungen unterworfen ist und menschliche Bedürf-

4. Erschöpfung menschlicher und ökologischer Ressourcen

nisse nur indirekt im Blick hat.[11] Jedoch besteht in einer Gesellschaft, die ohne Entlohnung und monetäre Bewertung von Naturprozessen, also ohne Geld und Tausch, auskommt, die Möglichkeit, die Befriedigung von Bedürfnissen in den Mittelpunkt der Ökonomie zu stellen. Denn in einer solchen Gesellschaft sind die Spielräume für sorgende und solidarische Beziehungen sowie für den achtsamen Umgang mit der Natur weit größer. Es gibt dann keine Logik mehr, die Kostensenkung und kurzfristig orientierte Überlastung der Ökosysteme erzwingt. Diese solidarische Gesellschaft, die in Abschnitt 6.5 eingehender skizziert wird, ermöglicht auch erst, Verantwortung für folgende Generationen zu übernehmen und damit Sorge und Solidarität auf die zeitliche Dimension der Vorsorge auszudehnen (Biesecker/Hofmeister 2013). Notwendig ist für den Weg dorthin eine Transformationsstrategie, wie sie im Kapitel 6 entwickelt wird.

Diese Möglichkeit eines grundlegend sorgsamen Umgangs mit sozialen Beziehungen und natürlichen Kreislaufprozessen besteht in der kapitalistischen Produktionsweise nicht. Stattdessen versuchen Unternehmen, Kapitalverbände und Staat gegenwärtig, die parallel verlaufenden Krisen der sozialen und ökologischen Reproduktion im Rahmen dessen, was ihnen möglich ist, zu bearbeiten. Denn diese bedrohen auf Dauer sowohl den Fortgang der Kapitalverwertung als auch die Zustimmung der Bevölkerung zum politischen System. So werden Familien- oder Gesundheitspolitik wie auch Klimapolitik zu Teilen eines Modernisierungsprojekts, das zugleich Wachstum und Rentabilität voranbringen soll. Auf diese Weise reproduziert kapitalistische Krisenbearbeitung immer wieder die Faktoren, die die Krisen ursächlich erst hervorgebracht haben.

Dennoch ist es auch unter kapitalistischen Bedingungen möglich, Wachstumstreiber wie Eigenheimbau oder motorisierten Individualverkehr zu bremsen. Ebenso können schon jetzt die Energieeffizienz

---

11 Dies macht auch die Aufgabe für Eltern so anstrengend, die ihren Kindern nicht nur eine gute Kindheit ermöglichen wollen, sondern gleichzeitig hohe Anforderungen an sie stellen, »um diese zur zukünftigen Teilhabe an einer meritokratischen Gesellschaft zu ermächtigen« (Derboven 2019: 80f.).

erhöht, die Langlebigkeit und Reparierbarkeit von Produkten gesteigert, die kollektive Nutzung von Dingen gefördert oder die Umstellung auf erneuerbare Energiequellen beschleunigt werden. Ähnliches gilt für die Rahmenbedingungen im Care-Bereich, wo ein Ausbau der sozialen Infrastruktur oder eine erwerbsunabhängige Absicherung durch eine kraftvolle Care-Bewegung jetzt schon durchsetzbar sind. Auf diese Weise lassen sich bereits innerhalb des kapitalistischen Systems die Lebensbedingungen verbessern und die THG-Emissionen begrenzen. Es gibt keinen Grund, dass nicht einzelne dieser Veränderungen erreichbar sind. Allerdings sind eine hinreichende Rückführung der Produktion und eine direkte Ausrichtung der Ökonomie an menschlichen Bedürfnissen im Rahmen des Kapitalismus nicht zu erreichen.

Die Probleme, die diese Gesellschaftsformation erzeugt und die in ihr letztlich nicht zu beheben sind, führen jedoch nicht automatisch zu wachsendem politischen Engagement und zum Ringen um eine gesellschaftliche Alternative. Vielmehr kümmern sich gerade in einer Situation sozialer Unsicherheit und hoher Belastung durch Sorgearbeit viele Menschen besonders um die ihnen Nahestehenden. Zudem sind Sicherheit und Status direkt an die Erwerbsarbeit gebunden, so dass diese in einer als unsicher empfundenen Lebenslage besonders bedeutungsvoll bleibt. Gerade in einer Konstellation, in der Degrowth-Orientierung oder globale Solidarität als Bedrohung von Arbeitsplätzen und sozialer Absicherung diskutiert werden, gibt es also nicht unbedingt einen Handlungsimpuls, sich in dieser Richtung politisch zu betätigen. Im Gegenteil ist die alltägliche Bedrohung so groß, dass Probleme, die nahestehende Menschen nicht betreffen oder die erst in der Zukunft wirksam werden, häufig ausgeblendet werden.

Klaus Holzkamp (1983: 348f.) verweist darauf, dass menschliche Handlungen nicht nur von allgemeinen gesellschaftlichen Zusammenhängen und auch nicht allein von einer jeweils individuellen Bestimmung, was als Handlungsrahmen bedeutungsvoll ist, abhängen. Ebenso sind sie durch die konkreten Lebensbedingungen beeinflusst. Nach diesen Lebensumständen richten Menschen ihr Leben aus. Wenn also die Selbsterhaltung und die Sorge für Nahestehende alle Energie erfordern, wenn ein gesellschaftlicher Wandel, der die eigenen Lebensbedingungen verbessert, nicht im Rahmen des Vorstellbaren ist und wenn es kaum wirksame Möglichkeiten demokratischer Beteiligung gibt, dann können selbst Ereignisse wie die Klimakatastrophe eher Schweigen als Widerspruch hervorrufen. Zudem erscheinen Protest und Widerstand, die Sanktionen von Vorgesetzten, der Arbeitsagentur sowie von Polizei und Justiz hervorrufen, den isolierten Einzelnen eher als bedrohlich statt als befreiend.

In diesem Sinn, als Rahmen der konkreten Lebensumstände, lässt sich auch die von Ulrich Brand und Markus Wissen (2017) benannte imperiale Lebensweise verstehen. Sie beruht darauf, dass Menschen im globalen Norden durch ihre Position innerhalb des weltweiten Kapitalismus sich das Produktivitäts-, Einkommens- und Machtgefälle nutzbar machen und die entstehenden sozialen und ökologischen Folgen externalisieren können. »Das geschieht meist, ohne die Schwelle der bewussten Wahrnehmung oder gar der kritischen Reflexion zu überschreiten.« (Wissen/Brand 2020: 117) Denn die materielle Struktur sowie Normen und Werte stellen das globale Gefälle der Lebensweisen als normal und akzeptabel dar.

Und dennoch richten sich Menschen nicht einfach passiv, widerspruchslos im Bestehenden ein – teils, weil sie es nicht können, teils, weil sie nicht wollen. Sie suchen nach Nischen, Auswegen und Möglichkeiten der Kritik und des Widerstands. Wäre dies nicht der Fall, gäbe es keinerlei Anlass zur Hoffnung mehr. Welche Formen dieses Handeln annimmt und wie sie miteinander zusammenhängen, soll Gegenstand des folgenden Kapitels 5 sein.

5. Handlungsfähigkeit

Im vorherigen Kapitel habe ich dargelegt, dass eine grundlegende gesellschaftliche Veränderung notwendig ist. Deswegen gehe ich, bevor ich im Kapitel 6 Transformationsschritte darstelle, in diesem Kapitel der Frage nach, welche in der Bevölkerung verbreiteten Handlungen und Handlungswünsche zur Hoffnung auf Veränderung Anlass geben. Zunächst erläutere ich zu diesem Zweck das neoliberale Konzept der Eigenverantwortung, das alle auffordert, je individuell innerhalb der strukturellen Zwänge und der ideologischen Anrufungen das eigene Leben zu meistern (5.1). Danach verdeutliche ich, welche Kompromisse Menschen zwischen den hohen Anforderungen in Beruf und Familie schließen, wie sie den Leistungsanforderungen gerecht zu werden versuchen und wie dies zu Erschöpfung und psychischen Erkrankungen führen kann (5.2). Anschließend zeige ich, wie Menschen ihre individuellen Lebensbedingungen verändern oder sich mit Freiwilligenarbeit oder politischem Engagement für eine freundlichere Welt einsetzen (5.3). Abschließend ziehe ich auf der Grundlage dieser Ergebnisse Schlussfolgerungen für die politische Arbeit von Initiativen und sozialen Bewegungen (5.4). Das Kapitel endet mit einer kurzen Zusammenfassung (5.5).

5.1 Anforderungen im Neoliberalismus

Durch die weltweite Suche nach neuen Feldern der Kapitalanlage sind inzwischen beinahe alle Lebensbereiche auf die Kapitalverwertung ausgerichtet. Alles, was warenförmig geschaffen*wird, muss möglichst hohe Profite abwerfen. Zudem lassen sich durch die fortschreitende Digitalisierung nicht nur Kapitalerträge in kürzester Zeit rund um den Globus verschieben; auch die Erwerbsarbeit wird tendenziell räumlich und zeitlich flexibilisiert.

Eine zentrale Entwicklung in diesem Rahmen ist die Auflösung klassischer Unternehmensstrukturen (Sauer 2013). In den Unternehmen kommt es zu Outsourcing-Prozessen in globalem Maßstab, auch gewinnt Projektarbeit, häufig in Teams, die immer wieder neu zusammengestellt werden, an Bedeutung. Diese Flexibilisierungsprozesse bringen Entscheidungsmöglichkeiten und Handlungsspielräume für die Beschäftigten innerhalb der festgelegten Unternehmensziele mit sich und führen zugleich zu einem gesteigerten Maß an Verantwortung und eigenen Organisationsleistungen. Unternehmensleitungen ermöglicht dies, unternehmerische Risiken auf die Beschäftigten zu verlagern.

Ferner sehen Unternehmen betriebliche Mitbestimmung oder Tarifverträge zunehmend als Einschränkungen und bauen sie ab. Standardisierte Qualifikationen verlieren mit den Herausforderungen des entgrenzten Arbeitens an Bedeutung. Gefragt ist dagegen fachliche Kompetenz auf dem jeweils neuesten Stand; dies erfordert von Beschäftigten lebenslanges Lernen und aktive Selbststeuerung. Erwartet werden Sozialkompetenz, Kommunikationsfähigkeit und emotionale Ausgeglichenheit. Die steigenden Anforderungen an die aktive Mitgestaltung des Arbeitsprozesses stoßen bei Beschäftigten durchaus auch auf Zustimmung. Denn Einfluss auf das eigene Tun trägt dazu bei, dass Erwerbsarbeit als sinnvoll erlebt werden kann.

Mit der fortwährenden Anrufung, das eigene Handeln im Betrieb zu optimieren, nehmen allerdings nicht nur die Intensität und die Flexibilität der Erwerbsarbeit sowie deren arbeitsinhaltliche Anforderungen zu, sondern auch die Konkurrenz unter den Beschäftigten. Berufstätige sind aufgefordert, ihre Arbeitsabläufe eigenverantwortlich zu organisieren und sich durch ihr selbständiges Handeln für einen Aufstieg zu empfehlen. Dazu gehört es auch, Kolleg*innen im Wettbewerb als mögliche Konkurrent*innen zu betrachten, gegen die es sich durchzusetzen gilt.

Neben der Verlagerung des betrieblichen Risikos auf die Beschäftigten liegt auch in der Aufrechterhaltung einer permanenten Bewährungssituation ein Grund, warum selbst in Zeiten des Fachkräftemangels beinahe zwei Drittel aller neueingestellten Beschäftigten nur einen befristeten Vertrag erhalten. Dabei geht es in den wenigsten Fällen von Befristung um die Deckung eines kurzfristigen Personalbedarfs, vielmehr wird bei der großen Mehrheit der befristeten Neueinstellungen die Befristung als verlängerte Probezeit genutzt (Gürtzgen et al. 2019). Damit sind Beschäftigte gezwungen, sich immer wieder neu zu beweisen; es entsteht ein permanenter Leistungsdruck.

Um diesen Ansprüchen gerecht zu werden, ist eine Lebensführung notwendig, die auf die beruflichen Anforderungen zugeschnitten ist. Gleichzeitig sind dieselben Menschen aber auch für die Erziehung von Kindern als neue Generation von Arbeitskräften verantwortlich. So enden der Appell an die Eigenverantwortung und die Anforderungen an eine aktive Selbststeuerung nicht bei der beruflichen Arbeit. Auch die unentlohnte familiäre Sorgearbeit und die Selbstsorge bleiben von den Anforderungen bezüglich Selbstführung nicht unberührt. Der zunehmende Stellenwert individueller Eigenverantwortung erhöht in Verbindung mit dem Abbau staatlicher sozialer Sicherungssysteme somit die Verantwortung der jeweils Einzelnen für die Alltagsbewältigung.

Tanja Carstensen und ich beschreiben Personen, die den genannten Anforderungen gerecht zu werden versuchen, als Arbeitskraftmanager*innen (Winker/Carstensen 2004). Diese sorgen selbstverantwortlich dafür, die eigenen beruflichen Fähigkeiten zu optimieren und gleichzeitig die familiären Sorgeaufgaben so zu gestalten, dass sie mit den beruflichen Anforderungen vereinbar sind. Die Aufgabe der Arbeitskraftmanager*innen ist es somit, die eigenen Tätigkeiten erstens im Beruf und zweitens auch in der Familie selbst zu planen, zu steuern und zu überwachen. Während sie drittens zur Realisierung einer beruflichen Karriere darauf achten müssen, die eigenen Fähigkeiten nicht nur weiterzuentwickeln, sondern auch zu vermarkten, unterliegt viertens auch die eigene Biografie, insbesondere die Familienplanung mit der Frage nach dem richtigen Zeitpunkt für Kinder und der Anzahl der Kinder einem strategischen Kalkül. Dazu kommt fünftens die schwierige Aufgabe, die beiden Lebensbereiche zu koordinieren und zu synchronisieren.

Familien erfordern also ein umfassendes und komplexes Management. Weil die Ganztagsbetreuung vieler Kinder nicht gesichert ist, wird es zur Aufgabe der Eltern, primär der Mütter, sich umfassend um die Betreuung der Kinder zu kümmern. Sie sollen sicherstellen, dass die zukünftige Arbeitskraft bereits in frühen Jahren vielfältige Kompetenzen erwirbt, sich gesund entwickelt und daran gewöhnt wird, Leistung zu erbringen. Ähnliche Anforderungen erzeugen die Verhältnisse im schulischen Bildungsbereich. Die Lernprozesse von Kindern werden in überfüllten Klassen nicht genügend unterstützt und Familien werden zu Nachhilfebetrieben. Um all diesen Aufgaben im Rahmen der Kleinfamilie gerecht zu werden, bedarf es der Bezugnahme auf andere Personen wie Nachbar*innen, Großeltern oder Kinderbetreuer*innen. Der Einsatz dieser Personen muss allerdings wiederum organisiert werden, damit sie tatsächlich eine tragfähige Unterstützung darstellen. Ferner erfolgt die Betreuung älterer unterstützungsbedürftiger Angehöriger häufig zu Hause, nicht nur, weil dies oft den Wünschen der Angehörigen entspricht, sondern auch, weil es die kostengünstigste Form der Betreuung darstellt (vgl. Abschnitt 2.3.2).

Nicht selten muss ein solch prekäres System von einem Moment zum anderen flexibel verändert werden. Notwendig ist also ein ausgeklügeltes Zeitmanagement, in das die Zeitpläne aller Familienmitglieder und Unterstützungspersonen einbezogen werden. So ist es insbesondere für Menschen, die umfangreiche Sorgeaufgaben wahrzunehmen haben, schwierig, Zeit für die Selbstsorge zu finden. Zugleich wird diese immer aufwändiger, da es die eigene Qualifikation fortwährend zu verbessern gilt. Auch muss erlernt werden, mit Überforderung und Gesundheitsrisiken so umzugehen, dass die Arbeitsfähigkeit erhalten bleibt.

Entsprechend ist der normative Druck insbesondere auf Frauen hoch, sowohl eine erfolgreiche und kompetente Berufstätige als auch eine gute Mutter oder eine sorgende Tochter zu sein. Die optimale

Förderung der Kinder mit den eigenen beruflichen Zielen und dem Berufsweg der Partner*in zu koordinieren, verlangt eine effiziente Lebens- und Alltagsgestaltung. Für all diese Entscheidungen tragen die Einzelnen die alleinige Verantwortung. Sie sind verantwortlich für den eigenen Berufsweg, die körperliche Fitness, den Schulerfolg der Kinder, die Betreuung unterstützungsbedürftiger Angehöriger und vieles mehr. Das bedeutet gleichzeitig, dass sie die Konsequenzen ihres Handelns und auch ihres Scheiterns selbst zu tragen haben.

5.2 Handeln im Rahmen neoliberaler Vorgaben

In diesem Abschnitt gehe ich der Frage nach, wie Menschen versuchen, innerhalb der gesetzten Rahmenbedingungen zurechtzukommen. Zunächst führt der Versuch, den gesellschaftlich gesetzten Arbeitsaufgaben in Beruf und Familie gerecht zu werden, zu verschiedenen neoliberalen Reproduktionsmodellen. Diese Modelle gehen auf jeweils unterschiedliche Weise mit Zeitstress und meist auch existenzieller Unsicherheit einher und sind mit sozialer Ungleichheit sowie Diskriminierung verbunden (5.2.1). Gleichzeitig versuchen die Akteur*innen trotz aller Schwierigkeiten mittels Selbstoptimierung den gesetzten Leistungsansprüchen gerecht zu werden (5.2.2). Dieses Handeln führt häufig zu übermäßiger Belastung. Lässt sich diese über längere Zeit nicht auflösen, kommt es zur Erschöpfung und häufig auch zu psychischen Erkrankungen (5.2.3).

5.2.1 Kompromisshandeln zwischen Familie und Beruf

Wie gehen nun Familien mit den in Abschnitt 5.1 genannten Anforderungen um? Die erste Erkenntnis ist: Es gibt nicht mehr wie im sogenannten Ernährermodell mit der Hausfrau und dem Pendant des sogenannten Ernährers ein hegemoniales Reproduktionsmodell, sondern je nach ihren finanziellen Ressourcen sieht die Aufteilung von beruflicher und familiärer Arbeit in Familien unterschiedlich aus. Deswegen habe ich im Jahr 2014 zur Beschreibung und Analyse von familiären Handlungsformen am Beispiel von Haushalten mit minderjährigen Kindern und Jugendlichen bis zu 18 Jahren vier idealtypische Reproduktionsmodelle auf der Basis einer Sonderauswertung des Statistischen Bundesamts entwickelt, die Daten des Mikrozensus 2013 zur Grundlage hatte. Ich bezeichne sie als *ökonomisiertes, paarzentriertes, prekäres* und *subsistenzorientiertes* Reproduktionsmodell (Winker 2015: 56ff.).[1]

Deren prozentuale Verteilung habe ich 2020 mit Unterstützung des Statistischen Bundesamts noch einmal erhoben. Als empirisches Material diente wiederum eine Sonderauswertung des Statistischen Bundesamts auf der Grundlage des Mikrozensus 2019. Bei der Sonderauswertung wurde wie bereits 2014 für Haushalte mit minderjährigen Kindern je nach Familienform (Ehepaare, Lebensgemeinschaften, Alleinerziehende) und Erwerbsbeteiligung (vollzeittätig, teilzeittätig, erwerbslos) deren Nettoäquivalenzeinkommen bezogen auf das bundesdeutsche Medianeinkommen ausgewiesen.[2] Diese Daten ermöglichen, Haushalte nicht nur nach dem Einkommen, sondern auch nach der durch Erwerbsarbeit gebundenen und im Umkehrschluss der

---

1 Auf der Basis des Mikrozensus 2013 befanden sich 14 % der Haushalte mit minderjährigen Kindern im ökonomisierten, 38 % im paarzentrierten, 29 % im prekären und 19 % im subsistenzorientierten Reproduktionsmodell.

2 Das Nettoäquivalenzeinkommen ist das Nettoeinkommen des Haushalts dividiert durch eine »Äquivalenzgröße«, die sich aus der Anzahl der Personen im Haushalt und deren Alter ergibt. Die Äquivalenzgröße wird gemäß einer EU-weit gültigen Definition nach der modifizierten OECD-Skala berechnet, wobei der ersten erwachsenen Person im Haushalt das Gewicht 1,0 zugeteilt wird, jeder weiteren erwachsenen Person sowie Kindern ab 14 Jahren jeweils das Gewicht 0,5 und Kindern unter 14 Jahren das Gewicht 0,3 (Statistisches Bundesamt 2019b: 12f.). Die damit unterstellten deutlich niedrigeren Bedarfe von Kindern unter 14 Jahren und auch der zusätzlichen Erwachsenen sind zu bezweifeln. Mit diesen Werten werden also die finanziellen Handlungsmöglichkeiten in privaten Haushalten mit Kindern eher überzeichnet. Das Medianeinkommen (auch mittleres Einkommen) ist der Punkt auf der Einkommensskala, der alle Einkommensbezieher*innen in zwei genau gleich große Gruppen teilt: Die eine Hälfte hat höhere Einkommen, die andere niedrigere. Wie die Daten des Mikrozensus den vier Reproduktionsmodellen zugeordnet werden, lässt sich anhand der Darstellung in Winker (2015: 201ff.) nachvollziehen.

für familiäre Sorgearbeit verfügbaren Zeit den Reproduktionsmodellen zuzuordnen. Auf dieser Basis lässt sich zeigen, dass sich derzeit in Deutschland kein einheitliches oder dominantes neoliberales Reproduktionsmodell herauskristallisiert; vielmehr bleiben auch sechs Jahre nach der ersten empirischen Untersuchung die unterschiedlichen Modelle sichtbar.

Unter dem Begriff des ökonomisierten Reproduktionsmodells werden Haushalte gefasst, in denen Erwerbstätige zumeist vollbeschäftigt in sozial abgesicherten Normalarbeitsverhältnissen tätig sind, sofern deren Nettoäquivalenzeinkommen 120 Prozent des bundesdeutschen Medianeinkommens bzw. mittleren Einkommens aller Haushalte übersteigt. Dieses im Neoliberalismus favorisierte Modell galt 2019 nur für 12 Prozent aller Haushalte mit Kindern und damit für noch weniger Haushalte, als dies 2013 mit 14 Prozent der Fall war. Da bei einem hohen Umfang der Erwerbsarbeit keine Zeit bleibt, die anfallende familiäre Sorgearbeit vollständig selbst zu erbringen, wird diese zum Teil ökonomisiert und an Care-Beschäftigte in Kitas oder im privaten Haushalt ausgelagert. Dies ist möglich, weil der Staat einen Großteil der Kosten für die Kinderbetreuung trägt. Die Praxis, meist weibliche migrantische Haushaltsarbeiter*innen irregulär zu beschäftigen, funktioniert wegen der innereuropäischen sowie weltweiten Lohndifferenz und wird von der Gesellschaft stillschweigend akzeptiert. Entsprechend beruht dieses Modell auf einer klassistischen, sexistischen und rassistischen Arbeitsteilung.

Ein großer Teil der Haushalte mit minderjährigen Kindern, 36 Prozent, befand sich im paarzentrierten Reproduktionsmodell. In diesem ist zumeist ein Elternteil in Vollzeit erwerbstätig, während der andere, meist die Frau, vorwiegend in Teilzeit beschäftigt ist und den größten Teil der Sorgeaufgaben übernimmt. Mit dieser Konstellation erreichen diese Haushalte einen mittleren Lebensstandard zwischen 80 Prozent und 120 Prozent des Medianeinkommens. Sie können aus finanziellen Gründen die anfallende Sorgearbeit nur für bestimmte Aufgaben oder eine bestimmte Zeitspanne an Haushaltsarbeiter*innen abgeben. Das Modell unterscheidet sich vom früheren modernisierten Ernährermodell mit der sogenannten Zuverdiener*in dadurch, dass es in aller Regel keinen Familienernährerlohn mehr gibt. Dieses Arrangement wird instabil, sobald eine Person erwerbslos wird oder sich das Paar trennt. In diesem Fall kommt es für die Hauptsorgepersonen wegen unzureichender Anrechnung von Kinderbetreuungszeiten, Lücken in der Erwerbsbiografie, schlechterer Verdienstmöglichkeiten von Frauen sowie fehlender Unterhaltsansprüche zu prekären Lebenssituationen, niedrigen Rentenansprüchen und damit häufig zu Armut, insbesondere im Alter.

30 Prozent der Familien mit minderjährigen Kindern befanden sich 2019 im prekären Reproduktionsmodell. Die Familienmitglieder erwirtschaften zwar noch ein Einkommen oberhalb der Grundsicherung, sind aber nicht in der Lage, sich über die Erwerbsarbeit eine stabile, die Existenz sichernde Perspektive zu erarbeiten. Diese Gruppe ist zwar nach offizieller Definition nicht armutsgefährdet, hat aber nur 60 Prozent bis 80 Prozent des mittleren Einkommens zur Verfügung. Dieses prekäre Modell betrifft einen großen Teil der Alleinerziehenden sowie der Paarhaushalte, in denen nur ein Elternteil, meist der Mann, erwerbstätig ist. Aber es gibt in diesem Modell auch Haushalte, die wegen geringer Stundenlöhne selbst mit zwei Gehältern ihre Existenz kaum sichern können. Die Familienmitglieder versuchen, über zusätzliche Mini-Jobs oder irreguläre Arbeit möglichst viel zum Haushaltseinkommen beizutragen, bleiben aber gleichzeitig für den Großteil der Sorgearbeit zuständig. Wegen dieser Belastungen können Kinder und unterstützungsbedürftige ältere Angehörige häufig nicht die Sorge erhalten, die sie benötigen.

Im subsistenzorientierten Reproduktionsmodell waren 22 Prozent aller Haushalte zu finden; sie verfügen über weniger als 60 Prozent des Medianeinkommens. Die Familienmitglieder sind arm, auf die staatliche Grundsicherung, insbesondere Hartz IV, angewiesen, oder müssen wegen Niedriglöhnen aufstocken. Dies trifft überproportional häufig Alleinerziehende und pflegende Angehörige, aber auch chronisch kranke oder körperlich stark beeinträchtigte Menschen. Sie sind wegen Sorgeverpflichtungen, wegen hohem Sorgebedarf und Erwerbsminderung, wegen ihrer nicht nachgefragten Qualifikationen oder fehlender Arbeitserlaubnis entweder überhaupt nicht oder nur begrenzt in der

Lage, ihre Arbeitskraft zu verkaufen, oder sie können dies nur zu einem Lohn tun, der unterhalb des Existenzminimums liegt und deswegen aufgestockt werden muss. Sie müssen sich Tag für Tag darum kümmern, die grundlegenden Bedürfnisse für sich und ihre Kinder abzusichern. Soweit sie als Haushalte im Hartz IV-Bezug sind, müssen sie jedes Jobangebot annehmen und können über die innerfamiliäre Aufgabenteilung nicht selbst entscheiden. Auch ist ihre gesellschaftliche Teilhabe häufig deutlich eingeschränkt (Carstensen et al. 2012: 23ff.).

Über alle Reproduktionsmodelle hinweg sind es weiterhin vor allem Frauen, die die anfallende familiäre Sorgearbeit übernehmen. Die konkrete Arbeitsteilung ist jedoch in Abhängigkeit von den vorhandenen finanziellen Ressourcen unterschiedlich organisiert. Deswegen sind Reproduktionsmodelle nicht nur durch heteronormative Arbeitsteilungen bestimmt, sondern intersektional auch durch klassistische, rassistische oder körperbezogene Diskriminierungsmechanismen. Entsprechend ist die Möglichkeit, die eigene Arbeitskraft zu einem existenzsichernden Lohn zu verkaufen, unterschiedlich ausgeprägt. Dieser ungleiche Zugang zur Erwerbssphäre führt zu verschiedenen familiären Arbeitsteilungen und auch unterschiedlichen Handlungsmöglichkeiten in Bezug auf die notwendigen Sorgeaufgaben.

So können Menschen im ökonomisierten Modell ihre Sorgearbeit an Haushaltshilfen und Kinderbetreuer*innen stunden- oder auch tageweise abgeben und bei pflegebedürftigen Angehörigen auch rund um die Uhr eine meist migrantische Betreuer*in finanzieren. In den anderen Reproduktionsmodellen nehmen insbesondere für Mütter der Leistungsdruck und die Anforderungen an eigenverantwortliches Handeln auch im Bereich der familiären Sorgearbeit zu. Menschen, die chronisch krank und weniger belastbar sind oder erhöhten Selbstsorgeaufwand haben, werden schnell ausgegrenzt. Die Benachteiligung auf dem regulären Arbeitsmarkt ermöglicht ihnen häufig nur ein Leben im subsistenzorientierten Reproduktionsmodell.

Gleichzeitig hat das Ausmaß der Sorgeaufgaben wiederum Auswirkungen auf die Chance, die eigene Arbeitskraft überhaupt verkaufen zu können. Mutterschaft wird zu einer wichtigen Kategorie sozialer Ungleichheit. So führen nicht nur ungleiche Zugänge zur Erwerbsarbeit, unterschiedliche Erwerbsbeteiligung sowie Lohndifferenzen, sondern auch unterschiedlich umfangreiche Sorgearbeit zu deutlich ungleichen Chancen, das eigene Leben zu gestalten. Sorgeaufgaben sind Zugangsbarrieren zu einer existenzsichernden Erwerbsarbeit und bringen viele Menschen in hoch belastende und prekäre Arbeitssituationen.

Die erhöhte Erwerbsbeteiligung von Frauen, durchaus auch ein Erfolg der zweiten Frauenbewegung, führt unter den dargestellten Rahmenbedingungen zu großen neuen Anforderungen. Für viele Frauen wird die früher übliche Abhängigkeit vom Einkommen beziehenden Ehemann ersetzt durch die Notwendigkeit, die eigene Arbeitskraft unter prekären Bedingungen zu vermarkten oder unter den rigiden Einschränkungen und Zwängen des SGB II zu leben.

Die Anforderungen in allen vier Reproduktionsmodellen führen allerdings nicht nur zu einer hohen individuellen Belastung der Beteiligten, sondern darüber hinaus auch zu einer Gefährdung sozialer Beziehungen. Diese werden innerhalb und außerhalb der Familien durch lange Arbeitszeiten, umfangreiche Sorgeverpflichtungen und große Flexibilitätsanforderungen belastet. Oft gelingt der Aufbau verlässlicher sozialer Netzwerke aus diesem Grund nur begrenzt; aufgrund der mangelnden Souveränität über die eigene Zeitgestaltung fehlen die gemeinsamen Zeitfenster und Räume zum Austausch. Darunter leiden neben den Sorgearbeitenden auch Menschen, die auf die Unterstützung anderer in besonderem Maß angewiesen sind, insbesondere Kinder und pflegebedürftige Erwachsene.

5.2.2 Selbstoptimierung als Daueraufgabe

Im Neoliberalismus sind die meisten Menschen gezwungen, unabhängig davon, wie hoch ihre Sorgeaufgaben sind, ihre derzeitige Situation entweder abzusichern oder sie zu verbessern. Selbstoptimierung wird daher zur permanenten Lebensaufgabe. Es geht um »einen kontinuierlichen Veränderungsprozess in verschiedenen Bereichen des Lebens« (Duttweiler 2016: 27). Das Ziel ist, das Bestmögliche aus sich herauszuholen und dabei im Wettbewerb mit konkurrierenden Personen zu bestehen.

Beschäftigte müssen sich an die sich schnell verändernden Gegebenheiten anpassen, die die Richtschnur für das eigene Handeln darstellen. Auf die grundlegenden Rahmenbedingungen können sie allerdings häufig keinen Einfluss nehmen. Dennoch sind sie es, die nicht nur für das Arbeitsergebnis, sondern auch für den ökonomischen Erfolg verantwortlich gemacht werden. Die Überprüfung des Arbeitsergebnisses durch das Unternehmen findet erst am Ende des Arbeitsprozesses bzw. am Ende der jeweiligen Projektarbeit statt. Diese Situation bringt Unsicherheiten hervor und trägt tendenziell dazu bei, dass Beschäftigte unbezahlte Überstunden leisten, um einerseits selbst mit ihrem Ergebnis zufrieden zu sein und andererseits nicht in die Situation zu kommen, gegenüber ihren direkten Konkurrent*innen in Rückstand zu geraten.

Doch individuelle Optimierungsprozesse finden nicht nur im Betrieb statt. Auch in der individuellen Weiterbildung oder im Fitness-Training wird das Handeln Effizienzkriterien unterworfen. In Familien nimmt diese Orientierung ebenfalls zu; sie erfasst die Gesundheit, die Kindererziehung und die gesamte Lebensgestaltung. Ähnlich wie bei der selbstverantwortlichen Gestaltung der Erwerbsarbeit gibt es bei der Frage der richtigen Kindererziehung, die beispielsweise vom Ausbildungsbetrieb anders bewertet wird als von der Schule oder der Kita, keine klaren Vorgaben. So können die Einzelnen in Beruf und Familie niemals sicher sein, genug getan zu haben.

Das Leistungsprinzip ist mehr als je zuvor eine Norm, die kapitalistische Gesellschaften prägt und im individuellen Alltag wirkmächtig ist. Nach diesem Prinzip sollen Güter und finanzielle Zuwendungen gemäß individuellen Leistungen verteilt werden. Allerdings bleibt dabei die Frage offen, wie Leistung gemessen wird. Es gehört zum Prinzip dieses Phänomens, dass es historisch wie kontextuell variabel und deswegen auch nur schwer zu bestimmen ist. Im neoliberalen System verschiebt sich die Bewertung der Leistung vom Arbeitseinsatz zum Ergebnis; so tritt der Markterfolg in den Vordergrund.

Auch für Menschen mit geringem Einkommen oder mit umfangreichen Sorgeaufgaben besteht der Druck, die eigenen Entscheidungen und die eigene Zeitverwendung ständig zu überprüfen und zu optimieren. Denn wenn permanent Gelegenheiten gesucht werden müssen, um Ausgaben zu verringern und Möglichkeiten des Gelderwerbs aufzutun, oder wenn Alleinerziehende Sorgeaufgaben und flexible Erwerbsarbeitszeiten in Einklang bringen müssen, wirkt der materielle Zwang ganz ähnlich wie die Anpassung an herrschende Normen: Stets muss überlegt werden, wie die Lebensgestaltung noch effizienter organisiert werden kann.

Dabei besteht immer die Möglichkeit, dass das Geleistete nicht ausreicht. Es muss in einer unsicheren Umgebung mit nicht planbaren Problemen gerechnet werden und es kann immer andere geben, die mehr leisten können als man selbst. Aus diesen individuellen Leistungsbilanzierungen nach wechselnden Kriterien entwickelt sich die Überzeugung, »dass der Wert jedes Einzelnen in hohem Maße variabel ist und man sich jeden Tag wieder aufs Neue bewähren muss« (Boltanski/Chiapello 2003: 367).

Dabei gibt es in einer komplexer werdenden Welt auch viele Anforderungen, die nur im Team lösbar sind. Beschäftigte stehen damit vor einer widersprüchlichen Situation: Solange Kooperation im Team die gemeinschaftliche Arbeitsaufgabe zügiger voranbringt und somit der Bezug aufeinander einen direkten Vorteil für die eigene Karriere ebenso hat wie für das Arbeitsergebnis, bleiben die Projektmitglieder zusammen. Dennoch gibt es immer wieder Situationen, in denen eine Person allein schneller vorankommt als im Team. Dann besteht die Aufgabe darin, die anderen »im ›Teamfähigkeit‹ genannten Wechselspiel zwischen taktierender Kooperation und Ellenbogenfreiheit hinter sich zu lassen« (Distelhorst 2019: 25).

Eine solche instrumentelle Kooperation gibt es nicht nur im Beruf. Auch im Spiel und in der Zusammenarbeit mit Kindern haben häufig Eltern nicht nur das Ziel, einige schöne Stunden miteinander zu verbringen. Vielmehr spielt gleichzeitig oft die Absicht eine Rolle, den Kindern ein Rüstzeug bereitzustellen, das ihnen hilft, in der Zukunft ein erfolgreiches Mitglied dieser Gesellschaft zu werden (Derboven 2019: 54). Sie sollen darauf vorbereitet werden, sich in einer auf Konkurrenz und Selbstoptimierung aufgebauten Welt zu bewähren.

Vorrang in Entscheidungssituationen, die die berufliche Karriere und die Zukunft der Familie berühren, hat letztendlich häufig der Job. Dies gilt beispielsweise, wenn der Wohnort und die damit verbundenen Pendelstrecken danach ausgewählt werden, was für die berufliche Karriere, meist die des besser verdienenden Manns, förderlich ist. Die Aufrechterhaltung bestehender Freundschaften vor Ort oder die potenzielle Unterstützung familiärer Angehöriger in der Zukunft spielen dabei eine nachrangige Rolle.

5.2.3 Erschöpfung und Depression als gesellschaftliche Phänomene

In allen Lebensbereichen wächst die individuelle Verantwortung, ohne dass Menschen ausreichenden Einfluss auf die Rahmenbedingungen nehmen können, unter denen sie dieser Verantwortung gerecht werden sollen. Auch wenn Beschäftigte von Kolleg*innen im Beruf unterstützt werden, stehen sie aufgrund des Wettbewerbs auf dem Arbeitsmarkt, auf den die gesamte Lebensführung auszurichten ist, häufig während der nächsten Bewährungsprobe wieder in Konkurrenz zueinander. Bestehen bleibt der permanente Druck, auf sich alleine gestellt unter unsicheren Bedingungen Leistung in der Erwerbs- und der unentlohnten Sorgearbeit bringen zu müssen. Ein derart getriebenes Leben führt zu Versagensängsten. Denn es ist nicht klar, wie lange all die Mühe, sich in einem guten Licht zu präsentieren, zum Erfolg führt. Auch gibt es in der Konkurrenz um berufliche Karrieren neben Gewinner*innen immer auch Verlierer*innen. Das gilt ebenfalls in der Familie, wenn Eltern daran gemessen werden, ob ihre Kinder dem Leistungsdruck in der Schule standhalten.

Dennoch wird lange Zeit versucht, den gewählten Lebensentwurf aufrechtzuerhalten, auch dann, wenn er zur Überforderung führt. Irgendwann gelingt dies jedoch nicht mehr. Viele sind erschöpft, ohne auf Erholung hoffen zu können. Sie arbeiten am Limit ihrer Kräfte und stehen gleichzeitig unter dem Druck, ihr Potenzial in Eigeninitiative ständig weiter ausschöpfen zu müssen.

In einer repräsentativen Umfrage des Instituts DGB-Index Gute Arbeit (2019: 10ff.) gaben 53 Prozent der Beschäftigten an, sich im Beruf sehr häufig oder oft gehetzt zu fühlen. 26 Prozent der Befragten sagten, die Arbeitsmenge sei in der vorgegebenen Zeit sehr häufig oder oft nicht zu schaffen. 29 Prozent reduzierten deshalb die Pausen oder ließen sie ganz ausfallen. In Care-Berufen gibt es noch eine besondere Ausprägung dieses Problems. Denn es ist für Care-Beschäftigte schwierig, damit umzugehen, dass sie viel zu wenig Zeit für die Menschen haben, die auf ihre Sorgearbeit angewiesen sind. Zwar wissen sie meist, dass dies an der zu dünnen Personaldecke und den zu geringen finanziellen Ressourcen liegt. Dennoch versuchen viele ihre Aufgaben gegenüber den Klient*innen oder Bewohner*innen auch dann noch gut auszuführen, wenn dies unter den vorhandenen Bedingungen nicht erfüllbar ist. Sie nehmen dafür unbezahlte Überstunden in Kauf und reduzieren dadurch die Zeit für Freund*innen und Angehörige, aber auch die Zeit für Selbstsorge und Erholung (Nowak et al. 2012).

Auch wenn Stress in der genannten Studie des DGB allein auf Erwerbsarbeit bezogen wird, tragen auch die umfangreichen Sorgeaufgaben in der Familie zu dieser Überforderung bei. In Familien treffen von der Erwerbsarbeit gestresste Eltern auf von Kita und Schule überforderte Kinder. Allen Familienmitgliedern fehlt häufig die Muße, um sich alleine oder gemeinsam zu erholen. Umgekehrt haben familiäre Stresserfahrungen wiederum negative Auswirkungen auf die Arbeit jenseits der Familie. So kommt Christof Wolf (2006) zu dem Ergebnis, dass psychosoziale Belastungen in der Haus- und Sorgearbeit die Gesundheit ebenso stark beeinträchtigen wie Belastungen aus der Erwerbsarbeit. »Unabhängig davon, ob es sich um bezahlte Erwerbsarbeit oder um unbezahlte Hausarbeit handelt: Tätigkeiten, die als seelisch belastend empfunden werden, die keinen Spaß machen und wenig Anerkennung finden, verschlechtern die körperliche und psychische Gesundheit.« (Ebd.: 172)

So wird für viele Stress zum Normalzustand. Die Folge ist Erschöpfung, eine »Reaktion auf Belastungen, die längerfristig die menschlichen Leistungsvoraussetzungen überfordern« (Rau 2012: 181). Während unter Stress die direkte Begleiterscheinung einer Überforderung verstanden wird, ist »Erschöpfung eine Folge eines chronischen Stresszustands« (ebd.), die durch verzögerte, beeinträchtigte oder fehlende Erholungszeiten zustande kommt. Alain Ehrenberg (2015) interpretiert die Erschöpfung des Subjekts im neoliberalen System als »Krankheit der Unzulänglichkeit« (ebd.: 176). Denn heute ist ständige persönliche Initiative notwendig, um gesellschaftsfähig zu bleiben. Diese Orientierung bedeutet zugleich eine Unterwerfung unter die Norm der Leistungsfähigkeit (ebd.: 299).

Erschöpfungssyndrome sind weit verbreitet und schlagen sich in vielfältigen psychischen Erkrankungen nieder. Zahlreiche Studien belegen die Zunahme psychischer Erkrankungen, worunter unter anderem Depressionen, Anpassungsstörungen und Suchtkrankheiten fallen. Entsprechend ist die Zahl der Arbeitsunfähigkeitstage aufgrund von psychischen Erkrankungen im Zeitraum von 2008 bis 2019 um 67,5 Prozent angestiegen (Meyer et al. 2020: 367). Diese Erkrankungen gehen mit besonders langen Fehlzeiten einher. Im Durchschnitt fiel 2019 eine psychisch erkrankte Person 27,1 Tage aus (ebd.: 423).

Dabei sind psychische Erkrankungen in Care-Berufen besonders häufig. Während der Anteil psychischer Erkrankungen im Durchschnitt aller Branchen im Jahr 2019 bei 11,6 Fällen pro 100 AOK-Mitglieder lag, waren es in der Haus- und Familienpflege 21,0 Fälle pro 100 AOK-Mitglieder, in der Altenpflege 20,4, bei Erzieher*innen 17,2, bei Krankenpflegekräften 16,7. Diese Quoten liegen deutlich über den Quoten bei technischen oder handwerklichen Berufen, bei denen 4,1 bis 6,0 Fälle pro 100 Beschäftigte auftraten (ebd.: 424). Das hat damit zu tun, dass Beschäftigte in Care-Berufen besonders darunter leiden, dass ihnen wegen des Personalmangels für die helfenden oder beratenden Aufgaben die Zeit fehlt. Aber es hängt sicherlich auch damit zusammen, dass in Care-Berufen zu ca. 80 Prozent Frauen beschäftigt sind,[3] die neben ihrem Beruf in der sogenannten zweiten Schicht überproportional viel unentlohnte Sorgearbeit leisten.

Psychisch Erkrankten wird in Ratgebern häufig empfohlen, sich auf ihre Fähigkeiten zu beziehen und einen Ausgleich zur Arbeit zu suchen,

---

3   Statistisches Bundesamt (2019a: 375) und eigene Berechnungen

beispielsweise im Sport. Sie werden aufgefordert, Erholungszeiten bewusst zu planen und sich immer wieder von der Arbeit zu distanzieren. Auch auf ein verbessertes Zeitmanagement wird verwiesen. Den Erkrankten begegnet »die geradezu gebetsmühlenartig vorgetragene, sich durch alle Ratgeber ziehende Botschaft, das Leben nach Maßgabe *eigener* Vorstellungen *selbstverantwortlich* zu führen« (Duttweiler 2008: 2) (Herv. i. Orig.). So werden Selbsttechniken als Lösung für ein Problem vorgeschlagen, das aus der zu großen Eigenverantwortung oder den zu umfangreichen Arbeitsaufgaben überhaupt erst entstanden ist. Menschen mit einer psychischen Erkrankung können gerade diese Ressourcen nicht mehr einbringen. Durch diese Anrufungen wird ihr Leiden verstärkt.

5.3 Individuelle Verweigerung und kollektives politisches Eingreifen

Ein permanentes Arbeiten am Limit mit den dargestellten Folgen kann durchaus auch zu der Frage führen, ob dieses Leben tatsächlich den eigenen Wünschen und Träumen entspricht. Daraus ergibt sich die Frage nach dem Sinn des eigenen Handelns. Diese Sinnfrage wiederum ist nicht leicht zu beantworten in einer Gesellschaft, in deren Mittelpunkt steht, immer mehr zu produzieren und zu verkaufen, um das eingesetzte Kapital zu vermehren. In diesem Rahmen bleibt nur noch die Leistung als »ein sinnstiftendes Moment«, um so der »Leere des Sozialen« zu entgehen (Distelhorst 2016: 51).

Doch immer wieder spüren Menschen diese Leere, häufig gerade dann, wenn die geforderte Leistung nicht erbracht werden kann und Selbstoptimierung nicht zum Ziel führt. Wenn dann auch die Anerkennung wegbricht und die Unsicherheit zunimmt, kann dies zur Orientierungslosigkeit bis hin zu Handlungsunfähigkeit und psychischer Erkrankung führen. Häufig kommt in dieser Situation bei der jeweiligen Person die Frage auf, was sie individuell falsch gemacht hat. Das Bedrückende des eigenen Lebens wird so als persönliches Versagen erlebt. Gleichzeitig können Situationen, in denen die gewohnte Leistung nicht erbracht werden kann oder unbefriedigend wird, auch Handlungsimpulse auslösen.

Im Folgenden möchte ich drei mögliche Handlungsebenen etwas näher beleuchten; zu diesem Zweck trenne ich sie analytisch. Selbstverständlich können einzelne Personen auch in allen genannten Bereichen aktiv sein. Zunächst gehe ich auf individuelle Aktivitäten ein, mit denen Menschen versuchen, ihre Arbeitsaufgaben in der beruflichen oder der familiären Sphäre zu reduzieren (5.3.1). Danach betrachte ich die Freiwilligenarbeit, das Engagement für andere jenseits der Familie (5.3.2). Abschließend nehme ich das politische Engagement in den Blick (5.3.3).

5.3.1 Individuelle Reduktion der Arbeitsbelastung

Viele Menschen richten ihre Kritik gegen den Umfang der in Beruf und Familie geforderten Leistung, der ihnen viel zu wenig Erholungszeit ermöglicht. Wie weit diese Überforderung schon in der Gesellschaft verbreitet ist und wie viele sich dieser Tatsache bewusst sind, zeigt die jährliche repräsentative Umfrage des Instituts DGB-Index Gute Arbeit (2019), die 2019 Arbeitsintensität zum Schwerpunkt hatte. Danach konnten sich 42 Prozent der Beschäftigten unter den derzeitigen Anforderungen nicht vorstellen, ihren Job bis zur Rente ohne Einschränkung auszuüben (ebd.: 22). Eine solche berufliche Arbeitssituation verursacht Existenzangst, wirft aber auch Fragen auf, wie das Leben anders gestaltet werden könnte.

Eine Studie des Deutschen Instituts für Wirtschaftsforschung (Harnisch et al. 2018: 837) macht eine »verbreitete Unzufriedenheit mit tatsächlichen Arbeitszeiten« sichtbar. Unabhängig vom Geschlecht möchten nach dieser Studie Vollzeitbeschäftigte beruflich weniger arbeiten, Teilzeitbeschäftigte dagegen mehr. Allerdings wollten vollzeitbeschäftigte Frauen ihre Arbeitszeit etwas stärker von 41,8 Wochenstunden tatsächlicher Arbeitszeit auf 35 Stunden reduzieren als vollzeitbeschäftigte Männer, die statt der derzeit ausgeführten 43,8 Stunden nur 38,7 Wochenstunden erwerbstätig sein wollten. Teilzeitbeschäftigte Frauen wünschten sich eine Erhöhung auf 24,7 Wochenstunden von derzeit 23,5 Stunden, teilzeitbeschäftigte Männer wollten 29,4 Wochenstunden erwerbstätig sein anstatt der 28,8 Stunden, die sie im Durchschnitt tatsächlich erwerbstätig waren (ebd.: 840).

Peter Sopp und Alexandra Wagner (2017) stellen fest, dass sich im Jahr 2014 29 Prozent aller Beschäftigten eine Erwerbsarbeitszeit zwischen 20 und 35 Wochenstunden gewünscht haben. Gleichzeitig zeigen sie, dass der Anteil der Beschäftigten in diesem Intervall tatsächlich von 11 Prozent im Jahr 1990 auf 20 Prozent im Jahr 2014 gestiegen ist (ebd.: 13f.). So fand hier nicht nur eine Veränderung in den Wünschen der Beschäftigten, sondern auch eine tatsächliche Verschiebung der Erwerbsarbeitszeiten statt. Allerdings konnten nur 21 Prozent derjenigen, die eine kürzere vertragliche Arbeitszeit gewünscht hatten, diesen Wunsch im Folgejahr auch umsetzen (ebd.: 56).

Eine Studie des Instituts für Demoskopie Allensbach (2019) macht Angaben darüber, für welche Aktivitäten Berufstätige mehr freie Zeit benötigen. 68 Prozent der Eltern mit minderjährigen Kindern wünschten sich mehr Zeit für ihre Kinder. Dies galt für Mütter und Väter gleichermaßen. Ferner hätten 64 Prozent gerne mehr Zeit für sich selbst gehabt, 56 Prozent mehr Zeit für die jeweilige Partner*in und ebenfalls 56 Prozent mehr Zeit für Freund*innen und Kontakte zu anderen. Bei 50 Prozent der Menschen ohne minderjährige Kinder stand mehr Zeit für sich selbst im Vordergrund, 49 Prozent wünschten sich mehr Zeit für Freund*innen und Kontakte zu anderen und 37 Prozent mehr Zeit für die Partner*in (ebd.: 32). Darüber hinaus waren Paare daran interessiert, ihren beruflichen und familiären Arbeitsumfang anzugleichen. So wünschten sich 46 Prozent aller Eltern mit minderjährigen Kindern eine egalitäre Teilung von Berufs- und Familienarbeit (ebd.: 26f.).

Die individuelle Reaktion auf erhöhte Anforderungen in Beruf und Familie lässt sich auch an einer veränderten Zeitverwendung zwischen 2001/02 und 2012/13 ablesen, den beiden Zeiträumen, für die vergleichbare Daten vorliegen (Sellach/Libuda-Köster 2017). In paarerziehenden Haushalten verwendeten Frauen 2012/13 mehr Zeit für Erwerbsarbeit und schränkten die haushälterischen Tätigkeiten wie Kochen, Putzen, Wäsche waschen und Bügeln ein. Männer haben die Haushaltsarbeit nicht übernommen, sondern diese Tätigkeiten ebenfalls reduziert. Zugenommen hat bei Frauen und Männern mit Kindern unter 18 Jahren der zeitliche Umfang für die Kinderbetreuung (ebd.: 33). Dies ist auch deswegen interessant, weil in diesen Zeitraum der Ausbau der Kitas fällt und viele Eltern mit Kindern unter 3 Jahren in verstärkten Maß die Kitas nutzen. Das spricht dafür, dass die Aufgaben bei der Betreuung von Kindern deutlich angewachsen sind, wie in Kapitel 2 bereits ausgeführt wurde.

In diesen empirischen Daten, die selbstverständlich die höchst verschiedenartigen beruflichen und familiären Lebensarrangements nur in ihrer durchschnittlichen Entwicklung wiedergeben können, spiegelt sich dennoch ein konkretes Handeln einzelner Menschen wider. Viele realisieren in ihrem begrenzten Handlungsrahmen Veränderungen und kommen damit ihren Wünschen etwas näher. Manchen gelingt es, ihre Vollzeitarbeit zu verringern. Viele reduzieren die familiären Haushaltstätigkeiten, andere nehmen verstärkt Kita-Plätze für ihre Kinder in Anspruch. Sie nutzen die neu zur Verfügung stehende freie Zeit für Selbstsorge, für mehr Zeit mit ihren Kindern sowie für Muße, auch zusammen mit ihren Freund*innen.

Es zeigt sich, dass einzelne Individuen und auch einzelne Familien durch ihr individuelles Verhalten ihre Lebenssituation verändern, auch wenn sie nicht in strukturelle Gegebenheiten eingreifen. Damit verfügen nicht mehr ausschließlich andere über ihre Lebenszeit. Menschen erleben sich weniger fremdbestimmt. Die eigenen Wünsche an ein gutes Leben erhalten mehr Gewicht.

5.3.2 Gemeinsam organisierte Freiwilligenarbeit

Häufig leiden Menschen darunter, wenn Leistungsdruck und Selbstoptimierung mit instrumenteller Kooperation einhergehen. Denn in einer solchen Form der Zusammenarbeit gibt es keinen Platz für dauerhafte und belastbare soziale Beziehungen. Selbst in Familienzusammenhängen oder in Freund*innen-Netzwerken bleibt wenig Zeit für Kommunikation und Austausch. Dadurch ist eine verlässliche gegenseitige Unterstützung, die auch eine kurzfristige Verfügbarkeit einschließt, nur schwierig aufrechtzuerhalten.

So sind viele trotz des Leistungsdrucks auf der Suche nach einer Tätigkeit, die sie erfüllt, in der sie Sinn finden und in der sie mit anderen in gegenseitigem Respekt zusammenarbeiten können. Eine solche Tätigkeit finden nicht wenige in der Freiwilligenarbeit. »Freiwilligenarbeit umfasst jede selbstgewählte und ohne Entlohnung in gemeinnützigen Bereichen geleistete Arbeit; ganz gleich, ob es sich bspw. um die informelle Hilfe einer Nachbarin gegenüber oder die durch eine Non-Profit-Organisation [...] formell angebotene Migrantenbetreuung handelt.« (Wehner et al. 2018: 2)

Im seit 1999 regelmäßig im Auftrag der Bundesregierung erhobenen deutschen Freiwilligensurvey zeigt sich, dass das Ausmaß des freiwilligen Engagements in Deutschland recht hoch ist. In der vierten und bei Abschluss des Manuskripts letzten veröffentlichten Erhebung im Jahr 2014 lag die repräsentative Engagement-Quote, die den Anteil freiwillig Engagierter an der gesamten Wohnbevölkerung über 14 Jahre ausweist, bei 43,6 Prozent (BMFSFJ 2016: 9). Unter freiwilligem Engagement werden hier Tätigkeiten gefasst, die unbezahlt oder gegen eine geringe Aufwandsentschädigung im Rahmen von Vereinen, Initiativen, Projekten oder Selbsthilfegruppen übernommen werden (ebd.: 10). Dabei gilt es zu beachten, dass in diesen Zahlen die informelle Unterstützung anderer nur berücksichtigt wird, sofern sie in einen organisierten Rahmen eingebettet ist. Das bedeutet, dass die Freiwilligenarbeit durchaus noch größere Bedeutung hat, als sich dies in den dargestellten Zahlen niederschlägt.

Nach dem Freiwilligensurvey engagierten sich 2014 die Freiwilligen am häufigsten im Bereich des Sports und der Bewegung; gut 16 Prozent der Bevölkerung waren hier freiwillig tätig. Jeweils rund 9 Prozent waren in den Bereichen Schule und Kindergarten, Kultur und Musik sowie im sozialen Bereich tätig, knapp 8 Prozent im Bereich Kirche und Religion (ebd.: 30).

Theo Wehner et al. (2018: V) kommen in ihrer Untersuchung zu der Schlussfolgerung, dass freiwillige Arbeit »von persönlichem Sinn getragen« ist und es auch vermag, »Sinn [...] herzustellen«. Interessanterweise betonen die Autoren, dass Freiwilligenarbeit nicht primär von denjenigen geleistet wird, die viel Zeit haben. Es seien vielmehr überproportional diejenigen, die selbst berufstätig sind oder anderweitig »bereits Verantwortung tragen«, die sich freiwillig engagieren (ebd.). Sieht man sich die Beweggründe von Freiwilligen für ihr Engagement an, überwiegt klar das »Spaß haben« (80 % stimmen voll und ganz zu). Danach folgen soziale Motive: »mit anderen Menschen zusammenkommen«, »Gesellschaft mitgestalten«, »mit Menschen anderer Generationen zusammenkommen« (je etwa 60 % stimmen voll und ganz zu). Motive wie »Qualifikationen erwerben« (34 %), »Ansehen und Einfluss gewinnen« (15 %) oder »beruflich vorankommen« (15 %) spielen keine unbedeutende, aber eine untergeordnete Rolle. Es werden also von den Engagierten vor allem Motive genannt, die sich auf das eigene Wohlbefinden oder auf soziale Aspekte beziehen (Müller et al. 2016: 418f.). Neben der Tatsache, dass sehr vielen freiwillig Tätigen diese Arbeit Spaß macht, sind es also vor allem die sozialen Beziehungen zu anderen und die Möglichkeit der gesellschaftlichen Einflussnahme, die am stärksten motivierend wirken.

Dies wurde auch beim spontanen Engagement der Bevölkerung seit Herbst 2015 für Geflüchtete deutlich. Nach einer Studie des Instituts für Demoskopie Allensbach haben von 2015 bis zur Befragung im April 2017 25 Prozent der Bevölkerung aktiv Geflüchtete unterstützt. Diese Aktiven halfen Menschen mit Fluchterfahrung bei Behördenkontakten, begleiteten sie zu Terminen bei Ärzt*innen, unterrichteten Deutsch oder verbrachten Freizeit mit ihnen. Ein Teil der Helfer*innen hat auch Patenschaften übernommen, einige ließen Geflüchtete bei sich wohnen. Im April 2017 kümmerten sich noch 11 Prozent der Bevölkerung aktiv um Geflüchtete (BMFSFJ 2017: 11).

Gefragt nach ihren Erfahrungen schloss sich eine große Mehrheit von 80 Prozent der Engagierten der Feststellung an: »Mein Engagement in der Flüchtlingshilfe gibt mir viel, macht mir Freude« (ebd.: 35). Ferner erfuhren 81 Prozent der Unterstützer*innen von den geflüchteten Menschen »viel Dankbarkeit« für das, was sie taten. 68 Prozent erhielten aus ihrem Umfeld Zuspruch und Anerkennung. Als bereichernd erlebten 64 Prozent zudem das Neue, das sie bei ihrem Engagement erfahren und gelernt haben. 60 Prozent fanden durch das Engagement neue Freund*innen. 52 Prozent hatten das Gefühl, wirklich etwas bewirken zu können (ebd.: 38).

In besonderem Maß sichtbar wurde der hohe Stellenwert der Freiwilligenarbeit in der bundesdeutschen Gesellschaft auch zu Beginn der Corona-Pandemie im Frühjahr 2020. Zügig fanden sich meist Jüngere zusammen, die sich freiwillig um andere kümmerten, die in Bezug auf das Virus einer Risikogruppe angehörten. Sie übernahmen Einkäufe oder standen als Gesprächspartner*innen am Telefon zur Verfügung.

So ist die Freiwilligenarbeit ein Weg, soziale Beziehungen positiv zu erleben. Freiwilligenarbeit schafft Gemeinschaft und bietet den Einzelnen Möglichkeiten, neue Bekanntschaften zu schließen und gemeinsam aktiv zu sein. Gleichzeitig wird über Freiwilligenarbeit auch direkt erfahrbar, wie sinnvoll eine Arbeit sein kann, die andere in der einen oder anderen Weise unterstützt.

5.3.3 Politisches Engagement und solidarisches Handeln

Menschen nehmen zudem auf ihre Lebensbedingungen Einfluss, indem sie gemeinsam mit anderen auf gesellschaftliche Rahmenbedingungen einwirken. Engagierte schließen sich zu diesem Zweck in politischen Gruppen oder Bürger*innen-Initiativen zusammen oder sind in Organisationen und Parteien aktiv.

Klaus Holzkamp hat in seinem Werk immer wieder mit Nachdruck darauf verwiesen, dass zur umfassenden Bedürfnisbefriedigung nicht nur die aktuelle Beseitigung unmittelbarer Mangelzustände erforderlich ist, sondern gleichzeitig die Verfügung über die eigenen relevanten Lebensumstände. Holzkamp (1983: 246f.) illustriert dies am Beispiel des Hungers und argumentiert, dass das Bedürfnis nach Nahrung erst dann umfassend gestillt ist, wenn das Leben von der allgegenwärtigen Bedrohung durch Hunger befreit ist. Dies erfordert, so Holzkamp, die Fähigkeit, die eigenen Lebensumstände entsprechend beeinflussen zu können. So wird Handlungsfähigkeit selbst zum menschlichen Bedürfnis. Damit ist die Teilhabe am gesellschaftlichen Arbeitsprozess ebenso wie die an demokratischen Entscheidungen, die für das Zusammenleben relevant sind, von existenzieller Bedeutung. Erst wenn eine solche

5. Handlungsfähigkeit

Teilhabe gewährleistet ist, lässt sich von umfassender Handlungsfähigkeit sprechen. Diese ist für Holzkamp so zentral, dass er sie als »das *erste* menschliche Lebensbedürfnis« ansieht (ebd.: 243, Herv. i. Orig.). Dies begründet er damit, dass »Handlungsfähigkeit die allgemeinste Rahmenqualität eines menschlichen und menschenwürdigen Daseins ist, und Handlungsunfähigkeit die allgemeinste Qualität menschlichen Elends der Ausgeliefertheit an die Verhältnisse, Angst, Unfreiheit und Erniedrigung« (ebd.).

Allerdings stoßen Menschen in einer kapitalistischen Gesellschaft schnell an Grenzen, wenn sie versuchen, ihren Handlungsrahmen in Konfrontation mit staatlichen, ökonomischen und auch familiären Regulierungen zu erweitern. Im Wissen um das Risiko zu scheitern, finden sich gegenwärtig die meisten mit den gesellschaftlichen Verhältnissen ab und erhalten damit diejenigen Lebensbedingungen aufrecht, unter denen sie leiden. Wenn sie sich damit nicht mehr zufrieden geben und die Grenzen des bislang Möglichen verschieben möchten, wenn sie also umfassend handlungsfähig werden wollen, lässt sich dies nur in einem politischen Rahmen kollektiv umsetzen.

Politisch Handelnde artikulieren ihren Protest und ihre konkreten Forderungen, indem sie beispielsweise zu Demonstrationen, Petitionen, Boykotts bestimmter Waren oder Streiks mobilisieren. Die gemeinsamen Aktivitäten können inhaltliche Verschiebungen in der öffentlichen Debatte hervorrufen und mittelfristig in Bezug auf das jeweilige Anliegen auch materielle Erfolge erzielen. So bekommt das eigene Handeln gemeinsam mit anderen einen Sinn.

Nach wie vor ist der Streik für die Durchsetzung gewerkschaftlicher Forderungen eine wichtige Aktionsform. Seit 2012 hat die Zahl der Beschäftigten, die sich an Arbeitskämpfen beteiligten, wieder deutlich zugenommen (Leisewitz et al. 2019: 87). Sie kämpfen nicht nur um höhere Löhne, sondern auch um bessere Arbeitsbedingungen. Gleichzeitig haben Bewegungen an Kraft gewonnen, bei denen es um bezahlbaren Wohnraum, Maßnahmen gegen die Klimakatastrophe, den Schutz von Geflüchteten oder die Akzeptanz unterschiedlicher Lebensentwürfe ging. Am 8. März, dem internationalen Frauenkampftag, sind wieder verstärkt Demonstrationen und in manchen Städten auch ein feministischer Streik in der Öffentlichkeit präsent. In den letzten Jahren gab es auch in vielen Städten Demonstrationen und Kundgebungen gegen Rassismus und gegen die Rechtsentwicklung, beispielsweise im Oktober 2018 unter dem Motto #unteilbar mit 240.000 Teilnehmenden in Berlin (ebd.: 95).

Ähnlich wie bei der Freiwilligenarbeit sind Freude und Vergnügen bei der politischen Arbeit wichtig. Das Gesamtbild der politischen Aktivitäten ist vielfältig und bunt geworden. Vor allem jüngere politisch Aktive scheinen den Faktor Spaß zu schätzen (Betz 2016: 271ff.). Auch die Akteur*innen des Protests haben sich seit der Studierendenbewegung Ende der 1960er/Anfang der 1970er verändert: Neben Großorganisationen wie Parteien oder Gewerkschaften mit formeller Mitgliedschaft sind kleine und meist informelle Gruppen und Bürger*innen-Initiativen getreten (Rucht/Teune 2017: 17).

Häufig beklagen Aktive, dass sich noch zu wenige an solchen Protestaktionen beteiligen. Gleichzeitig lässt sich aber zeigen, dass es in Deutschland durchaus ein breites politisches Interesse und auch Engagement gibt. So stellt beispielsweise der Datenreport 2018 (Statistisches Bundesamt/WZB 2018: 351) fest, dass 2016 der Anteil der politisch stark oder sehr stark Interessierten bei 38 Prozent lag. Ferner hat sich das Repertoire der Beteiligungsformen über Wahlen hinaus in den vergangenen Jahrzehnten ausgeweitet.

Empirisch sichtbar wird das politische Engagement der Bevölkerung anhand der regelmäßigen repräsentativen Befragung im Rahmen der Allgemeinen Bevölkerungsumfrage der Sozialwissenschaften (ALLBUS). In dieser Studie (GESIS 2019) werden repräsentativ ausgewählte Menschen erstens danach befragt, welche Möglichkeiten sie nutzen würden, wenn sie in einer Sache, die ihnen wichtig ist, Einfluss nehmen und ihren Standpunkt zur Geltung bringen wollten. Zweitens werden sie danach gefragt, was davon sie selbst schon praktiziert haben. Bei der Befragung 2018 gaben 73,7 Prozent aller Befragten an, sie würden sich an einer Volksabstimmung oder einem Bürger*innen-Entscheid beteiligen und 39,4 Prozent hatten dies auch bereits gemacht. Viele würden sich auch aktiv einbringen, indem sie Waren boykottieren oder kaufen (48,4 %), sich an öffentlichen Diskussionen beteiligen (48,1 %), an Demonstrationen teilnehmen (46,7 %) oder in einer Bürger*innen-Initiative mitarbeiten (39,9 %). Dabei gab es auch viele, die dies bereits gemacht hatten: 39,3 Prozent haben in der Vergangenheit mit politischem Ziel Waren boykottiert oder gekauft, 32,5 Prozent sich an öffentlichen Diskussionen beteiligt, 29 Prozent an Demonstrationen teilgenommen und 12,9 Prozent in einer Bürger*innen-Initiative mitgearbeitet.

Welche Kraft Initiativen entfalten können, die sich für einen sozialen und ökologischen Wandel stark machen, wird an den Aktivitäten von Fridays for Future deutlich. Hier haben Jugendliche seit 2018 das Thema der Klimakatastrophe, über das seit Jahrzehnten seitens der Regierungen geredet wird, ohne dass dies konsequente Handlungen nach sich zieht, spürbar politisiert. Dies war allerdings in diesem Maß nur dank der langen Tradition der Umweltbewegung möglich. Insbesondere der Zusammenschluss *Ende Gelände*, der mit spektakulären Aktionen gegen den Braunkohleabbau vorgeht, und andere klimapolitische Mobilisierungen der letzten Jahre bilden eine Basis für die Aktionen der Schüler*innen. Mit den regelmäßigen Schulstreiks ist es Fridays for Future gelungen, die dramatischen Folgen, die die Klimakatastrophe für ihre Lebensperspektive und die nachfolgender Generationen hat, neu zu adressieren. Auch haben sich die jungen Aktivist*innen mit ihrem Anliegen, die Erderwärmung zu begrenzen, innerhalb kurzer Zeit global organisiert.

Nach wie vor gibt es allerdings wenige Beispiele für die Zusammenführung von betrieblichen und anderen sozialen Bewegungen. Erste Schritte in diese Richtung sind derzeit bei der notwendigen Verkehrswende zu erkennen, wo die Dienstleistungsgewerkschaft ver.di und Fridays for Future bei den Streiks in kommunalen Verkehrsbetrieben zusammenarbeiten. Längere Erfahrungen mit politischer Zusammenarbeit über soziale Bewegungsgrenzen hinweg gibt es bereits in Gesundheitsbündnissen, in denen sich Gewerkschafter*innen zusammen mit (potenziellen) Patient*innen und Care-Aktivist*innen etwa für die Abschaffung der Fallpauschalen und eine bedarfsgerechte Personalbesetzung in den Krankenhäusern einsetzen (vgl. Abschnitt 6.3.1). Grundsätzlich liegt der Vorteil einer solchen Zusammenarbeit auf der Hand:

Gewerkschaften bringen ihre Erfahrungen in betrieblichen Auseinandersetzungen ein, während andere soziale Protestbewegungen vielfältige Aktionsformen im öffentlichen Raum entwickelt haben. Gleichzeitig fehlt diesen Bewegungen aber die Durchsetzungskraft, die gewerkschaftliche Streiks entfalten können.

5.4 Konsequenzen für die politische Arbeit

Es lässt sich festhalten, dass viele Menschen sich individuell oder kollektiv um ein gutes Leben für sich und andere bemühen. Sie reduzieren ihre Arbeitsanforderungen in Beruf und Familie, sie unterstützen in der Freiwilligenarbeit andere, haben daran Freude und empfinden dieses Tätigsein als sinnvoll. Sie engagieren sich politisch, beteiligen sich an öffentlich sichtbaren Protesten und erleben im gemeinsamen Agieren ihre eigene Handlungsfähigkeit.

An diesen sozialen Praxen lässt sich ansetzen. Sie eröffnen die Chance, Menschen für politische Veränderungen zu gewinnen und so das individuelle Unbehagen zum Wunsch nach einem grundlegenden gesellschaftlichen Wandel werden zu lassen. Wie aber können all diese Aktivitäten und Proteste gestärkt, in Bündnissen zusammengeführt und radikalisiert werden? Denn um grundlegende Veränderungen zumindest schrittweise durchzusetzen, benötigt es deutlich mehr Menschen als bisher, die sich zusammenschließen und für ihre Wünsche und Forderungen eintreten. In diesem Abschnitt möchte ich einige Überlegungen zu dieser Frage vorstellen. Sie sind sowohl aus Erfahrungen innerhalb der Care-Bewegung wie auch aus meinen Positionen zur Zentralität von Sorgebeziehungen im menschlichen Leben gespeist.

Bedürfnisse ernst nehmen

Zunächst ist entscheidend, von den Bedürfnissen der beteiligten Menschen ausgehend zu agieren. Damit sind sowohl die Bedürfnisse der bereits Aktiven als auch die derjenigen gemeint, die neu zu einer Initiative dazu stoßen. Allerdings wird, auch wenn immer mehr Initiativen der

Orientierung an menschlichen Bedürfnissen zentrale Bedeutung einräumen, nur selten ausdrücklich bestimmt, was mit dem Begriff des Bedürfnisses eigentlich gemeint ist.

Matthias Neumann und ich (2018) definieren ein Bedürfnis als Wahrnehmung eines Mangels, dessen Behebung ein Subjekt anstrebt. In diesem Sinn sprechen wir beispielsweise von einem Bedürfnis nach Nahrung oder nach Geborgenheit. Bedürfnisse können sich auf Verschiedenstes richten: Es können Gegenstände, soziale Interaktionen oder Erfahrungen sein, die zum Wohlbefinden benötigt werden. Schon aus diesem Ausgangspunkt – ein Bedürfnis ist ein individuell erfahrener Mangel – ergibt sich, dass außer der jeweiligen Person selbst niemand entscheiden kann, ob und in welchem Maß ein Bedürfnis befriedigt ist. Werden Bedürfnisse nicht befriedigt, löst dies den Handlungsimpuls aus, etwas an dieser Situation zu ändern. »Solange das Bedürfnis des Menschen nicht befriedigt ist, ist er im *Unfrieden* mit seinen Bedürfnissen, also mit sich selbst« (MEW 19: 363, Herv. i. Orig.).

Dabei werden unter Bedürfnissen relativ allgemeine Kategorien verstanden. So ist es sinnvoll, beispielsweise von Bedürfnissen nach Nahrung, Gesundheit, Sicherheit, Zuwendung oder kreativem Ausdruck zu sprechen. Dies bedeutet gleichzeitig, dass es sehr unterschiedliche Wege gibt, die Befriedigung eines Bedürfnisses anzustreben. Beispielsweise kann der Besitz des eigenen Autos als Voraussetzung wahrgenommen werden, zum Arbeitsplatz zu gelangen, um sich so ein Einkommen zu sichern, aus dem Güter und Dienstleistungen gekauft werden, die zur Befriedigung von Bedürfnissen erforderlich sind. Das ist etwas anderes als das Bedürfnis nach einem Auto und verdeutlicht, dass etwa mit einem ausgebauten öffentlichen Verkehr auch andere Wege denkbar sind, die eigenen Bedürfnisse zu befriedigen, ohne dass beispielsweise zugleich das Bedürfnis nach Gesundheit durch massenhafte PKW-Nutzung beeinträchtigt wird. Dieses Beispiel zeigt, dass im Regelfall nicht Bedürfnisse, sondern Wege der Bedürfnisbefriedigung in Widerspruch zueinander geraten. Alternative Wege sind möglich. Die Suche nach ihnen wird jedoch erschwert, wenn bestimmte Strategien der Bedürfnisbefriedigung hegemonial sind und als normal gelten oder von besonders machtvollen Akteur*innen verfolgt werden.

Für an Bedürfnissen orientierte Politik bedeutet dies, und das ist grundlegend für das Gelingen politischer Arbeit überhaupt, die Bedürfnisse und Wünsche aller, die gemeinsam politisch tätig sein möchten, ernst zu nehmen. Das ist leicht geschrieben, aber schwierig umzusetzen. Denn politische Arbeit leidet im neoliberalen System wie alle andere Arbeit auch unter Zeitmangel. So sitzen häufig Menschen zusammen, die gestresst und aus konkurrenzorientierten Arbeitsformen heraus zu einem Treffen kommen. In solch einer Situation ist es nicht einfach, aber wichtig, sich dennoch Zeit zu nehmen, um zu verstehen, welche Wünsche die Einzelnen mit ihrem Engagement verbinden. Damit sind nicht nur die großen Ziele gemeint, sondern auch Bedürfnisse, die im jeweiligen Moment vorherrschend sind.

Um dies sicherzustellen, führen manche Gruppen zu Beginn eines Treffens sogenannte Emo-Runden durch, in denen die derzeitigen Emotionen bewusst wahrgenommen und angesprochen werden können. Diese Emo-Runden haben an Bedeutung gewonnen und werden von vielen als wohltuend empfunden. Damit sind die benannten Stimmungen und Gefühle der Einzelnen zumindest im Raum und können nicht so leicht ignoriert werden. Solche Gesprächsformen erfordern allerdings ein intensives Zuhören und die Bereitschaft, sich auf das Geäußerte einzulassen. Insofern stellt es einen wichtigen Lernprozess dar, die Lebenssituation des jeweiligen Gegenübers als bedeutsam wahrzunehmen und in einer Gruppendiskussion tatsächlich von den konkreten Bedürfnissen der Anwesenden auszugehen.

Dabei gilt es zu beachten, dass die geäußerten Bedürfnisse, die sich daraus ergebenden Wünsche und die jeweilige Gestaltung des eigenen Lebens keine Bewertung von anderen erfahren. Grenzen gibt es nur dort, wo Konzepte vorgestellt werden, die auf klassistischer, heteronormativer, rassistischer oder bodyistischer Diskriminierung und Abwertung beruhen. Dies darf und muss kritisiert werden. Da häufig strittig sein wird, ob eine dieser Kategorien auf ein konkretes Verhalten zutrifft, gilt es, in besonderem Maß den Personen mit Diskriminierungserfahrungen zuzuhören.

Füreinander sorgen

In einer kapitalistischen Gesellschaft spielt die unentlohnte Sorgearbeit politisch kaum eine Rolle. Sie ist so weit in das Private gedrängt, dass sie selbst in politischen Initiativen nicht mehr auftaucht. Damit werden die wichtigen Sorgebeziehungen zu Freund*innen und Angehörigen, Bekannten und Mitstreiter*innen in ihrer Bedeutsamkeit für ein gutes Leben häufig nicht begriffen. Dies kann verheerende Auswirkungen auf die gesellschaftliche Analyse wie auf die Entwicklung von politischen Transformationskonzepten haben. Ein Versuch, eine revolutionäre Realpolitik mit Blick auf die Sorgearbeit zu entwickeln, ist Inhalt des folgenden Kapitels 6.

Hier geht es darum, dass auch politische Initiativen vor der Aufgabe stehen, den Bezug aufeinander positiv zu gestalten, soziale Beziehungen zu verwirklichen, die auf Respekt beruhen, und sich, wo sinnvoll, auch umeinander zu kümmern. Das fängt im Kleinen damit an, dass gerade die Bedürfnisse von Menschen mit umfangreichen Sorgeaufgaben mitgedacht werden. Eltern haben beispielsweise lange Arbeitszeiten in Familie und Beruf. Sie benötigen klare Absprachen, eine verlässliche Terminierung von politischen Aktivitäten, aber auch Unterstützung bei der Kinderbetreuung. In solchen Situationen ist es für alle Beteiligten schön, wenn ein Gruppenmitglied etwa für einen Abend als Babysitter*in behilflich sein kann. Es geht aber auch darum, politischen Mitstreiter*innen bei Alltagsproblemen zu helfen oder sie finanziell zu unterstützen. Wichtig sind also nicht nur Akzeptanz und Anerkennung der Bedürfnisse und Wünsche aller Anwesenden, sondern auch die Bereitschaft, bei der Realisierung dieser Wünsche zu helfen, zumal die meisten dies im Job, aber häufig auch in der Familie nicht erleben.

Sorge zu erfahren ist ein grundlegendes menschliches Bedürfnis. Da Menschen alltäglich auf andere angewiesen sind, ist es für ein gutes Leben wesentlich, in einer schwierigen Situation Hilfe und Unterstützung zu erhalten. Nicht so einfach beantwortbar ist allerdings die Frage, ob es auch ein Bedürfnis gibt, für andere zu sorgen, sich um die Bedürfnisse anderer zu kümmern. Eine Begründung hierfür lässt sich bei Ute Holzkamp-Osterkamp (1976: 20ff.) finden: Da Menschen für ihr Überleben auf eine gelingende Kooperation mit anderen angewiesen sind, berührt das Wohlbefinden anderer in dieser Kooperation die eigene Lebensqualität. So wird das Streben nach wechselseitigen guten Beziehungen – also auch nach guten Sorgebeziehungen – zum menschlichen Bedürfnis. Aus anthropologischer Sicht wird diese Aussage durch Sarah Blaffer Hrdy (2009) und Michael Tomasello (2010) bestätigt. Menschen sind also nicht nur aufeinander angewiesen, sondern auch im Prozess des Bezugs aufeinander werden menschliche Bedürfnisse befriedigt.

Neue Kontakte knüpfen

Immer wieder das Gespräch zu suchen und auf diese Weise mit möglichen neuen Mitstreiter*innen in Kontakt zu kommen, ist wohl die entscheidendste Voraussetzung, um politisch Einfluss und Durchsetzungsfähigkeit zu gewinnen. Der Kontakt mit Menschen, so Steve Williams (2013: 7), ist das wichtigste Element einer politischen Gruppe – »er ist geradezu ihr Lebensnerv«. Gleichzeitig ist dies einer der schwierigsten Schritte, weil die neoliberale Gesellschaft individualisierend wirkt. Es gibt wenig Übung, auf andere offen zuzugehen, sie ernsthaft nach ihren Erfahrungen und Einsichten zu fragen, was auch bedeutet, wirklich zuzuhören. Viele Aktivist*innen nehmen sich hierfür nicht die Zeit und dennoch führt kein Weg daran vorbei. Denn nur wenn Menschen sich neu begegnen, sich austauschen, über ihre Lebenssituationen, aber auch ihre Träume sprechen, können diese in politisches Engagement einfließen.

Selbstverständlich haben einige bewusst gelernt, andere anzusprechen, hören ihnen auch durchaus eine Zeit lang zu. Doch häufig viel zu früh setzen sich Aktivist*innen selbst unter den Druck, politische Vorschläge unterbreiten zu müssen. Dies geschieht teils aus Unsicherheit und teils auch, weil sie meinen, wegen ihrer größeren Erfahrung andere aufklären zu müssen. Das Gegenteil wird meist erreicht. Die neu Angesprochenen ahnen, dass sie in ihren Erfahrungen und Überlegungen nicht ernst genommen werden, und schließen sich deswegen einer solchen Gruppe auch nicht an. Verspielt wird damit die Chance, mit

Menschen, die auf der Suche nach einem guten Leben sind, dauerhaft ins Gespräch zu kommen und zu verstehen, wie sie mit ihren Lebensbedingungen umgehen und in welcher Form und zu welcher Thematik sie gerne aktiv würden.

Gemeinsam lernen

Viele spüren, dass eine politische Initiative das zum Ausdruck bringt, was sie ebenfalls denken. Aber sie können zunächst die Erklärungen, die von politisch Aktiven gegeben werden, kaum nachvollziehen. Es fällt schwer, sich analytisch damit auseinanderzusetzen, wie die kapitalistische Gesellschaft tatsächlich funktioniert. Darüber wird in öffentlichen und privaten Diskussionen meist auch nicht gesprochen, sondern in der Regel werden unreflektierte Alltagsvorstellungen reproduziert, wonach es beispielsweise ohne Zwang keine Arbeitsmotivation gebe. So ist es nach einem mittlerweile geflügelten Wort oft einfacher, »sich das Ende der Welt vorzustellen als das Ende des Kapitalismus«.

Hilfreich sind deshalb Workshops oder andere Formate, die allen Beteiligten Lernmöglichkeiten eröffnen. Sie sollten interessant sein und vor allem auch Spaß machen. Vor allem müssen schon länger Aktive hier darauf achten, Workshops nicht mit zu hohen Anforderungen zu belasten. Denn häufig kommt bei ihnen Ungeduld zum Vorschein; diese verbindet sich auf unbefriedigende Weise mit dem eingeübten neoliberalen Leistungsideal.

Vielleicht werden Workshops gerade dann besonders erfolgreich, wenn sie sich mit hegemonialen Normen wie der der ständigen Steigerung der eigenen Leistung auseinandersetzen, die sehr viele in sozialen Bewegungen Aktive ebenfalls verinnerlicht haben. So könnte beispielsweise eine Auseinandersetzung mit Formen der Selbstoptimierung Lernprozesse hervorrufen. Denn damit lässt sich nicht nur die systemische Bedeutsamkeit des Leistungskonzepts im neoliberalen Kapitalismus analysieren und diese inhumane und ökologisch zerstörerische Gesellschaftsordnung kritisieren. Genauso deutlich wird auf diesem Weg, wie schwierig es ist, sich den damit verbundenen Normen zu entziehen, und wie zerstörerisch diese für das eigene Leben sein können. Wichtig ist bei Lernprozessen allgemein, politisch-ökonomische Analysen mit den im eigenen Alltag erlebten Schwierigkeiten in Verbindung zu bringen. Jette Hausotter (2016: 56) schreibt dazu treffend: »Der Beitrag der feministischen Ökonomiekritik besteht darin, Lösungen zu finden, die Menschen dabei helfen, persönliche Alltagskonflikte und Unzufriedenheit als Ausdruck allgemeiner und struktureller Widersprüche zu begreifen.« Eine solchermaßen gemeinsam erarbeitete Kritik an der kapitalistischen Gesellschaft kann für alle Beteiligten bedeutsam sein. Es kann sogar befreiend sein, zu erkennen, dass die eigene Lebenslage durch politisches Handeln zu verändern ist.

Vernetzungen erweitern
Um Kräfte zu bündeln, ist es notwendig, dass sich Gruppen, Initiativen und Organisationen punktuell zu gemeinsamen politischen Aktivitäten zusammenschließen. Beispielsweise betont das Netzwerk Care Revolution als Teil des eigenen Selbstverständnisses, dass es enorm wichtig ist, dass Menschen aus unterschiedlichen Sorgepositionen politisch zusammenarbeiten, etwa Elterninitiativen mit gewerkschaftlich organisierten Erzieher*innen oder Pflegekräfte mit Patient*innen und pflegenden Angehörigen.

Es ist allerdings nicht einfach, die Bedürfnisse aller Beteiligten in die Entwicklung einer Agenda einzubeziehen. Häufig liegen gemeinsame Interessen nicht auf der Hand und sind auch keine Frage einer geschickten Formulierung, sondern sie müssen im gemeinsamen Handeln erst hergestellt werden. Hierfür sind Kennenlern- und Vertrauensbildungsprozesse erforderlich. Wichtig sind dabei Überlegungen, wie ein gesellschaftlicher Bereich umgestaltet werden müsste, damit die Interessen aller aufgehoben sind. »Entscheidend ist eine Zusammenarbeit auf Augenhöhe, in der sich die Parteien nicht instrumentell begegnen. Nur wenn alle Beteiligten ihre eigenen Anliegen berücksichtigt wissen, werden sie langfristig für gemeinsame streiten« (Fried/Schurian 2016: 104).

Diese Formen der regelmäßigen Zusammenarbeit führten zu den Ansätzen einer Care-Bewegung, wie sie heute in Deutschland existiert. Roland Roth und Dieter Rucht (2008: 13) sprechen dann von einer sozialen Bewegung, »wenn ein Netzwerk von Gruppen und Organisationen, gestützt auf eine kollektive Identität, eine gewisse Kontinuität des Protestgeschehens sichert, das mit dem Anspruch auf Gestaltung des gesellschaftlichen Wandels verknüpft ist, also mehr darstellt als bloßes Neinsagen«. Die derzeitige Care-Bewegung benötigt allerdings noch weitaus mehr Initiativen, die sich dieser Bewegung anschließen, und auch deutlich mehr Zusammenarbeit in politischen Aktionen, um zu einer durchsetzungsfähigeren sozialen Bewegung zu werden.

Ähnliche Zusammenschlüsse wie im Care-Bereich, allerdings mit mehr Akteur*innen, gibt es in Klimabündnissen, in denen sich etwa Fridays for Future mit Verkehrsinitiativen oder ökologisch ausgerichteten NGOs vernetzen. Erste Ansätze, wie sich Care-Gruppen und ökologische Initiativen punktuell unterstützen können, werden beispielsweise in Freiburg sichtbar. So gab es auf der großen Klimastreik-Demonstration im September 2019 einen Gesundheitsblock. Denn unbestreitbar bedroht der Temperaturanstieg schon jetzt Leben und Gesundheit. Andersherum rief beispielsweise das Klimaaktionsbündnis Freiburg zu einer Menschenkette für ein solidarisches Gesundheitssystem mit auf, denn, so das Klimaaktionsbündnis in seinem Aufruf am 16.6.2020: »Uns eint die Sehnsucht nach einer Welt, in der Mensch und Natur wieder im Mittelpunkt stehen – nicht Märkte, nicht Konkurrenz.« Dies ist ein Beispiel einer »losen Vernetzung, die den beteiligten Gruppen und Organisationen Spielräume für ihre je spezifischen Themensetzungen und Aktionsformen lässt und sie nicht in das Korsett verbindlicher Aktionsformen und Slogans zwingt« (Rucht/Teune 2017: 24).

Damit diese losen Vernetzungen sich tatsächlich sowohl von der inhaltlichen Programmatik als auch in Bezug auf gemeinsame Aktivitäten weiterentwickeln und sich besser aufeinander beziehen können, sind politische Räume für den regelmäßigen Austausch enorm wichtig. Das sind Orte der Selbstorganisation von Menschen, die sich für soziale und ökologische Fragen interessieren. Dies können beispielsweise Klima- oder Care-Räte sein.[4] In diesen Räten lassen sich in verschiedenen sozialen Bewegungen geführte Diskussionen zusammenbinden. Dort kann strategisch auch über Themenbereiche hinweg eine Verständigung über die nächsten Schritte erfolgen; gegebenenfalls können auch Parteienvertreter*innen oder Vertreter*innen von Wohlfahrtsverbänden und anderen Institutionen zur gemeinsamen Debatte eingeladen werden.

Utopien entwickeln
Aus der Analyse der Krisen sozialer und ökologischer Reproduktion ergibt sich, dass das Ziel politischer Arbeit ein System Change sein muss. Dieser Begriff taucht zwar beispielsweise auf den Demonstrationen von Fridays for Future häufig auf, dennoch wird viel zu wenig darüber gesprochen, wie eine zukünftige Gesellschaft aussehen könnte, für die es sich einzusetzen lohnt.

Das hängt auch damit zusammen, dass eine Alternative zum Kapitalismus für die allermeisten Menschen, auch unter den Aktiven in der Care- oder Klimabewegung, kaum vorstellbar ist. So gehört Mut dazu, öffentlich eine grundlegend andere Gesellschaft zu beschreiben. Aber genau das ist notwendig. Es gilt, sich bereits heute neben einer konkreten Aktion für eine autofreie Innenstadt, ein Nachbarschaftszentrum oder für mehr Personal in der Altenpflege auch über langfristige gesellschaftliche Ziele auszutauschen; es geht darum, den System Change mit Bildern eines guten Lebens zu füllen.

Nur mit einer konsistenten Vorstellung von einer zukünftigen Gesellschaft lässt sich in der Gegenwart eine revolutionäre Realpolitik (Luxemburg 1903/1970: 373) entwickeln. Denn nur ausgehend vom Ziel lässt sich bestimmen, welche politischen Schritte die Gesellschaft in diese Richtung voranbringen. Fehlt dieses Ziel, bleibt häufig nur noch eine Reformpolitik übrig, die zwar materielle Verbesserungen für eine Gruppe durchsetzen kann, dabei aber unter Umständen ignoriert, dass dies

---

4   Einige Informationen zur anderthalb Jahre langen Arbeit des Care-Rats in Freiburg finden sich in Neumann/Winker (2019).

auf dem Rücken anderer geschieht oder mit der Zerstörung von Ökosystemen einhergeht. Auch werden auf diese Weise die eigenen Möglichkeiten beschränkt, indem die Funktionsprinzipien des Kapitalismus nicht mehr in Frage gestellt werden und scheinbare Sachzwänge als Handlungsrahmen akzeptiert werden. Politische Forderungen anhand der eigenen konkreten Utopie[5] zu entwickeln und zu überprüfen, hilft dabei, Beschränkungen und Diskriminierungen sichtbar zu machen.

Besonders dringlich ist diese konkrete Utopie aus ökologischen Gründen. Da die Zeit nur noch kurz ist, in der die Erderwärmung so gebremst werden kann, dass auch in Zukunft die Erde in großen Teilen bewohnbar bleibt, sind ein langsamer Reformprozess und kleine Verbesserungen im Alltag nicht ausreichend. Vielmehr müssen die Kämpfe um diese deutlich mehr als bisher mit einer antikapitalistischen und gleichzeitig solidarischen und ökologisch nachhaltigen Perspektive verbunden werden. Solche konkreten Utopien, die fortlaufend innerhalb von politischen Initiativen, aber auch in Bündnissen diskutiert und weiterentwickelt werden, sind wichtig. Sie können einen Kompass darstellen, mit dem sich immer wieder neu bestimmen lässt, welche politischen Schritte in die richtige Richtung führen und zu einem radikalen gesellschaftlichen Wandel beitragen.

Solidarität leben

Nach einem klar formulierten Ziel zu streben, kann das Leben bereits heute enorm bereichern. Menschen stehen dann nicht mehr vor einem unüberwindlichen Abgrund, sondern für sie eröffnen sich Perspektiven jenseits von Wachstum, Wettbewerb und Selbstoptimierung. Sie erleben sich mit ihrem Engagement für eine Gesellschaft, die auf Degrowth

---

5   Unter dem Begriff der konkreten Utopie verstehe ich in Anlehnung an Ernst Bloch die Vorstellung von einer Gesellschaft, die grundlegend andere Formen des gesellschaftlichen Zusammenlebens beschreibt und dabei zugleich von einer Analyse des menschlich und historisch Möglichen ausgeht: »Der Berührungspunkt zwischen Traum und Leben, ohne den der Traum nur abstrakte Utopie, das Leben aber nur Trivialität abgibt, ist gegeben in der auf die Füße gestellten utopischen Kapazität, die mit dem Real-Möglichen verbunden ist.« (Bloch 1959: 165)

und solidarische Beziehungen setzt, tatsächlich auch heute als wirkmächtig. Sie können, in Abhängigkeit von ihrem Lebensstandard, darüber nachdenken, wo sie mit gutem Gefühl ihren Konsum einschränken können. Insbesondere aber lässt sich bereits heute in einer Welt voller Konkurrenz solidarisches Handeln einüben, gerade auch im politisch aktiven Leben. Dabei geht solidarisches Handeln über die Sorge um nahestehende Personen hinaus. Um dies zu erläutern, komme ich noch einmal auf die Überlegungen von Matthias Neumann und mir (2018) und den Bezug zur Kritischen Psychologie zurück.

Auf dem Weg zu einer umfassenderen Bedürfnisbefriedigung ist die Erweiterung der Handlungsfähigkeit unabdingbar. Um sich aber tatsächlich in der gesellschaftlichen Realität gegen Ausbeutung, Erniedrigung, Diskriminierung und Unterdrückung wehren zu können, bedürfen Menschen der Unterstützung anderer – der Solidarität. Solidarisch zu handeln bedeutet demnach, zusammen mit anderen aktiv für eine Erweiterung des Handlungsrahmens einzutreten (Holzkamp 1983: 372f.). In einer durch Herrschaftsverhältnisse strukturierten Gesellschaft ist dies in der Regel damit verbunden, sich für eine Veränderung der gesellschaftlichen Verhältnisse zu engagieren. Insofern lässt sich Solidarität als gegenseitige Unterstützung von Personen fassen, die danach streben, ihre Handlungsfähigkeit durch die Überschreitung des ihnen gegebenen Handlungsrahmens zu erweitern.

Solidarität geschieht vielfach auf Augenhöhe; aber auch in Situationen, in denen es auf den ersten Blick Solidarität Übende gibt und Menschen, die Solidarität erfahren, ist sie für beide Seiten bedeutsam. Sie hilft einerseits den Unterstützten, die Rahmenbedingungen zu verbessern, unter denen sie ihre Bedürfnisse befriedigen können. Andererseits hilft jede positive Verschiebung der Kräfteverhältnisse, jede Einübung solidarischer Praxen auch den Unterstützer*innen, die eigene Handlungsfähigkeit zu erweitern. Denn die gesellschaftlichen Strukturen und diskriminierenden Abwertungen, die die Notlage anderer zur Folge haben, beeinflussen auch den eigenen Lebenszusammenhang.

Das bedeutet gleichzeitig, dass Solidarität sowohl persönlich bekannten Menschen als auch weitgehend anonymen Personengruppen entgegengebracht werden kann. Das unterscheidet den Begriff von dem der Sorgeverhältnisse, die immer eine persönliche Beziehung voraussetzen. Ein weiterer Unterschied besteht darin, dass in Sorgebeziehungen die Befriedigung konkreter Bedürfnisse der auf Sorge Angewiesenen zentral ist, während im Mittelpunkt der Solidarität die Unterstützung bei der Erweiterung der Handlungsfähigkeit steht. Letzteres geht auch ohne persönlichen Kontakt, indem beispielsweise finanzielle Hilfe geleistet wird oder die Anliegen derer, die kaum eine Stimme haben, von anderen in die Öffentlichkeit getragen werden.

In jedem Fall sind Sorge und Solidarität nicht synonym, aber durchaus als komplementär zu verstehen. Denn letztendlich geht es sowohl in Sorge- wie auch in solidarischen Beziehungen darum, dass Menschen einander bei der Befriedigung ihrer Bedürfnisse unterstützen. Vor diesem Hintergrund hat das Einüben von Solidarität einen nicht hoch genug einzuschätzenden Stellenwert angesichts der heutigen Herausforderungen: »Unsere Aufgabe ist es, gesellschaftliche Beziehungen zu verändern, um den Planeten zu retten und die Menschheit zu befreien.« (Williams 2013: 24)

5.5 Zwischen Kritik und Engagement

Zusammenfassend lässt sich festhalten, dass die Anforderungen in der beruflichen und familiären Arbeit insbesondere für Menschen mit Verantwortung für minderjährige Kinder oder unterstützungsbedürftige Erwachsene sehr hoch sind. Unabhängig davon, wie sie die Aufgaben zwischen Beruf und Familie verteilen, die Selbstsorge sowie Zeiten der Muße oder auch die Sorge für Nahestehende kommen meist zu kurz. Gleichzeitig gibt es im neoliberalen Kapitalismus kein Reproduktionsmodell, an dem sich Eltern positiv orientieren können. Gelingende Sorgebeziehungen sind somit nur schwer zu realisieren.

Auch der Versuch der Selbstoptimierung eröffnet in der Regel nur neue Zeitfenster, in denen Liegengebliebenes abgearbeitet werden kann. So bleibt Arbeit ohne Ende alltägliche Realität. Häufig findet sie zudem unter Bedingungen statt, in denen konkurrierende und instrumentelle Bezüge auf andere dominieren und sich Empathie kaum entfalten kann. Dies alles kann zu übermäßiger Belastung bis hin zu psychischen Erkrankungen führen. Insofern lässt sich von einer Zerstörung des Sozialen sprechen. Gleichzeitig scheint eine grundlegende Veränderung kaum realisierbar. Schließlich ist Erwerbsarbeit in einem kapitalistischen System allermeist die einzige Möglichkeit, den eigenen Lebensunterhalt und den der Kinder zu finanzieren.

Dennoch gehen viele Menschen in verschiedenen Lebenssituationen immer wieder Schritte, um ihre Lebensbedingungen durch Verringerung der Arbeitsbelastung zu verbessern. Sie reduzieren über die Jahre zwar nur schrittweise, aber statistisch durchaus nachweisbar ihre Vollzeiterwerbsarbeit. Gleichzeitig reduzieren Frauen die hauswirtschaftlichen Tätigkeiten, während die direkte Sorgearbeit für Kinder zunimmt. Im Zentrum dieses individuellen Handelns steht das Ziel, deutlich mehr Zeit für das zu gewinnen, was im eigenen Leben als bedeutsam betrachtet wird.

Viele finden zudem in der Freiwilligenarbeit Sinn im gemeinsamen Handeln. Darüber hinaus engagieren sich Menschen in politischen Initiativen, um sich für eine soziale und nachhaltige Gesellschaft einzusetzen. All dies weist darauf hin, dass sie ihre Lebensumstände nicht als gegeben hinnehmen. Viele ihrer Handlungen unterlaufen die Anrufungen, das Leben an der Erwerbsarbeit auszurichten. Der nächste Schritt, auch die Rahmenbedingungen der kapitalistischen Gesellschaft in Frage zu stellen, ist aber längst nicht selbstverständlich. Mit einem Verständnis von Politik, das die jeweiligen Bedürfnisse ernst nimmt, können Aktivist*innen diesen Schritt jedoch unterstützen.

Insbesondere geht es darum, die Bedürfnisse der Mitstreiter*innen wahrzunehmen, sie ernsthaft einzubeziehen, gemeinsam zu lernen und sich auch über verschiedenartige Themen hinweg zu vernetzen und die Kritik an der bestehenden Gesellschaft weiterzuentwickeln. Vielleicht kann das Gemeinsame zunächst darin bestehen, sich die sinnlose Logik des derzeitigen Wirtschaftens in aller Deutlichkeit klar zu machen: Menschen werden aufgerufen, möglichst viel zu arbeiten, um möglichst viel zu produzieren, auch wenn die Arbeitshetze sie krank macht. Gleichzeitig werden sie aufgefordert, all die hergestellten Produkte und Dienstleistungen zu kaufen und zu konsumieren, auch wenn dies das ökologische System weiter zerstört.

»Wirkliche Kritik an Leistung und Selbstoptimierung setzt aus dieser Perspektive nicht nur voraus, die Pseudorationalität jeder Leistungsberechnung, sondern auch die soziale Leere dahinter zu enthüllen, um in den Köpfen Platz für eine sinnstiftende Art des Zusammenlebens jenseits des Kapitalismus zu schaffen.« (Distelhorst 2016: 52) Wenn dies gelingt, lassen sich im gemeinsamen Handeln und Denken konkrete Utopien entwickeln, die soziale Bewegungen in Deutschland, in Europa, aber auch weltweit solidarisch verbinden.

Wenn Sorge umeinander und Solidarität miteinander zu Prinzipien sozialer Bewegungen werden, besteht die Chance, dass sie mehr gesellschaftlichen Einfluss gewinnen. Allerdings erfordert dies auch eine Transformationsstrategie, die in sich schlüssig ist. Die Transformationsstrategie einer Care Revolution, mit der sich die strukturellen Rahmenbedingungen für gelingende Sorgebeziehungen grundlegend verändern lassen und die zur Eingrenzung und zum Stopp der Klimakatastrophe beitragen kann, stelle ich im folgenden Kapitel 6 ebenso vor wie die konkrete Utopie einer solidarischen Gesellschaft.

6. Care Revolution als Transformationsstrategie

Sorgsamer Umgang miteinander und solidarische Bezugnahme aufeinander helfen, gemeinsam Schritte für eine Verbesserung der sozialen und ökologischen Lebensbedingungen zu gehen. Dabei ist es enorm wichtig, auch auf kleine Erfolge abzuzielen. Denn diese eröffnen mehr Menschen Zeit für politische Arbeit und stärken auch das Vertrauen, dass gemeinsames Handeln zu Erfolgen führen kann. Gleichzeitig gilt es, die sozialen Auseinandersetzungen um Reformziele permanent zu verbinden mit dem Eintreten für eine solidarische Gesellschaft. Eine solche Strategie weist über den Rahmen des derzeitigen kapitalistischen Systems hinaus. Rosa Luxemburg (1903/1970: 373) nannte dies »revolutionäre Realpolitik«, da ihr die abstrakte Gegenüberstellung von Reform und Revolution politisch nicht angemessen schien. Sie schrieb anlässlich des 20. Todestags von Karl Marx, dass es durch seine Konzeption zum ersten Mal gelungen sei, »politische Kleinarbeit des Alltags zum ausführenden Werkzeug der großen Idee zu erheben« (ebd.).

Hier setzt die Transformationsstrategie der Care Revolution an. Sie stellt anknüpfend an feministische Theorie und Politik die grundlegende Bedeutung der Sorgearbeit im nicht entlohnten familiären Bereich ebenso wie im entlohnten Care-Bereich ins Zentrum sozialer Auseinandersetzungen und plädiert entsprechend dafür, das gesamte gesellschaftliche Zusammenleben ausgehend von menschlichen Bedürfnissen zu gestalten. Damit wird Sorgearbeit, die in den meisten politischen Strategien ebenso wie in den vorherrschenden ökonomischen Theorien keine Rolle spielt, als Bezugspunkt der Gesellschaftsveränderung gewählt. Ziel ist eine an menschlichen Bedürfnissen orientierte, radikal demokratisch gestaltete solidarische Gesellschaft.

Im Zentrum dieser Transformation steht während der Schritte, die im Rahmen einer kapitalistischen Gesellschaft stattfinden, der Aufbau einer solidarischen Care-Ökonomie. Sie wird geprägt sein von den Care-Bereichen, die heute bereits knapp zwei Drittel der gesellschaftlichen Arbeitsstunden umfassen: unentlohnte Sorgearbeit vor allem in Familien und die Arbeit Care-Beschäftigter in Institutionen wie Krankenhäusern, Pflegeheimen, Schulen oder Kindertagesstätten. Damit sich diese Bereiche zu Bestandteilen einer solidarischen Care-Ökonomie entwickeln können, müssen sie allerdings grundlegend an menschlichen Bedürfnissen ausgerichtet werden. Das erfordert Mitsprache aller Beteiligten und damit auch eine Vergesellschaftung der Care-Einrichtungen.

Bestandteil einer solidarischen Care-Ökonomie ist jedoch darüber hinaus alle Arbeit, die mit Blick auf grundlegende menschliche Bedürfnisse ausgeführt wird. Hierunter fallen unter anderem Bereiche wie Mobilität, Landwirtschaft, Wohnungsbau oder auch Energieversorgung, wenn sie bedürfnisorientiert und ökologisch nachhaltig gestaltet und entsprechend organisiert werden. Eine solidarische Care-Ökonomie umfasst also diejenige Arbeit, die mit dem Ziel der Befriedigung von menschlichen Bedürfnissen durchgeführt wird und sich nicht an Renditeerwartungen orientiert. In diesem Sinn plädiert das Netzwerk Care Revolution[1], das seit 2014 bundesweit und regional aktiv ist und in dem ich politisch agiere, für einen grundlegenden Perspektivwechsel.

Für eine solche transformative Politik sehe ich vier zentrale Ansatzpunkte. Zunächst ist eine drastische Verkürzung der allgemeinen Erwerbsarbeitszeit erforderlich, die mehr Zeit für Sorgearbeit verfügbar macht und zudem einen Rückbau ökologisch schädlicher Produktion ermöglicht (6.1). Gleichzeitig ist der Aufbau einer solidarischen Unterstützungsstruktur wichtig, die sowohl individuell das Leben jedes Einzelnen absichert als auch auf unterschiedliche

---

1 https://www.care-revolution.org

6. Care Revolution als Transformationsstrategie 139

Bedürfnisse zugeschnittene Angebote zur Verfügung stellt, insbesondere auch für Menschen mit hohem Sorgebedarf oder umfangreichen Sorgeaufgaben (6.2). Drittens sind demokratische Strukturen vor Ort notwendig, damit die Bedürfnisse tatsächlich aller wahrgenommen werden und auch alle über die Gestaltung des Zusammenlebens mitentscheiden können (6.3). Viertens gilt es, Gemeinschaftsprojekte bzw. Commons zu organisieren und zu unterstützen, da sie bereits heute als eine Art Leuchttürme zeigen, dass ein anderes Leben möglich ist, das sorgsam mit sozialen Beziehungen und ökologischen Ressourcen umgeht (6.4). Abschließend skizziere ich das Ziel einer solchen Politik, die solidarische Gesellschaft (6.5).

6.1 Verkürzung der Erwerbsarbeitszeit

In diesem Abschnitt möchte ich die lange Tradition von Kämpfen um Arbeitszeitverkürzung in der Lohnarbeit darstellen (6.1.1) sowie die vielfältigen Gründe aufzeigen, aus denen auch heute die Verkürzung der Erwerbsarbeitszeit auf die politische Tagesordnung gesetzt werden muss (6.1.2). Daran anschließend benenne ich einige aktuelle Auseinandersetzungen und argumentiere, dass sich an der Forderung um eine deutlich verkürzte Erwerbsarbeitszeit eine enge Zusammenarbeit zwischen Klimabewegung und Care-Aktivist*innen sowie gewerkschaftlich organisierten Beschäftigten entwickeln kann (6.1.3).

6.1.1 Lange Tradition der Erwerbsarbeitszeitverkürzung

Die Forderung nach Verkürzung der Erwerbsarbeitszeit begleitet die kapitalistische Gesellschaftsformation, seit diese sich umfassend durchgesetzt hat. Neben der Höhe des Lohns war die betriebliche Arbeitszeit ein entscheidendes Feld der Auseinandersetzung zwischen Beschäftigten und Unternehmen.

Zu Beginn der Industrialisierung gab es ungeregelte Arbeitszeiten, die primär durch den Tag- und Nachtrhythmus bestimmt waren. Mitte des 19. Jahrhunderts war in den Fabriken ein 14- bis 16-Stundentag üblich, wobei Kinder ab sechs Jahren kaum kürzer arbeiteten (Schneider 1984: 191). Ein Meilenstein gewerkschaftlicher Erfolge war in England 1848 der 10-Stunden-Tag (MEW 16: 10f.). In Deutschland wurde 1919 in Folge der Novemberrevolution der 8-Stunden-Tag mit vollem Lohnausgleich zur Norm. Für diesen hat die Arbeiter*innenbewegung über ein halbes Jahrhundert gekämpft; in der Nazidiktatur wurde er außer Kraft gesetzt (Notz 2020: 84).

In Westdeutschland begann 1956 unter dem Motto »Samstags gehört Vati mir« die Kampagne um die 5-Tage-Woche mit einer wöchentlichen Erwerbsarbeitszeit von 40 Stunden, die gut zehn Jahre später zum tariflichen Standard wurde. Ab 1977 wurde von der IG Metall die 35-Stunden-Woche auf die Tagesordnung gesetzt. Damals war Fritz Vilmar (1977) einer der wenigen, die bereits darauf verwiesen, dass mit der Verknappung des Gesamtangebots an Erwerbsarbeitszeit auch die Umweltzerstörung verringert werden kann. 1984 gelang nach jahrelangen umfangreichen Streiks in der Metall- und Elektro- sowie der Druckindustrie ein Einstieg in eine Verkürzung der Erwerbsarbeitszeit; bis 1994 sank diese bei vollem Lohnausgleich schrittweise auf 35 Stunden.[2] Allerdings haben die entsprechenden Tarifverträge inzwischen unter anderem durch Outsourcing-Prozesse sowie betriebliche und individuelle Regelungen zur Arbeitszeitflexibilisierung schrittweise an Bedeutung verloren.

Dennoch haben all diese Kämpfe auch in Deutschland bis heute Spuren hinterlassen: Waren im früheren Bundesgebiet im Jahr 1970 in Vollzeit Beschäftigte durchschnittlich 1.939 Stunden tätig, ist die durchschnittliche Vollzeit-Jahresarbeitszeit bis zum Jahr 1990 auf 1.662 Stunden gefallen. In Gesamtdeutschland liegt die durchschnittliche Arbeitszeit von Vollzeitbeschäftigten seit 1991 ziemlich konstant bei 1640 Stunden pro Jahr.[3]

---

2 https://www.igmetall.de/ueber-uns/geschichte/der-kampf-um-die-35-stunden-woche

3 http://www.sozialpolitik-aktuell.de/tl_files/sozialpolitik-aktuell/_Politikfelder/Arbeitsmarkt/Datensammlung/PDF-Dateien/tablV2.pdf

6. Care Revolution als Transformationsstrategie 141

Unter den Maßnahmen auf betrieblicher Ebene wurde die Reduktion der Erwerbsarbeitszeit bei der Volkswagen AG breit diskutiert, die 1993/94 eine 28,8-Stundenwoche als Reaktion auf schwerwiegende Umsatzeinbrüche in ihren westdeutschen Stammwerken tariflich und mit nur geringem Lohnausgleich etablierte.[4] Diese Verkürzung der Erwerbsarbeitszeit wurde jedoch 2006 zur Kostensenkung angesichts anhaltender Ertragsschwäche durch eine tariflich vereinbarte Verlängerung der Arbeitszeit aufgehoben.[5]

In Europa kam die Verkürzung der Erwerbsarbeitszeit in den 1980er Jahren zum Stillstand, allerdings mit zwei breit wahrgenommenen Ausnahmen. Zum einen gelang es den französischen Gewerkschaften vor dem Hintergrund struktureller ökonomischer Probleme und damit verbundener hoher Erwerbslosigkeit, die 35-Stunden-Woche durchzusetzen. Die wöchentliche Erwerbsarbeitszeit wurde in den Jahren 1998 und 2000 in zwei Stufen von 39 auf 35 Stunden verkürzt. Frankreich wurde damit zum ersten Land, das die Erwerbsarbeitszeit per Gesetz flächendeckend auf 35 Wochenstunden beschränkt hat. Diese Regelung wurde jedoch von den nachfolgenden Regierungen durch die Erhöhung der Höchstzahl von Überstunden, durch Steuererleichterungen für Überstunden und schließlich durch eine Arbeitsmarktreform, nach der Unternehmen längere Erwerbsarbeitszeiten aushandeln können, faktisch wieder abgeschafft (De Spiegelaere 2020).

Viel beachtet wurde zum anderen die betriebliche Arbeitszeitverkürzung bei der Stadtverwaltung in Göteborg, die 2014 für einen Teil der Beschäftigten probeweise einen 6-Stunden-Tag einführte. Das Experiment sollte insbesondere im Gesundheits- und Sozialsektor die Motivation und Zufriedenheit der Mitarbeiter*innen erhöhen und zugleich die Qualität der Pflege verbessern. Es sah vor, dass die Ange-

---

4   Einer 20-prozentigen Arbeitszeitverkürzung stand eine 16-prozentige Reduzierung des Jahreseinkommens gegenüber (Jürgens/Reinecke 1998: 55).
5   Die Erhöhung von 28,8 auf bis zu 33 Wochenstunden fand ohne Lohnausgleich statt, nur die 34. und 35. Wochenstunden wurden zusätzlich entlohnt. https://www.boeckler.de/pdf/ta_volkswagen_tarifabschluesse_2000_2009.pdf

stellten bei vollem Lohnausgleich nur noch sechs Stunden erwerbstätig sind.

Die Bilanz war zunächst recht positiv, gut dokumentiert ist vor allem die Evaluation im Seniorenheim Svartedalen. Um den Stundenrückgang aufzufangen, wurde zusätzliches Personal eingestellt. Im Vergleich zu dem ähnlich aufgestellten Seniorenheim Solängen, das ohne Arbeitszeitverkürzung weiterarbeitete, weisen die Ergebnisse des Evaluationsberichts einen beträchtlichen Gesundheitsgewinn für die Mitarbeitenden nach, die eine 30-Stunden-Woche hatten. Sie betätigten sich körperlich deutlich häufiger als die Vergleichsgruppe, unter anderem in Form von Walking und Radfahren, sie hatten im Durchschnitt mehr als eine Stunde mehr Schlaf und berichteten von niedrigeren Blutdruckwerten. Dieser bessere Gesundheitszustand wurde auch an einer geringeren Zahl von Krankmeldungen der Vollzeitkräfte sichtbar. Besonders bemerkenswert waren die Unterschiede zwischen den beiden Heimen bei Pflegekräften, die über 50 Jahre alt waren. Aber nicht nur die Pflegekräfte beschrieben sich als zufriedener und weniger gestresst, sondern auch die Qualität der Pflege- und Betreuungsleistungen nahm zu (Pintelon 2020). Wegen der Kosten, die durch das zusätzliche Personal entstanden und die während der Projektlaufzeit von 23 Monaten durch die Kommune beglichen worden waren, wurde dieses Projekt Ende Dezember 2016 beendet. Die Einrichtung kehrte nach der Testphase wieder zur regulären 40-Stunden-Woche zurück.

6.1.2 Bedeutung einer verkürzten Erwerbsarbeitszeit

Aus heutiger Perspektive ist es sinnvoll, sich für eine möglichst zügige Verkürzung der Vollzeiterwerbstätigkeit auf zunächst maximal 30 Stunden pro Woche einzusetzen. Alle erwerbsfähigen Personen hätten dann höchstens eine kurze Vollzeit[6] mit aus Sicht der Beschäftigten

---

6   Insbesondere in gewerkschaftlichen Debatten wird der Begriff der kurzen Vollzeit bewusst in Abgrenzung zur Teilzeit verwendet, da er insbesondere für die Vollzeitbeschäftigten im Gegensatz zur Teilzeitarbeit positiv konnotiert ist.

steuerbaren flexiblen Langzeitkonten. Wichtig ist, dass diese Verkürzung der Erwerbsarbeitszeit mit einem Lohnausgleich für schlechter verdienende Beschäftigtengruppen einhergeht sowie ohne Erhöhung der Arbeitsintensität verwirklicht wird. Die Dringlichkeit dieser Forderung hat viele Gründe:

Zunächst lassen sich mit einer Verkürzung der Erwerbsarbeitszeit die Belastungen, denen Vollzeitbeschäftigte ausgesetzt sind und die zu Erschöpfungszuständen bis hin zu psychischen Erkrankungen führen, deutlich reduzieren. Dafür ist es allerdings enorm wichtig, dass die Verkürzung der Erwerbsarbeitszeit mit einer entsprechenden Verringerung des Arbeitsumfangs einhergeht, es also nicht zu einer Erhöhung der Arbeitsintensität kommt. Eine solche Verringerung der maximalen Erwerbsarbeitszeit kann auch dazu beitragen, unfreiwillige Erwerbslosigkeit zu verringern, sofern das verringerte betriebliche Arbeitsvolumen die Einstellung zusätzlicher Beschäftigter erfordert.

Zudem ließen sich bei einer Erwerbsarbeitszeitverkürzung mit teilweisem Lohnausgleich die großen Lohnunterschiede bei gleicher Erwerbsarbeitszeit schrittweise verringern, wenn Beschäftigte mit geringem Einkommen den vollen Lohnausgleich, die mittleren Gehaltsgruppen einen Teillohnausgleich und Bezieher*innen von hohem Einkommen keinen Lohnausgleich erhielten. Auch die Einkommensunterschiede zwischen Teilzeit- und Vollzeitbeschäftigten, die sich ein Leben lang bis in die Rente hinein auswirken, würden bei einer Arbeitszeitverringerung der Vollzeit-Beschäftigten reduziert. Eine solche Annäherung der Löhne und Gehälter ist wichtig, um bei Verringerung des Erwerbsarbeitsvolumens Armut zu verhindern. Dies ließe sich auch durch die Einführung eines Maximaleinkommens unterstützen.

Dazu kommt, dass Menschen Zeit jenseits der Erwerbsarbeit benötigen, insbesondere für die unentlohnte Sorgearbeit. Mit einer deutlichen Reduktion der Vollzeit-Erwerbsarbeit ließe sich auch die Sorgearbeit zwischen den Geschlechtern besser verteilen. Auch wenn die bei Volkswagen eingeführte 28,8-Stundenwoche nur 14 Jahre gegolten hat, veränderte diese Verkürzung der Erwerbsarbeitszeit das Leben der Beschäftigten und ihrer Familien: Die Dominanz der Erwerbsarbeit konnte relativiert, die Sorge- und Erwerbsarbeit neu aufgeteilt und der Gestaltungsspielraum für den Lebensalltag jenseits der Erwerbsarbeit vergrößert werden (Jürgens/Reinecke 1998: 215).

Gleichzeitig bedeutet eine Verringerung der Zeit am Erwerbsarbeitsplatz auch mehr Zeit für Beteiligung und Mitentscheidung bei den vielen Aufgaben, die vor Ort in der Kommune, aber auch überregional Engagement erfordern. Derzeit stehen nicht zuletzt die langen Erwerbsarbeitszeiten einer Beteiligung an demokratischen Prozessen im Weg.

Aus ökologischen Gründen ist entscheidend, dass sich mit einer Verkürzung der Erwerbsarbeitszeit auch tatsächlich das gesamte Erwerbsarbeitsvolumen deutlich verringert. Damit bereits würden die Treibhausgas(THG)-Emissionen abnehmen. Eine Studie des Umweltbundesamts (Schumacher et al. 2019), die die Auswirkungen einer möglichen Erwerbsarbeitszeitverkürzung auf maximal 32 Stunden pro Woche auf Energieverbrauch und THG-Emissionen analysiert, kommt zu dem Ergebnis, dass der sogenannte Einkommenseffekt eine wesentliche Rolle für den Energieverbrauch und die Emissionen spielt. In einem Szenario, das eine 4-Tage-Woche vorsieht, ließen sich bei einem teilweisen Lohnausgleich die Gesamtemissionen um 1,4 Prozent reduzieren.[7] In einem weiteren Szenario wird die tägliche Erwerbsarbeitszeit verkürzt, was für Sorgearbeitende in bestimmten Lebenssituationen sinnvoller ist. Dies begrenzt allerdings die mögliche Reduktion der Gesamtemissionen, da die beruflich bedingte Mobilität in diesem Fall nicht reduziert werden könnte. Dennoch könnten auch in diesem Fall noch 0,6 Prozent der Gesamtemissionen eingespart werden (ebd.: 42). Dies kommt dadurch zustande, dass in diesem Szenario von einer nachhaltigen Zeitnutzung ausgegangen wird, die

---

7   Bei den in dieser Studie aufgeführten relativ geringen Prozentzahlen wird einberechnet, dass bei einer verkürzten Erwerbsarbeitszeit die Emissionen in der Zeit jenseits der Erwerbsarbeit beispielsweise wegen erhöhter Freizeitaktivitäten zunehmen. Dieser Rebound-Effekt führt dazu, dass bei der sozial nicht vertretbaren Variante ohne Lohnausgleich die Einsparungen 2,2 % betragen würden, dagegen würden bei vollständigem Lohnausgleich die Emissionen sogar leicht um 0,2 % zunehmen (Schumacher et al. 2019: 41f.).

6. Care Revolution als Transformationsstrategie

auf der Basis vorhandener Daten empirisch begründet wird. Unter nachhaltiger Zeitnutzung wird hier verstanden, dass es als Konsequenz aus der verkürzten beruflichen Arbeitszeit keine Steigerung von Restaurant- oder Kinobesuchen sowie Ausflügen gibt, sondern die neu verfügbare Zeit primär für die Zeit mit Kindern, für Pflege, für Lernen oder Reparaturen sowie für Besuche bei der Familie oder bei Freund*innen genutzt wird (ebd.: 32).

Mit der Reduktion der Erwerbsarbeitszeit kommt es jedoch nicht nur ganz direkt zu einer Verringerung der THG-Emissionen. Vielmehr wird auch eine gesellschaftliche Debatte angestoßen, wofür das reduzierte Erwerbsarbeitsvolumen eingesetzt werden soll.[8] Es muss danach gefragt werden, welche Arbeitsaufgaben notwendig, ökologisch verträglich und sinnvoll sind. Als Konsequenz könnte in bestimmten Bereichen etwa durch hohe Besteuerung die Güterproduktion verringert und gleichzeitig könnten andere Bereiche, beispielsweise das Gesundheits- und Bildungswesen, ausgebaut werden. Dies würde in bestimmten Wirtschaftsbereichen zu Personalabbau, in anderen zur Personalaufstockung führen und Fort- und Weiterbildungsmaßnahmen sowie Umschulungen würden an Dringlichkeit gewinnen. Auch würde in einer solchen Debatte schnell deutlich, dass es Jobs wie die von Lobbyist*innen, Börsenmakler*innen oder Marketingspezialist*innen (Graeber 2013) gibt, die aus gesellschaftlicher Perspektive nicht nützlich sind und vollständig entfallen können. Eine solche ökonomische Schwerpunktsetzung kann einen größeren Beitrag dazu leisten, die ökologische Zerstörung zu bremsen, als dies über eine gleichmäßige Reduktion aller Bereiche der Fall sein kann.

In diesem Zusammenhang könnte eine Verkürzung der Erwerbsarbeitszeit in einem hoch industrialisierten Land wie Deutschland auch zu mehr globaler Verteilungsgerechtigkeit beitragen. Denn durch ihre

---

8   Solche bewussten gesellschaftlichen Entscheidungen betreffen auch die Frage, wie produziert wird. So sollte »die Einführung neuer Technologien [...] so verlangsamt werden, dass eine Gesellschaft auch die Möglichkeit hat zu reflektieren, ob die neue Technologie die gesellschaftlichen Lebensverhältnisse tatsächlich verbessert« (Zelik 2020: 202f.).

imperiale, global nicht verallgemeinerbare Lebensweise (Brand/Wissen 2017) eignen sich viele Menschen in Ländern des globalen Nordens in zu großem Umfang natürliche Ressourcen an und sind für eine überproportional hohe Menge Treibhausgase verantwortlich (vgl. Kapitel 3).

6.1.3 Aktuelle Auseinandersetzungen

Das Ziel, die Erwerbsarbeitszeit zu verringern, stößt durchaus auf große Resonanz bei den Beschäftigten. So haben beispielsweise im Oktober 2019 mehr als 210.000 Beschäftigte im öffentlichen Dienst an einer umfangreichen Arbeitszeitstudie der Gewerkschaft ver.di teilgenommen. Diese Befragung hat gezeigt, dass die Möglichkeit, zwischen freier Zeit und mehr Geld entscheiden zu können, für beinahe alle Befragten (95 Prozent) sehr oder eher wichtig ist (Stuth 2019: 48). Wenn sie die Wahl bereits hätten, würden 57 Prozent der Beschäftigten die tariflichen Gehaltssteigerungen gegen die Verkürzung ihrer betrieblichen Arbeitszeit eintauschen (ebd.: 29). Für eine Mehrheit (57 Prozent) der Befragten, die eine Umwandlung von Geld in Zeit anstreben, käme eine Verkürzung der Wochenarbeitszeit in Frage. Daneben gibt es den Wunsch nach freien Tagen sowie nach der Ansammlung von Erwerbsarbeitszeit auf einem Lebensarbeitszeitkonto (ebd.: 48).

In den letzten Jahren gab es entsprechend auch immer wieder Aufrufe, die eine 30- bis 32-Stundenwoche als kurze Vollzeit vorschlagen. So fordert beispielsweise seit 2012 die Initiative »Arbeitszeitverkürzung jetzt!«, in der Wissenschaftler*innen, Gewerkschafter*innen, Politiker*innen sowie Vertreter*innen aus Kirchen und Umweltverbänden zusammenarbeiten, die Einführung der 30-Stunden-Woche für alle bei gleichbleibendem Lohn für untere und mittlere Einkommen.[9] Diese kurze Vollzeit soll Männern und Frauen die Chance auf existenzsichernde und gleichberechtigte Teilhabe und Entwicklungsmöglichkeiten in der Erwerbsarbeit eröffnen. Sie soll nicht statisch, sondern nach Lebenslagen variierbar sein. Dabei ist ein Motiv der

---

9   www.arbeitszeitkuerzung-jetzt.de/home.html

Initiative, dass ein weiteres Wachstum aus sozialen und ökologischen Gründen nicht vertretbar ist. Auch von Frauenpolitikerinnen und Gewerkschafterinnen gingen immer wieder Initiativen für eine deutliche Verkürzung der Erwerbsarbeitszeit aus, um die Vereinbarkeit von Beruf und Familie zu verbessern. 2013 hat die damalige Familienministerin Manuela Schwesig den Vorschlag unterbreitet, mit einer sogenannten Familienarbeitszeit die Erwerbsarbeitszeit für bestimmte Beschäftigtengruppen zu verkürzen. Für Beschäftigte mit Kindern sollte die 32-Stunden-Woche als Regelarbeitszeit gelten, Einkommensverluste sollten von staatlicher Seite teilweise kompensiert werden. Sie konnte sich damit allerdings weder in der Regierung noch in ihrer eigenen Partei, der SPD, durchsetzen.

2018 unternahm die IG Metall, Deutschlands größte Gewerkschaft, mit der Forderung nach einer 28-Stunden- bzw. einer Vier-Tage-Woche als Regelarbeitszeit einen neuen Vorstoß. Geworben wurde von der IG Metall unter anderem mit dem Slogan »Arbeitszeiten, die zum Leben passen!« Die Vier-Tage-Woche ließ sich allerdings, obwohl sie zunächst auf zwei Jahre befristet sein sollte, nicht durchsetzen.

In dieser Tarifrunde hat die IG Metall gegen den Widerstand der Arbeitgeberverbände, die sich gegen eine allgemeine Verkürzung der Erwerbsarbeit zur Wehr setzten, immerhin erreicht, dass Beschäftigte in der Metall- und Elektroindustrie seither stärker selbst über ihre Erwerbsarbeitszeit bestimmen können. Sie haben nun die Möglichkeit, bei entsprechenden Lohneinbußen ihre betriebliche Arbeitszeit zeitweise zu reduzieren, bis auf 28 Stunden pro Woche, selbstgewählt 6 bis 24 Monate lang. Nach zwei Jahren können sie entscheiden, ob sie zur 35-Stunden-Woche zurückkehren oder weiterhin die abgesenkte Erwerbsarbeitszeit in Anspruch nehmen möchten. Der Antrag auf die verkürzte Vollzeit kann nur in begründeten Fällen abgelehnt werden, etwa wenn bereits 10 Prozent der Belegschaft in verkürzter Vollzeit tätig sind oder wenn das Unternehmen keinen entsprechenden Ersatz findet. Wer Kinder erzieht, Angehörige pflegt oder in Schicht arbeitet, kann außerdem zusätzlich bis zu acht Tage im Jahr freinehmen. Hierfür wird das neue tarifliche Zusatzentgelt von 27,5 Prozent eines Monatseinkommens in eine tarifliche Freistellungszeit umgewandelt. Allerdings kann diese Freistellungszeit pro Kind bis zum achten Lebensjahr und pro unterstützungsbedürftigem Angehörigen mit einem Pflegegrad nur höchstens zweimal in Anspruch genommen werden (Zitzelsberger 2018). Dieses Ergebnis stellt die Zeitsouveränität der jeweils Einzelnen in den Fokus, somit hängen die sozialen und die ökologischen Wirkungen insbesondere vom individuellen Nutzungsverhalten ab (Liebig 2019).

Eine solche selbstbestimmte Flexibilität sollte jedoch in Zukunft im Rahmen einer kurzen Vollzeit mit einer Obergrenze von maximal 30 Wochenstunden und mit einem Lohnausgleich für gering Verdienende realisiert werden. Andernfalls werden viele Menschen mit einem niedrigen Einkommen keine Chance sehen, ihre Erwerbsarbeitszeit zu reduzieren. Auch wird es ohne eine umfassende Verkürzung der Erwerbsarbeitszeit viel zu wenig Spielraum geben, das Erwerbsarbeitsvolumen deutlich zu senken und dadurch ökologisch nicht vertretbare Produktion nachhaltig einzuschränken. Diesem Anspruch wird der von der IG Metall abgeschlossene Tarifvertrag von 2018 auch deswegen nicht gerecht, weil für jede Person, die das 28-Stunden-Modell in Anspruch nimmt, eine Person einen Arbeitsvertrag mit einer 40-Stunden-Woche erhalten kann. Bei diesem Tarifabschluss ging es also primär darum, dass einzelne Beschäftigte sich Arbeitszeitwünsche erfüllen können.

Allerdings ist eine kurze Vollzeit wie alle anderen hier vorgeschlagenen Maßnahmen allein kein Allheilmittel, um zu mehr Zeit für Sorgebeziehungen und zu einer ökologisch nachhaltigeren Ökonomie zu gelangen. Aber andersherum gilt: Ohne Zurückdrängen der Erwerbsarbeit sind diese beiden Ziele sicherlich nicht zu erreichen.

Dazu kommt, dass eine Verkürzung der Erwerbsarbeitszeit ein Beitrag sein kann, Solidarität einzuüben. Denn wenn ein voller Lohnausgleich nur für schlechter verdienende Beschäftigte erfolgt und ansonsten der Lohnausgleich je nach Einkommen nur teilweise und bei hohem Verdienst gar nicht anfällt, ist dies auch ein Beitrag zu einer Nivellierung der Einkommensdifferenzen. Dies kann mittelfristig dazu beitragen, dass die Forderung nach einem gleichen Verdienst pro Erwerbsarbeitsstunde für alle nicht mehr so utopisch klingt, wie es heute noch der Fall ist. Die logische Fortsetzung einer solchen Entwicklung ist ein gleiches Einkommen für alle, unabhängig vom Umfang der geleisteten Erwerbsarbeit. Damit wird das Konzept einer besonderen entlohnten Sphäre der Arbeit grundlegend in Frage gestellt. Das ist nur konsequent, denn schließlich arbeiten viele Menschen heute bereits in großem und individuell unterschiedlichem Umfang unentlohnt, so dass der Lohn nur wenig mit der Menge der geleisteten Arbeit zu tun hat. Ein gleiches Einkommen für alle führt notwendigerweise aus dem Kapitalismus hinaus und eröffnet den Ausblick in eine solidarische Gesellschaft, auf die in Abschnitt 6.5 eingegangen wird.

6.2 Aufbau einer solidarischen Unterstützungsstruktur

Parallel zum Zurückdrängen der Erwerbsarbeit ist es wichtig, eine erwerbsunabhängige existenzielle Absicherung für alle durchzusetzen. Deswegen plädiere ich für die Einführung eines bedingungslosen Grundeinkommens (6.2.1). Erforderlich ist zudem der Ausbau einer Infrastruktur, die nicht wie bisher an der Erwerbstätigkeit von Menschen, sondern direkt an ihren Bedürfnissen ausgerichtet ist und allen offen steht (6.2.2).

6.2.1 Individuelle Absicherung: bedingungsloses Grundeinkommen

Die Debatte um ein bedingungsloses Grundeinkommen (BGE), das die Existenz sichert und gesellschaftliche Teilhabe ermöglicht, ist alles andere als neu; sie wird in Deutschland bereits seit Mitte der 1980er Jahre geführt. Das Ziel dieses Projekts ist klar umrissen: Jedem Mitglied eines Gemeinwesens soll ein existenzsichernder Geldbetrag individuell ausgezahlt werden, ohne Bedürftigkeitsprüfung und ohne irgendeine Form der Gegenleistung.[10] Neben vielfältigen Aktivitäten zum BGE in Deutschland, zum Beispiel über das Netzwerk Grundeinkommen, gibt

---

10 https://www.grundeinkommen.de/grundeinkommen/idee

es mit dem Unconditional Basic Income Europe (UBIE) auch ein europäisches Netzwerk, das dieses Ziel verfolgt. UBIE ist wiederum Partner der weltweiten Organisation Basic Income Earth Network (BIEN).

Die feministischen Wurzeln von Forderungen nach einer erwerbsunabhängigen Absicherung liegen bereits in den 1970er Jahren. Damals haben Feminist*innen gegen die Nichtbeachtung und Abwertung von Reproduktionsarbeit bzw. unentlohnter Sorgearbeit die Kampagne *Lohn für Hausarbeit* gesetzt. Die Entlohnung der Hausarbeit war nicht das eigentliche Ziel der Kampagne, sondern diese war Teil eines Kampfes, der die unentlohnte Sorgearbeit als Arbeit sichtbar machen sollte (Federici 2012: 13ff.). Es sollte in einer Sprache, die im Kapitalismus verstanden wird, für die Anerkennung dieser Arbeit gestritten werden. Allerdings war die Losung insofern missverständlich, als sie die Befürchtung nahelegte, dass auch die familiäre Sorgearbeit ökonomisiert und dem Lohndiktat unterworfen werden sollte. Dennoch war die Kampagne historisch enorm wichtig. Sie hat deutlich gemacht, dass der Einzug von Frauen in die Lohnarbeit ihre Situation nicht verbessert, solange für sie die unentlohnte Sorgearbeit als »zweite Schicht« weiter fortbesteht.

Ein BGE könnte diese Auseinandersetzung neu aufnehmen in einer Zeit, in der mit der steigenden Frauenerwerbsquote die Warnungen dieser Vorkämpfer*innen erfahrbar geworden sind und viele Sorgearbeitende, insbesondere Frauen, unter enormer zeitlicher Überlastung leiden (Winker 2016). Mehr denn je wird deutlich, dass die unentlohnte Sorgearbeit im kapitalistischen System zu wenig Raum hat. Das BGE bietet eine erwerbsunabhängige finanzielle Absicherung für alle, die jedem Menschen von Geburt an zusteht. Gleichzeitig eröffnet es Perspektiven für Lebensweisen, in deren Zentrum die Selbstsorge sowie die Sorge für Angehörige oder Freund*innen stehen, ohne dass Menschen mit großer Sorgeverantwortung deswegen ihre existenzielle Absicherung verlieren. Dabei setzt das BGE ebenso die grundlegende Bedürftigkeit aller voraus wie deren grundsätzliche Bereitschaft, gesellschaftlich notwendige Arbeit zu leisten.

Gerade während der Corona-Pandemie wäre ein BGE sehr hilfreich gewesen. Denn immer dann, wenn eine Erwerbsarbeit aufgrund äußerer Einwirkungen wegbricht, oder bei der bewussten Entscheidung für unentlohnte familiäre, ehrenamtliche oder politische Arbeit kann das BGE seine ganze Wirkung entfalten. Menschen sind dann nicht mehr gezwungen, unter den Bedingungen von Hartz IV Jobs anzunehmen, die zum gewählten Leben nicht passen. Durch ein BGE ließe sich vielmehr erreichen, dass sie frei von Existenzangst ihr Leben gestalten können. Dies sind Gründe, warum derzeit in Deutschland rund die Hälfte der Bevölkerung einem Grundeinkommen zustimmt (Adriaans et al. 2019).

Allerdings können mit einem BGE die Bedingungen für eine Arbeitsteilung, die den Bedürfnissen aller Menschen unabhängig von ihrem Geschlecht gerecht wird, höchstens verbessert werden. Die Auseinandersetzungen um die Verteilung der entlohnten und unentlohnten Arbeit können und müssen auch bei Einführung eines BGE verstärkt weitergeführt werden – und zwar im konkreten Arbeitshandeln wie auch durch die Zurückweisung geschlechterstereotyper Normen und Werte. Das BGE erleichtert es jedoch, sich beispielsweise einer unhaltbaren Partnerschaft zu entziehen.

Auch ist es wichtig, die Einführung eines BGE mit der Durchsetzung eines hinreichend hohen Mindestlohns zu verbinden. Denn die gesellschaftliche Finanzierung des BGE soll nicht zur Subventionierung von Unternehmen führen. Ebenso wichtig ist allerdings, dass gewerkschaftlich Engagierte neben den Auseinandersetzungen um Lohnforderungen auch die Bedeutsamkeit des BGE erkennen. Denn gerade das BGE würde es vielen ermöglichen, sich für Neues zu öffnen und Lebensformen auszuprobieren, die mit einem im Vergleich zum Durchschnitt reduzierten Konsum auskommen und sich auf unentlohnte Arbeit konzentrieren.

Mit einer solchen feministisch erweiterten Argumentation zum BGE lassen sich die Überbetonung der Erwerbsarbeit, die Abwertung der nicht entlohnten Sorgearbeit, der verengte Arbeitsbegriff und auch der einseitig an wirtschaftlichem Erfolg orientierte Leistungsbegriff in Frage stellen. So kann die Kritik am kapitalistischen Leistungsprinzip und dem damit verbundenen Konkurrenzhandeln im öffentlichen Diskurs zunehmend an Bedeutung gewinnen. Damit besteht die Chance, in der breiten Öffentlichkeit über eine umfassende Neuorganisation der gesellschaftlich notwendigen Arbeit nachzudenken, die die im Kapitalismus fest verankerte Aufteilung in Lohnarbeit und unentlohnte Sorgearbeit überwindet. Konkrete Auseinandersetzungen um das BGE können dementsprechend Orte sein, an denen menschenfreundliche Visionen einer solidarischen Gesellschaft weiterentwickelt werden.

6.2.2 Kollektive Absicherung: an Bedürfnissen orientierte Infrastruktur

Neben der finanziellen Absicherung jedes einzelnen Menschen ist der Aufbau einer öffentlichen sozialen Infrastruktur notwendig, die diejenigen lebensnotwendigen Güter und Dienstleistungen bereitstellt, die kollektiv organisiert werden und allen gebührenfrei oder gegen ein geringes Entgelt zur Verfügung stehen sollen (AG links-netz 2012: 7). Dazu gehören die Care-Bereiche wie Bildung, Erziehung, Gesundheit und Pflege, aber beispielsweise auch der soziale Wohnungsbau, der öffentliche Nah- und Fernverkehr, die Kultur, die digitale Infrastruktur oder die Energie- und Wasserversorgung.

Bislang ist die soziale Infrastruktur in hohem Maß auf die Unterstützung der Erwerbstätigkeit ausgerichtet. Das zeigt sich beispielsweise an der Vergabe der zu knappen Kita-Plätze an Kinder, deren Eltern berufstätig sind. In Zukunft muss sich eine Infrastruktur an menschlichen Bedürfnissen in all ihrer Vielfalt ausrichten. Denn es sind häufig Menschen mit geringem Verdienst oder hohem Sorgebedarf, etwa wegen umfangreicher Sorgeaufgaben oder körperlicher Einschränkungen, die in besonderem Maß auf die Unterstützung durch die öffentliche Daseinsvorsorge angewiesen sind.

Je mehr soziale Dienstleitungen unentgeltlich oder – wie bei Wohnungen – vergünstigt zur Verfügung gestellt werden, desto geringer ist die Bedeutung der Höhe des individuellen Einkommens für die gesellschaftliche Teilhabe. Auch die Höhe des erforderlichen BGE hängt vom Umfang der kostenlosen oder vergünstigten sozialen Infrastruktur ab. Nicht zuletzt deswegen ist es wichtig, dass die individuelle Absicherung über das BGE und der Aufbau einer kollektiven Unterstützungsstruktur, die umfassend an Bedürfnissen ausgerichtet ist, gemeinsam konzipiert und durchgesetzt werden.

Beim Aufbau einer angemessenen sozialen Infrastruktur stehen in Deutschland zahlreiche Aufgaben an: So bedarf es im Bildungsbereich hoher Investitionen, um beispielsweise marode Schulgebäude zu sanieren. Nach einer KfW-Studie gab es 2018 allein bei den Schulen einen kommunalen Investitionsstau von 47,7 Mrd. Euro.[11] Auch fehlt es seit Jahren in den Schulen an Personal und an einer flächendeckenden Ausstattung mit digitalen Medien. Da das deutsche Bildungssystem gegenwärtig höchst selektiv wirkt, ist es besonders wichtig, dass jede Person unabhängig von der sozialen Herkunft, dem Aufenthaltsstatus und dem Alter Partizipationschancen erhält und, wenn nötig, besonders gefördert werden kann.

Auch im vorschulischen Bereich der Kitas gibt es einen großen Nachholbedarf. Nach wie vor liegt der Bedarf höher als die Betreuungsmöglichkeiten; diese Diskrepanz wirkt zudem selektiv. So wurden im Jahr 2019 50 Prozent der unter 6-jährigen Kinder aus migrantischen Familien in einer Kita betreut gegenüber 70 Prozent der Kinder aus Familien ohne Migrationshintergrund.[12] Auch war das Betreuungsverhältnis im Jahr 2019 bei Kindern unter drei Jahren in beinahe allen Fällen (94 %) ungünstiger als das von der Bertelsmann Stiftung empfohlene Niveau von einer Erzieher*in auf drei Kleinkinder. Bei Gruppen mit über dreijährigen Kindern verfehlten rund 76 Prozent den ebenfalls von der Bertelsmann Stiftung vorgeschlagenen Betreuungsschlüssel von einer Erzieher*in auf 7,5 Kinder (Wolters Kluwer 2020: 34). Notwendig sind also ein weiterer Kita-Ausbau mit deutlich mehr Personal und ein gebührenfreier Zugang für alle Eltern. Nur so ließen sich unabhängig von der Herkunft oder dem Erwerbsstatus der Eltern alle Kinder besser fördern und gleichzeitig die Arbeitsbedingungen der Erzieher*innen verbessern. Denn im Interesse der Kinder und der

---

11 https://www.kfw.de/KfW-Konzern/Newsroom/Aktuelles/Pressemitteilungen-D etails_483392.html
12 https://www.destatis.de/DE/Themen/Gesellschaft-Umwelt/Soziales/Kindertage sbetreuung/Tabellen/betreuungsquote-migration-unter6jahren-aktuell.html

Erzieher*innen dürfen die Kitas nicht primär in ihrer Funktion als Betreuungsinstitution gesehen werden, sondern als Einrichtungen, in denen grundlegende soziale Lernprozesse stattfinden.

Großen Handlungsbedarf gibt es auch im Gesundheitswesen. Die Finanzierung der laufenden Kosten in der stationären Krankenversorgung muss vom System der Fallpauschalen wieder dahingehend umgestellt werden, dass die tatsächlich entstehenden Kosten von der Krankenversicherung übernommen werden. Gleichzeitig müssen die Bundesländer ihrer gesetzlichen Verpflichtung nachkommen und den tatsächlichen Investitionsbedarf der Kliniken finanzieren. Dafür sind jährlich 6 bis 6,5 Mrd. € nötig; die Investitionen müssten also mehr als verdoppelt werden (Rakowitz et al. 2020: 194). Auch sollten Hierarchien abgebaut und Einkommensunterschiede zwischen den Berufsgruppen in Kliniken verringert werden.

Im ambulanten Bereich sind die Hindernisse für den Aufbau von Gesundheitszentren und Polikliniken zu beseitigen. In dem Maß, in dem Ärzt*innen, Therapeut*innen und Sozialarbeiter*innen in Gesundheitszentren angestellt werden, verliert das System der selbständig agierenden Ärzt*innen an Bedeutung. Auch ist es Aufgabe eines Gesundheitswesens, die Prävention und Gesundheitsförderung zu stärken und auf krank machende Lebensumstände hinzuweisen. Denn noch immer haben Menschen mit niedrigem Einkommen einen signifikant schlechteren Gesundheitszustand und eine niedrigere Lebenserwartung als gut verdienende (Lampert et al. 2016).

Um das Gesundheitswesen auszubauen und allen zugänglich zu machen, müsste das Zweiklassensystem mit der privaten Kranken- und Pflegeversicherung für gut Verdienende durch eine umfassende solidarische Bürger*innenversicherung ersetzt werden. In eine solche Bürger*innenversicherung würden tatsächlich alle Einwohner*innen all ihren Einkünften gemäß einzahlen, die bisherige Beitragsbemessungsgrenze wäre aufgehoben und alle Menschen, insbesondere auch Geflüchtete ohne Aufenthaltsstatus, hätten freien Zugang zur Gesundheitsversorgung. Eine solche Bürger*innenversicherung, die über deutlich mehr Mittel pro Person verfügt, könnte auch die derzeitigen Einschränkungen aufheben, nach denen Hilfsmittel wie Brillen oder notwendiger Zahnersatz nicht mehr oder nur noch teilweise bezahlt werden. Auch kann über sie eine Vollversicherung der Pflege realisiert werden, die alle anfallenden Pflegekosten übernimmt. So könnten unterstützungsbedürftige Personen und ihre Angehörigen selbstbestimmt und ohne Kostendruck entscheiden, inwieweit die Pflege im familiären Umfeld stattfinden soll.

Mit einem solchen Aufbau einer solidarischen Unterstützungsstruktur ist die Erhöhung der Zahl der in den jeweiligen Bereichen tätigen Beschäftigten verbunden. Dafür müssen auf gesetzlicher Ebene verbindliche Personalschlüssel mit entsprechender Fachkraftquote durchgesetzt werden, die den jeweiligen Aufgaben tatsächlich angemessen sind. Nur so lässt sich die Qualität der Unterstützung von Patient*innen, Pflegebedürftigen, Schüler*innen, Kita-Kindern und anderen auf eine soziale Infrastruktur angewiesenen Menschen deutlich erhöhen.

Das Memorandum 2020 der Arbeitsgruppe Alternative Wirtschaftspolitik (2020: 208ff.) kommt in der Auswertung einer GEW-Bildungsfinanzierungsstudie zu dem Ergebnis, dass in Schulen, Hochschulen und der Weiterbildung 525.000 Vollzeitstellen neu geschaffen werden müssten und im Kita-Bereich weitere 290.000. Nach einer Studie von Michael Simon (2018: 30) liegt der Mehrbedarf an Pflegekräften im Krankenhausbereich je nach der zugrunde gelegten Leistungsentwicklung zwischen 108.000 und 143.000 Vollzeitkräften. Forschende der Universität Bremen kommen in ihrem Gutachten (Socium 2020: 257ff.) zu dem Schluss, dass in Einrichtungen der Altenpflege die Zahl der Pflegekräfte um 36 Prozent erhöht werden müsste; dies entspricht rund 120.000 zusätzlichen Vollzeitstellen.[13]

Mit einem solchen Personalaufbau würden sich auch die Arbeitsbedingungen der Care-Beschäftigten deutlich verbessern. Sie könnten sich wieder verstärkt und mit mehr Zeit um ihre Aufgaben in der Betreuung, der Pflege oder der Lehre kümmern. Erforderlich sind selbstverständlich auch verbesserte Verdienstmöglichkeiten. Dies gilt auch

---

13   https://www.butenunbinnen.de/nachrichten/gesellschaft/pflege-personal-messung--uni-bremen-100.html

für die häufig migrantischen Beschäftigten in den Privathaushalten, deren Entlohnung und Arbeitszeiten an die der Pflegekräfte in den ambulanten und stationären Diensten angepasst und von der Bürger*innenversicherung übernommen werden müssten, solange es keine anderen, eher kollektiv organisierten befriedigenden Pflegearrangements für die betroffenen Pflegebedürftigen gibt.

Mit dem Ausbau der sozialen Infrastruktur lässt sich der Care-Bereich gegenüber der Güterproduktion sowie den produktionsnahen Dienstleistungen deutlich stärken. Denn wenn hier mehr Menschen beschäftigt werden, müsste bei einer Reduktion des Gesamtarbeitsvolumens durch eine Verkürzung der Erwerbsarbeitszeit die Beschäftigtenzahl in anderen Wirtschaftsbereichen und damit die Produktion von Gütern überproportional reduziert werden. Dies kann einen großen Beitrag zur Eindämmung der rasch voranschreitenden Erderwärmung leisten, da im Bereich personennaher Dienstleistungen die THG-Emissionen deutlich geringer sind als im Bereich der Güterproduktion.

Gleichzeitig gibt es selbstverständlich auch jenseits des Care-Bereichs für das individuelle und das gesellschaftliche Leben fundamentale Bereiche[14], die über eine gute und ökologisch nachhaltige Infrastruktur abgesichert werden müssen. So ist beispielsweise die Wohnungsnot in Deutschland seit langem offensichtlich. Bezahlbarer Wohnraum kann über Instrumente wie Mietpreisregulierung, einen gemeinnützigen Wohnungsbau mit dauerhafter Sozialbindung und die Vergesellschaftung großer Immobilienunternehmen geschaffen werden. Auch müssten deutlich mehr öffentlicher Grund und Boden kostengünstig bereitgestellt werden, um Formen gemeinschaftlichen Wohnens zu unterstützen. Auch bei der Versorgung von Energie und Wasser sind Veränderungen erforderlich. Jede*r sollte einen Sockelanteil an diesen lebensnotwendigen Ressourcen gebührenfrei erhalten. Darüber hinaus gehende Entnahmen ließen sich mit der Menge stei-

---

14 Ein Kollektiv meist britischer Wissenschaftler*innen (Foundational Economy Collective 2019) spricht deswegen von der »Fundamentalökonomie«.

gend den Einzelnen in Rechnung stellen. Heute dagegen wird hoher Ressourcenverbrauch mit Rabatten belohnt (Candeias et al. 2020).

Die hier nur skizzierten Maßnahmen lassen sich durch eine umfassende Umverteilung gesellschaftlicher Ressourcen zulasten Reicher finanzieren. Nach einer Untersuchung des Deutschen Instituts für Wirtschaftsforschung (Schröder et al. 2020) ist die Verteilung individueller Nettovermögen noch ungleicher als bisher angenommen. Das reichste Prozent der Bevölkerung vereint danach in Deutschland rund 35 Prozent des Vermögens auf sich, zuvor war man von knapp 22 Prozent ausgegangen. Umso wichtiger sind deswegen die Einführung einer Vermögenssteuer und eine erhöhte Besteuerung von Erbschaften zur Finanzierung einer hier skizzierten solidarischen Unterstützungsstruktur. Das gilt auch für eine deutliche Erhöhung des Spitzensteuersatzes bei der Einkommenssteuer. Darüber hinaus müssen die Deckelung der Abgeltungssteuer auf Kapitalerträge wieder abgeschafft und die Steuern auf Zins-, Miet- und Pachteinkünfte erhöht werden.

Neben der individuellen Besteuerung von reichen Menschen wird zudem die Erhöhung von Unternehmenssteuern wie Gewerbesteuer und Körperschaftssteuer benötigt. Schließlich ist es sinnvoll, wie vom globalisierungskritischen Netzwerk Attac seit langem gefordert, eine Finanztransaktionssteuer einzuführen, durch die kurzfristige Transaktionen auf den Finanzmärkten, die im Wesentlichen der Spekulation dienen, verteuert werden (Arbeitsgruppe Alternative Wirtschaftspolitik 2020: 52f.). Darüber hinaus könnten alle klimapolitisch unverantwortlichen Subventionen etwa in die fossile Infrastruktur oder den Flugverkehr sowie durch Prämien für den individuellen Autokauf gestoppt und für notwendige Infrastrukturmaßnahmen eingesetzt werden.

Mit diesen vielfältigen Möglichkeiten der finanziellen Umverteilung lässt sich die Existenz jeder einzelnen Person durch ein BGE auf individueller Basis finanziell absichern und allen ein Zugang zur kollektiv organisierten sozialen Infrastruktur eröffnen. So würden bereits innerhalb einer kapitalistischen Gesellschaftsordnung deutlich vielfältigere Lebensweisen unterstützt, als dies gegenwärtig der Fall ist.

6.3 Entwicklung demokratischer Beteiligungsformen

Die bisher skizzierten Maßnahmen einer Verkürzung der Erwerbsarbeit sowie einer an Bedarf und Bedürfnissen orientierten Unterstützungsstruktur erfordern zugleich neue Formen gesellschaftlicher Teilhabe. Zunächst stelle ich dar, warum gerade in Care-Bereichen Möglichkeiten der Mitgestaltung besonders wichtig sind, weshalb dort eine verbindende Care-Politik erfolgversprechend ist und dass sie auch auf andere Bereiche übertragen werden kann (6.3.1). Danach erläutere ich, wie sich über die Vergesellschaftung von Privatunternehmen umfassendere Partizipationschancen eröffnen (6.3.2).

6.3.1 Demokratische Gestaltung der Sorgearbeit

Bei Care-Themen wird besonders deutlich, dass Menschen als grundlegend soziale Wesen ihre Bedürfnisse nur im gemeinsamen, kooperierenden Handeln befriedigen können und dass sie dafür demokratische Strukturen benötigen. Unstrittig ist, dass menschliche Tätigkeiten so vielfältig und umfassend sind, dass nicht alle alles tun können. Arbeitsteilung auf gesellschaftlicher Ebene ist entsprechend erforderlich. Um dennoch Einfluss auf die Befriedigung ihrer Bedürfnisse zu wahren, müssen daher alle über die eigenen relevanten Lebensumstände mitbestimmen können. Dafür ist die Teilhabe an den gesellschaftlichen Entscheidungen erforderlich, die den Rahmen herstellen, in dem sich die Bedürfnisse befriedigen lassen.

Im Zusammenhang mit Sorge jedoch wird Demokratie kaum diskutiert. Dies sollte insofern nicht allzu sehr verwundern, als Sorgebedürftigkeit oder umfangreiche Sorgeaufgaben nach wie vor häufig als individuelles Schicksal behandelt werden. Entsprechend gibt es in Care-Bereichen kaum institutionalisierte demokratische Beteiligungsprozesse. Da allerdings gerade Sorge Zeit, finanzielle Ressourcen und Unterstützung durch Care-Einrichtungen benötigt, ist es von grundlegender Bedeutung, dass alle über die Rahmenbedingungen mitentscheiden können. Die Aufgabenfelder und Einrichtungen, in denen Sorgearbeit geleistet wird, stellen jedoch Anforderungen an die Form, wie demokratische Teilhabe gestaltet wird. Diese ergeben sich aus der Besonderheit von Sorgebeziehungen selbst.

Zum einen sind Beziehungen in der Sorgearbeit häufig existenziell oder intim. Offensichtlich ist dies etwa bei der Betreuung unterstützungsbedürftiger Menschen im Pflegeheim, zu Hause oder in der Behindertenassistenz. Für solche für das jeweils eigene Leben einschneidenden Situationen ist nicht nur wichtig, dass akzeptable Rahmenbedingungen geschaffen werden, sondern auch, dass bei deren Gestaltung alle Beteiligten eine Mitsprache haben. Daraus ergibt sich, dass eine Teilhabe, die Verfügung über die eigenen Lebensumstände ermöglicht, nicht zentralisiert und repräsentativ organisiert und dann von Expert*innen abgewickelt werden kann. Denn es geht hier nicht allein um messbaren Bedarf, es geht um individuelle Bedürfnisse.

Zum anderen können Lösungen, die die Bedürfnisse aller Beteiligten berücksichtigen, nur unter Beteiligung von Menschen in den verschiedenen Sorgepositionen entwickelt werden: Entlohnt und unentlohnt Sorgearbeitende leisten gleichermaßen diese gesellschaftlich notwendige Arbeit. Darüber hinaus ist eine gelingende Form der Mitbestimmung ohne die Teilhabe der Sorgebedürftigen gar nicht denkbar. Denn nur diese können sagen, ob ihre Bedürfnisse erfüllt sind und was gegebenenfalls geändert werden müsste, damit dies der Fall ist. Im Care-Bereich ist Demokratie also nur im Zusammenwirken aller Beteiligten denkbar, allerdings gibt es dort keine partizipativen Strukturen, in denen die unterschiedlichen Sorgepositionen vertreten sind. So sind gegenwärtig Care-Commons (vgl. Abschnitt 6.4.2) und Sorgekämpfe die Felder, in denen erkennbar wird, wie solche demokratischen Strukturen in Zukunft möglicherweise aussehen.

Als Beispiel für eine erfolgreiche politische Zusammenarbeit werden immer wieder die Auseinandersetzungen in Krankenhäusern um die tarifliche Regelung einer Mindestbesetzung auf den Pflegestationen angeführt. Sicherlich lassen sich diese Arbeitskämpfe und ihre Erfolge auch kaum genug würdigen. Beginnend mit dem ersten Streik für mehr Personal an der Charité, dem Universitätsklinikum in Berlin, im Jahr 2014 wurden mittlerweile auch in vielen anderen Kliniken Vereinbarungen zwischen der Dienstleistungsgewerkschaft ver.di und Arbeitgebern zu diesem Thema erzielt.[15] Der erzeugte Druck führte dazu, dass das System der Fallpauschalen auch in der breiten Öffentlichkeit kritisch diskutiert wird und seit 2019 zumindest die Kosten für das Pflegepersonal unabhängig von Fallpauschalen abgerechnet und kostendeckend von den Kassen übernommen werden.[16] Diese Erfolge beruhen auf der politischen Arbeit vieler Organisationen und lokaler Unterstützungsbündnisse. In diesen wird im Unterschied zu klassischen Solidaritätsbündnissen das gemeinsame Interesse von Pflegekräften und (potenziellen) Patient*innen herausgestellt, wie es im Slogan »Mehr von uns/euch ist besser für alle« zum Ausdruck kommt.

Jedoch gibt es an großen Krankenhäusern spezielle Bedingungen, wie sie in kaum einem anderen Care-Bereich existieren: Große, gut organisierte Belegschaften haben die Möglichkeit, Streiks so zu führen, dass sie ökonomisch effektiv sind und zugleich Patient*innen verhältnismäßig wenig darunter leiden. Dies ermöglicht das System der Fallpauschalen, nach dem Krankenhäuer für die durchgeführten Behandlungen und nicht für die entstehenden Kosten Geld erhalten. Daher kann in Notdienstvereinbarungen die Neuaufnahme von Patient*innen blockiert werden, so dass bereits nach wenigen Streiktagen Krankenhäuser hohe Verluste einfahren. Gleichzeitig stärkt ein leerer Arbeitsmarkt die Handlungsmacht der Beschäftigten. Und dennoch gingen den ersten Erfolgen jahrelange betriebliche und gesellschaftliche Diskussionen und diskursive Verschiebungen voraus.

In anderen Care-Bereichen sind diese Bedingungen viel schlechter. So erschweren in der Altenpflege der geringe gewerkschaftliche Organisationsgrad und die beschränkte Möglichkeit, ohne Nachteile für die

---

15 Bislang wurden 17 Tarifvereinbarungen zur Entlastung des Krankenhauspflegepersonals abgeschlossen, zuletzt im März 2020 am Uni-Klinikum Schleswig-Holstein.   https://gesundheit-soziales.verdi.de/themen/entlastung/ ++co++1b5f5f4a-67ab-11ea-93bf-001a4a160100

16 Artikel 1 Abs. 2 des Pflegepersonalstärkungsgesetzes vom 11.12. 2018: https://www.bgbl.de/xaver/bgbl/start.xav?startbk=Bundesanzeiger_BGBl&start=%2F%2F%2A%5B%40attr_id%3D%27bgbl118s2394.pdf%27%5D#__bgbl__%2F%2F%5B%40attr_id%3D%27bgbl118s2394.pdf%27%5D__1602610268871

6. Care Revolution als Transformationsstrategie

Gepflegten ökonomischen Druck auszuüben, betriebliche Auseinandersetzungen (Schroeder 2017). Noch einmal schwieriger ist es, verbesserte Rahmenbedingungen für die unentlohnte Arbeit durchzusetzen, da unentlohnt Sorgearbeitende die Betreuung ihrer Kinder oder die Pflege ihrer Angehörigen nicht einstellen können.

Umso mehr gilt, dass Erfolge nur durch gemeinsame Aktionen über Sorgepositionen hinweg erzielt werden können, dass also das gemeinsame Vorgehen von auf Sorge Angewiesenen zusammen mit unentlohnt und entlohnt Sorgearbeitenden getragen werden muss. Deshalb steht verbindende Care-Politik (Fried/Schurian 2016) vor der Aufgabe, sich in gemeinsam geführten Auseinandersetzungen auch mit den realen Unterschieden in den jeweiligen Interessen zwischen beispielsweise Eltern und Erzieher*innen oder Altenpfleger*innen und Pflegebedürftigen auseinanderzusetzen.

Diese Zusammenarbeit über Sorgepositionen hinweg ist zum einen angesichts der Kräfteverhältnisse unabdingbar; zum anderen verweist sie als empathische, solidarische Form des Bezugs aufeinander auf eine Gesellschaft, in der die solidarische Befriedigung von Bedürfnissen gleichzeitig die Handlungsfähigkeit aller Menschen erweitert. Eine solche verbindende Politik gelingt im Care-Bereich vielleicht auch deshalb relativ gut, weil der Interessenunterschied zwischen Beschäftigten und Nutzer*innen der Care-Einrichtungen vergleichsweise gering ist. Denn mehr Personal und bessere Arbeitsbedingungen sind für alle Beteiligten von Vorteil. Es kann also ein gemeinsames Ziel darstellen, sich dafür einzusetzen, dass in dem jeweiligen Care-Bereich ausreichende Ressourcen zur Verfügung stehen.

Eine solche Politik, die Beschäftigte und soziale Bewegungen verbindet, ist auch für einen ökologisch nachhaltigen Umbau der Ökonomie wichtig. Hier ist der Gegensatz zwischen den beteiligten Gruppen jedoch deutlich schärfer. Denn das Interesse an Arbeitsplätzen und damit Einkommen und Status einerseits und andererseits das Ziel, die Produktionsstruktur, innerhalb derer die Arbeitsplätze bestehen, durch eine ökologisch vertretbare zu ersetzen, prallen hier aufeinander. Während es bereits eine gewisse Zusammenarbeit von Klimainitiativen mit Bewohner*innen von durch die Abbaggerung bedrohten Dörfern gibt, ist von einer gelingenden Kooperation mit Beschäftigten im Kohlebergbau nichts bekannt. Gerade diese fordern eine ernsthafte Wahrnehmung ihrer Situation als Beschäftigte und Einwohner*innen der vor einem Wandel stehenden Region und einen Einbezug auf Augenhöhe ein, statt als Klimaschädiger*innen abgewertet zu werden. Dies wäre eine Voraussetzung, um gemeinsam agieren zu können. Das zeigen Gespräche mit Beschäftigten, die im Kohlebergbau bzw. der Kohleverstromung in der Lausitz tätig sind (Bose et al. 2019).

In der Autoindustrie, in der es eine längere Tradition von Konversionsdebatten und von Kontakten zwischen Gewerkschaft und Umweltbewegung gibt, bestehen aktuell zumindest Ansätze einer Diskussion zwischen Vertreter*innen einer grundlegenden Neuorganisation der Mobilität sowie Gewerkschafter*innen (Candeias/Krull 2020). Auch haben die Skandale der letzten Jahre und auch die gesellschaftliche Klimadiskussion dazu geführt, dass die Beschäftigten in der Autoproduktion nicht mehr bruchlos den Kurs der Unternehmen unterstützen (Boewe et al. 2020). Dass die Klimabewegung an gewerkschaftlichen Themen interessiert ist, zeigt die Kooperation zwischen ver.di und Fridays for Future im Jahr 2020 zur Tarifauseinandersetzung in kommunalen Verkehrsgesellschaften.[17]

Zu einer verstärkten politischen Zusammenarbeit zwischen sozialökologischen Protestbewegungen und Gewerkschafter*innen können auch die hier dargestellten Vorschläge wie die Verkürzung der Erwerbsarbeitszeit und der gesellschaftlich notwendige und ökologisch vertretbare Ausbau anderer Wirtschaftsbereiche beitragen. Hier können Arbeitskräfte, die wegen des ökologischen Strukturwandels ihren Job verlieren, neue Beschäftigung finden. Eine Untersuchung im Auftrag der Otto-Brenner-Stiftung für die Automobilindustrie sieht in diesem Zusammenhang neben garantierten und finanziell abgesicherten Umschulungsmaßnahmen die gesellschaftliche Aufwertung und bessere Entlohnung von Arbeitsplätzen in sozialen Dienstleistungen und eine Beteiligung der Beschäftigten an Projekten betrieblicher

---

17 Vgl. dazu auch folgendes Video: https://www.rosalux.de/mediathek/media/element/1366?cHash=758ede02a8deef330939b1d1a44c15c4

und regionaler Konversion als Ansatzpunkte, um die Zustimmung der Beschäftigten in vom Umbau betroffenen Betrieben zu gewinnen (Dörre et al. 2020).

6.3.2 Vergesellschaftung von Betrieben und Einrichtungen

Die Realität im Care-Bereich ist derzeit weit entfernt von einer institutionalisierten Mitbestimmung der Bevölkerung; Wohlfahrtsverbände und Privatunternehmen, die Pflegeheime, Krankenhäuser, Schulen oder Kitas betreiben, sind den Sorgebedürftigen wie auch deren Angehörigen keinerlei Rechenschaft schuldig. Zudem betrachten privat betriebene Krankenhäuser und Pflegeheime ihre Einrichtungen als Mittel der Kapitalverwertung. Aber auch Energiekonzerne entscheiden nach dem Kriterium, ob eine fossile Energieproduktion Gewinn abwirft, unabhängig davon, wie weit verbreitet in der Bevölkerung der Wunsch nach einer Energiewende ist. So verhindert die Verfügungsgewalt von Eigentümer*innen über Produktionsprozesse demokratische Entscheidungen.

Voraussetzung für die Einrichtung erweiterter demokratischer Strukturen ist also, Unternehmen dem kapitalistischen Verwertungsprozess zu entziehen. Dies erfordert zunächst, Privatisierungen zu stoppen und gleichzeitig die Vergesellschaftung all derjenigen Einrichtungen voranzutreiben, die keine umfassende Mitsprache der Bevölkerung und der Beschäftigen erlauben. Das betrifft Krankenhäuser und Pflegeheime ebenso wie Energiekonzerne, Wohnungsbaugesellschaften und Verkehrsunternehmen.

Die Vergesellschaftung dieser Einrichtungen ermöglicht, dass Beteiligte beispielsweise in Care- oder Energie-Räten gemeinsam über die Prozesse entscheiden, die ihr Leben grundlegend bestimmen. Dafür braucht es nicht nur Mitbestimmungsrechte für in den Betrieben Beschäftigte, sondern auch für all diejenigen, die auf die dort produzierten Güter und Dienstleistungen angewiesen sind. Die vergesellschafteten Institutionen oder Betriebe können als kommunale oder auch landesweite Einrichtungen in die Hände der Allgemeinheit zurückgeführt werden, die im Bedarfsfall aus Steuermitteln unterstützt werden.

Dafür, mit der Vergesellschaftung und Demokratisierung bei der lebensnotwendigen Infrastruktur zu beginnen, spricht das Zusammentreffen mehrerer Faktoren. Zunächst sind Care, Energie, Verkehr oder Wohnen im Alltag existenziell und ihre Gestaltung greift tief ins Leben ein. Ferner wirkt insbesondere im Care-Bereich, aber auch in anderen Bereichen, auf die Menschen alltäglich angewiesen sind, Profitorientierung offensichtlich den menschlichen Bedürfnissen entgegen und schränkt viele in ihren Entwicklungsmöglichkeiten, ihrer Gesundheit und ihrer Kreativität ein. Es ist deutlich wahrnehmbar, wie unsinnig und kontraproduktiv es ist, Menschen nach dem Prinzip maximaler Profitabilität heilen, lehren, unterstützen, beraten oder pflegen zu wollen. Aber auch Verkehrs-, Wohnungs- oder Energiekonzerne, die ihre Ressourcen nicht entsprechend dem Bedarf der Nutzer*innen auf- oder abbauen, sondern ihren Renditezielen folgen, stehen in der Kritik. Entsprechend gibt es eine breite Zustimmung zur Vergesellschaftung privat betriebener Einrichtungen der sozialen Infrastruktur. Das zeigt sich etwa bei politischen Initiativen im Krankenhausbereich oder in der Wohnungspolitik.

Konkrete Fragen der sozialen Infrastruktur lassen sich dezentral im Stadtteil oder im Dorf durch Formen direkter Demokratie entscheiden, an denen sich alle Interessierten beteiligen können. Hier sprechen dann diejenigen miteinander, deren Bedürfnisse von Entscheidungen über die örtliche soziale Infrastruktur berührt werden; hier können sie sich auch die für eine Selbstverwaltung nötigen Kompetenzen aneignen. Einer solchen Dezentralisierung kommt entgegen, dass sich viele Themen der sozialen Infrastruktur vom Wohnen über die Kinderbetreuung bis zum öffentlichen Nahverkehr kleinräumig organisieren lassen. Gerade vor Ort können alle Beteiligten ihre – sich auch widersprechenden – Wünsche einbringen, können Ideen entwickeln und innovative Konzepte voranbringen. Auch können hier unterschiedliche Formen beispielsweise des Lernens oder Heilens ausprobiert werden. So lässt sich eine Kultur des Zuhörens und der Empathie entwickeln, die unter Bedingungen kapitalistischer Konkurrenz kaum entstehen kann.

Wenn Menschen diese neuen und zunächst ungewohnten Formen der Selbstorganisation ausprobieren und sich aneignen, dann übernehmen sie auch Schritt für Schritt kollektive Verantwortung für die Daseinsvorsorge. Krankenhäuser, Schulen, aber auch der Wohnungsbau und die Energieversorgung sowie viele andere Bereiche und Institutionen werden enorm an Qualität gewinnen und Innovationsschübe erleben, da es zu einem direkten Erfahrungsaustausch zwischen Beschäftigten und Nutzer*innen kommt. Auch kann der vorhandene technologische Sachverstand dafür eingesetzt werden, ökologisch vertretbare Verfahren zur Produktion notwendiger Güter zu entwickeln und damit zur Minimierung von THG-Emissionen beizutragen.

6.4 Unterstützung vielfältiger Lebensentwürfe

Eine überzeugende Transformationsstrategie benötigt jenseits von diskursiven und materiellen Erfolgen in sozialen Auseinandersetzungen sowie einer konkreten Utopie auch Projekte, die bereits innerhalb des kapitalistischen Systems manches entwickeln und ausprobieren, was sich in einem anderen gesellschaftlichen Rahmen erst voll entfalten kann. Deswegen gehe ich im Folgenden zunächst auf Commons als spezifische, die Orientierung an menschlichen Bedürfnissen ermöglichende Organisationsform ein (6.4.1). Daran anschließend beschreibe ich exemplarisch diese Form der Kooperation an einigen wenigen Beispielen (6.4.2).

6.4.1 Commons als solidarische Organisationsform

Für den Aufbau einer solidarischen Care-Ökonomie sind Erfahrungen wichtig, die in Gemeinschaftsprojekten gemacht werden. Diese haben bereits heute Formen der Selbstorganisation ihrer Arbeit entwickelt. Es gibt vielerlei Beispiele innerhalb und außerhalb des Care-Bereichs. Zu denken ist dabei etwa an Gemeinschaftsgärten, Nachbarschaftszentren, Hausprojekte, aber auch an Betriebe wie Polikliniken oder Landwirtschaftsgenossenschaften, die ihr Eigentum vergemeinschaftet haben und sich kollektiv selbst organisieren.[18] Die kooperative Form der Organisation ermöglicht Veränderungen in vielerlei Hinsicht: Wenn Werkzeuge, Maschinen oder Räume gemeinsam genutzt werden, verringert dies nicht nur Kosten, sondern auch THG-Emissionen. Da Effizienz und Markterfolg nicht mehr Zweck, sondern höchstens zu beachtende Rahmenbedingungen sind, können unterschiedliche Bedürfnisse bei der Aufteilung der Arbeit und der Einkommen eher beachtet werden. Beispielsweise gibt es die Möglichkeit, das Einkommen zu gleichen Teilen oder nach Bedarf aufzuteilen. Bei der Organisation kollektiver Abstimmungsprozesse wird mit vielfältigen Strukturen der Entscheidungsfindung experimentiert. So verweisen diese Projekte heute bereits auf das, was in einer solidarischen Gesellschaft möglich ist. Denn sie dienen dem »Ausweiten jener Lebensbereiche, die nicht vom Markt durchdrungen sind« (Habermann 2018: 140).

Diese Projekte verstehen sich häufig als Commons, ohne dass allerdings dieser Begriff in der politischen und wissenschaftlichen Diskussion einheitlich genutzt wird, auch wenn er mittlerweile zu einem Schlüsselbegriff geworden ist. Commons werden hier als Sozialgefüge verstanden, in denen Menschen ihre Zusammenarbeit gleichberechtigt organisieren. Dies bezieht sich zunächst auf die Regeln, die sich die Mitglieder eines Commons für ihre Kooperation geben. Ebenso legen sie die Aufteilung der erforderlichen Arbeit fest, wobei die Einzelnen durchaus in unterschiedlichem Umfang oder in unterschiedlichen Bereichen tätig sein können. Schließlich wird darüber entschieden, wie die Ergebnisse des gemeinsamen Arbeitsprozesses genutzt werden. Das kann durch eine direkte Aufteilung der Produkte oder Ressourcen geschehen, es kann ein Verkauf stattfinden und dessen Einnahmen verteilt werden, die Arbeitsergebnisse können auch gemeinsam genutzt werden. Von dieser Nutzung können Nicht-Mitglieder ausgeschlossen sein, wenn etwa Mitglieder ein gemeinsam gebautes Haus bewohnen, oder sie können in die Nutzung einbezogen sein, wenn etwa ein Commons einen öffentlichen Park pflegt. Auch wenn die kon-

---

18 Beispiele vieler verschiedener Initiativen finden sich etwa in Helfrich/Bollier (2019).

krete Ausgestaltung der Kooperation sehr unterschiedlich sein kann, eint Commons also dies: Über die Regeln, die Arbeitsaufteilung und die Nutzung der Ergebnisse wird gemeinsam und gleichberechtigt entschieden; Eigentümer*innen mit exklusiven Entscheidungsrechten gibt es nicht.

Ein Commons steht somit im Gegensatz zu einem von Eigentümer*innen bestimmten und auf Warenproduktion ausgerichteten kapitalistischen Unternehmen; ebenso ist es verschieden von einer hierarchisch aufgebauten, staatliche Macht exekutierenden Behörde. Da ein Commons in der Regel ein explizites Gegenmodell ist, wird dieser Gegensatz häufig auch von denen, die dort arbeiten, betont. Die Familie als Ort, an dem Arbeit organisiert wird, ist dagegen wenig im Blick, wenn Commons thematisiert werden. Im Kontext der Care Revolution-Strategie, die der unentlohnten Sorgearbeit zentrale Bedeutung zuschreibt, ist eine solche Leerstelle jedoch nicht hilfreich.

Denn auch in familiären Zusammenhängen gibt es Versuche, das eigene Handeln nicht an autoritären, patriarchalen Strukturen und unhinterfragten Normen auszurichten, sondern sich an Bedürfnissen orientiert aufeinander zu beziehen. Familien leben alltäglich mit dem Widerspruch, sich auf die Anforderungen der Erwerbsarbeit ausrichten zu müssen und sich gleichzeitig um das eigene Wohlergehen und das der anderen zu kümmern. Die Familie ist also zugleich ein Ort fremdbestimmter und bedürfnisorientierter sozialer Praxen, ähnlich wie dies auch in Commons innerhalb des Kapitalismus der Fall ist, solange ein Leben in einer autarken Gemeinschaft nicht möglich oder nicht erstrebenswert ist. Je mehr eine Familie mit diesem Dilemma so umgeht, dass alle Familienmitglieder an den Entscheidungen beteiligt sind, je mehr sie die Wünsche und Bedürfnisse aller soweit möglich zu befriedigen versucht und je mehr sie Normen, die etwa geschlechtliche Arbeitsteilung oder den Vorrang der Erwerbsarbeit betreffen, reflektiert, lässt sie sich als Commons denken. Eine Familie aus Erwachsenen und Kindern bzw. Erwachsenen unterschiedlicher Generationen kann sehr klein sein und hat dann meist nur einen geringen Handlungsspielraum. Deswegen schließen sich manchmal Familien oder Einzelpersonen zu größeren Gemeinschaften zusammen. Auch soziale Netze aus Freund*innen, Verwandten und Nachbar*innen sind allgegenwärtig. Ein feministischer Blick auf Commons sollte entsprechend die Potenziale von Familien und sozialen Netzen berücksichtigen.[19]

Unabhängig davon, ob Commons sich als Gegenmodell zu Unternehmen, staatlichen Einrichtungen oder traditionellen Familienkonstruktionen verstehen, ermöglicht diese Organisationsform im umfassenden Sinn eine andere Lebensperspektive: Im Kapitalismus steht die Erwerbsarbeit im Zentrum und das alltägliche Leben jenseits der Berufstätigkeit ist auf den Aspekt der Reproduktion der Arbeitskraft ausgerichtet. So ist es nicht verwunderlich, dass im öffentlichen Diskurs der Erfolg in der Erwerbsarbeit priorisiert wird gegenüber den Sorgebeziehungen im Nahbereich und auch gegenüber einem freiwilligen oder politischen Engagement. Dagegen ist Arbeit, wird sie in einem Commons ausgeführt, von Grund auf beziehungsorientiert ausgerichtet und auf den Gebrauchswert orientiert. Hieraus können sich neue Horizonte für vielfältige Lebensweisen eröffnen.

6.4.2 Zukunftsweisende Leuchttürme

Unabhängig davon, wie Commons organisiert werden, bleibt das Leben in einer kapitalistischen Gesellschaft durchzogen von deren Anforderungen. Denn um das Einkommen zu sichern, ist allermeist Erwerbsarbeit notwendig. Aber auch die für die unentlohnte Sorgearbeit verbleibende Zeit ist in vielerlei Hinsicht am Rahmen orientiert, den die Erwerbsarbeit vorgibt. Dennoch schaffen Commons hier Spielräume.

So gibt es etwa im Zusammenleben mit Kindern umfangreiche Anforderungen beispielsweise seitens der Kita oder der Schule. Menschen, die in einer Gemeinschaft zusammenleben, sind diesen gesellschaftlichen Anforderungen durchaus auch unterworfen, können sie jedoch

---

19 Eine entsprechende Schlussfolgerung trifft auch Anne Steckner (2018: 102): »Eine wichtige Erkenntnis der Debatten um Care ist, dass wir die in Familien erlernten Fähigkeiten auch in der befreiten Gesellschaft brauchen: […] Allerdings müssen wir sie aus ihrer historischen Verschmelzung mit der Kleinfamilie lösen und in die Verantwortung vielfältiger Bindungen und Geschlechter legen.«

bewusst reflektieren und sich mit den entsprechenden Normen und Institutionen auseinandersetzen. Sie können darauf achten, Kindern eine gute Kindheit mit möglichst wenig Zwang und viel Spiel, auch mit Gleichaltrigen, zu ermöglichen. Sie können die eigene Unsicherheit, ob diese Kinder im Erwachsenenalter auch mit einer Konkurrenzgesellschaft zurechtkommen, gemeinsam bearbeiten. Das sind schwierige Prozesse und sie benötigen deswegen beim Zusammenleben einen Raum, in dem damit verbundene Unsicherheiten zum Thema gemacht werden können (Birken/Eschen 2020).

Die bewusste Auseinandersetzung mit Sorgearbeit kann Michel Raab (2020) empirisch in Interviews mit Personen zeigen, die in füreinander sorgenden Netzwerken nicht-monogam miteinander leben. Er fand eine mehr oder weniger ausgeprägte Normorientierung vor, in der eben nicht die Erwerbsarbeit, »sondern das gelingende, sorgsame Soziale im Mittelpunkt der Lebensplanung steht« (ebd. 158). Verbindliche Netzwerke, so Raab, schaffen Rahmenbedingungen, unter denen dieser Wunsch nach gelingenden Sorgebeziehungen auch ohne hohes Einkommen realisiert werden kann. Denn das gemeinsame Wohnen, eine gemeinsame Kasse, aber auch die Gewissheit, dass die Beteiligten sich in Notlagen verbindlich umeinander kümmern, können Sicherheit gewährleisten. Diese Strukturen ermöglichen somit gewisse Freiheitsgrade gegenüber dem Zwang zur Erwerbsarbeit. Ihr emanzipatorisches Potenzial beschreibt Raab wie folgt: »Verbindliche und sorgsame Poly-Kontexte erlauben eine Ausweitung von Beziehungsweisen, in denen die Beteiligten sich eigensinniger, weniger marktvermittelt und weniger durch Geschlechterverhältnisse strukturiert aufeinander beziehen können.« (Ebd.: 159)

Ein gutes Beispiel, wie sich auch unter den schwierigen Rahmenbedingungen einer Pflegeversicherung, die nur einen geringen Pflegesatz begleicht, eine Tagespflege selbstbestimmt realisieren lässt, zeigt der selbstverwaltete Betrieb der Tagespflege Lossetal.[20] Sie ist ein Arbeitsbereich der Kommune Niederkaufungen und auf deren Gelände

---

20 www.tagespflege-lossetal.de

im Ortskern von Niederkaufungen in Nordhessen angesiedelt. Die Zielgruppe der Tagespflege sind pflegebedürftige, insbesondere demente Menschen. Die Einrichtung finanziert sich über einen festgelegten Tagessatz, der über die Pflegeversicherung und eine Selbstbeteiligung der Gepflegten bzw. eine Kostenübernahme des Sozialamts bezahlt wird. Dabei gehört zum Konzept der Tagespflege Lossetal, Angehörige und Nachbar*innen möglichst weitgehend zu integrieren. Die Lage der Tagespflege auf dem Gelände der Kommune ermöglicht darüber hinaus alltäglichen Kontakt zwischen Gepflegten und Mitgliedern der Kommune. Beispielsweise erhalten die betreuten Personen durch Begegnungen in landwirtschaftlichen oder handwerklichen Arbeitsbereichen Anregungen. Diese Verzahnung von professioneller und nachbarschaftlicher Betreuung und Begegnung soll die Qualität der Pflege erhöhen.

Hier drückt sich die Zielvorstellung aus, dass Menschen in einer Nachbarschaft sich gegenseitig unterstützen und dazu eine Tagespflege die erforderliche professionelle Arbeit beiträgt. Viele Pflegekräfte sind gleichzeitig Mitglieder der Kommune Niederkaufungen und praktizieren damit auch jenseits der Arbeit im betrieblichen Kollektiv eine gemeinsame Lebensweise. Mit ihrem Ansatz möchte die Kommune eine hierarchiefreie gesellschaftliche Alternative propagieren.[21] Dabei ermöglicht die kollektiv gestaltete gemeinsame Ökonomie ein Pflegekonzept, das gute Arbeitsbedingungen für die Pflegekräfte und deren materielle Absicherung trotz des geringen Lohns vereinbar macht. Gleichzeitig unterstützt die Tagespflege Lossetal die Kommune durch ihre Einnahmen.

Im Gesundheitsbereich entstehen derzeit in verschiedenen Orten Gesundheitszentren bzw. Polikliniken, in denen Angehörige verschiedener Berufsgruppen zusammen mit Menschen im Stadtteil für die Gestaltung gesundheitsförderlicher Lebenswelten eintreten möchten. Als erstes Stadtteil-Gesundheitszentrum mit dieser Zielsetzung ist seit 2017 die Poliklinik Veddel[22] im gleichnamigen Stadtteil in

---

21 https://www.kommune-niederkaufungen.de/wp-content/uploads/2016/09/Erg%C3%A4nzungspapier-2015.pdf
22 http://poliklinik1.org/poliklinik-veddel

Hamburg aktiv. Gesundheit wird dabei deutlich umfassender verstanden, als dies im Allgemeinen der Fall ist. Entsprechend arbeitet in dieser Poliklinik ein interdisziplinäres Team von ca. 25 Personen, unter anderem aus den Berufsfeldern Soziale Arbeit, Pflege, Medizin, Gesundheitswissenschaften, Jura, Sozialpädagogik und Psychologie, zusammen, die in ihrer Arbeitsweise auf Basisdemokratie, Hierarchiearmut, Beteiligung und kollektive Lösungsstrategien setzen. Somit bilden die Mediziner*innen nicht mehr den alleinigen Bezugspunkt der Gesundheitsversorgung. Im Mittelpunkt der Arbeit dieses Gesundheitszentrums stehen nicht nur die medizinische Versorgung und die individuelle Prävention, sondern auch die gesellschaftlichen Bedingungen von Gesundheit. Dabei geht die Poliklinik Veddel davon aus, dass politische und soziale Faktoren wie beengte Wohnverhältnisse, geringes Einkommen, prekäre Beschäftigungsverhältnisse, Rassismus oder Altersarmut die Gesundheit ebenso beeinflussen wie die Qualität der medizinischen Versorgung.

Die Patient*innen können in dieser Poliklinik je nach Bedarf psychologische, juristische, ärztliche und pflegerische oder soziale Beratung in Anspruch nehmen und werden so problemorientiert und ganzheitlich betreut. Die Poliklinik unterstützt die Menschen dabei, kollektive Lösungsstrategien für gemeinsame Problemlagen zu entwickeln. Zusammen mit den Bewohner*innen im Stadtteil entwickelt das Kollektiv regelmäßig Präventionsprojekte, die auch die sozialen Lebensverhältnisse der Patient*innen mitberücksichtigen. So hat das Gesundheitszentrum beispielsweise zu Beginn der Corona-Pandemie in fünf Sprachen zur »radikalen Nachbarschaft« aufgerufen mit dem Ziel, dass Nachbar*innen für andere einkaufen oder kochen, zur Post und Apotheke gehen, mit dem Hund einen Spaziergang machen oder täglich bei Menschen anrufen, die sich einsam fühlen.

Betriebliche Commons im Care-Bereich sind noch vergleichsweise selten. In anderen Bereichen haben sie schon weit größere Verbreitung, beispielsweise in der solidarischen Landwirtschaft.[23] Diese Projekte basieren auf einer Kooperation zwischen Biobäuer*innen

---

23 https://www.solidarische-landwirtschaft.org/startseite

und Konsument*innen. Mehrere private Haushalte tragen die Kosten eines landwirtschaftlichen Betriebs, wofür sie im Gegenzug dessen Ernteertrag erhalten. Durch die Festlegung der Zahlungen, häufig nach Einkommen gestaffelt, gibt es für die Landwirt*innen eine existenzielle Sicherheit. Diese Konstruktion ermöglicht eine nicht-industrielle, marktunabhängige Landwirtschaftsproduktion.

Ein Beispiel ist die GartenCoop, eine selbstorganisierte, basisdemokratische Initiative in der Nähe von Freiburg.[24] Dort teilen sich rund 260 Mitglieder die Verantwortung für einen landwirtschaftlichen Betrieb in Stadtnähe und tragen gemeinsam dessen Kosten und Risiken. Die gesamte Ernte, ob gut oder schlecht, wird auf alle Mitglieder verteilt. Es findet also keine Produktion für den Markt statt. Wichtig ist der Kooperative ein konsequent ökologischer, regionaler und ressourcenschonender Anbau. Ferner wird erwartet, dass sich möglichst alle an der Aussaat, der Ernte und weiteren anfallenden Arbeiten beteiligen. Die notwendigen Ressourcen wie etwa Mitgliedsbeiträge oder Arbeitseinsätze werden von den Mitgliedern nach dem Solidarprinzip aufgebracht, der Beitrag richtet sich also nach den Möglichkeiten der Einzelnen.

Die Initiative strebt eine möglichst weitgehende lokale Ernährungssouveränität an, so dass für die Teilnehmenden eine Versorgung ohne Zwischenhandel möglich wird, und arbeitet deswegen auch an einer Vernetzung und Kooperation mit anderen Projekten der solidarischen Landwirtschaft, schwerpunktmäßig regional, aber auch überregional. Innerhalb der Initiative sind Bildungsaspekte für die Beteiligten wie für Außenstehende sowie Forschungs- und Experimentalansätze, bezogen auf den Anbau wie für die gemeinsame Organisationsentwicklung, bedeutsam.

In diesem Abschnitt wurden verschiedene Ansätze und Experimente vorgestellt. Dass es sie in dieser Vielfalt gibt, spricht dafür, dass sie funktionieren und auf diese Weise ein bedeutsamer Bestandteil der Transformation sind und in Zukunft noch verstärkt sein werden. Commons müssen sich allerdings bisher in einem für sie unfreundlichen

---

24 https://www.gartencoop.org/tunsel/

Umfeld behaupten. Dies betrifft zum einen die auf Marktkonkurrenz ausgerichtete Ökonomie, in der sie ein Fremdkörper sind, aber auch juristische und bürokratische Hemmnisse. Beispiele für solche Hindernisse sind vielfältig: So liegt eine wesentliche Schwierigkeit für ein Gesundheitszentrum darin, dass es bisher noch um Sitze von Ärzt*innen gruppiert werden muss. Auch gibt es nach wie vor keine rechtliche Anerkennung von mehr als zwei Erwachsenen als Erziehungsberechtigte. Soziale Bewegungen können dagegen angehen, dass Commons weiterhin Steine in den Weg gelegt werden. Es geht jedoch nicht nur um die Beseitigung von Schranken für soziale Experimente, sondern auch um deren aktive Unterstützung: Die Einplanung von Gemeinschaftsräumen, Gesundheitszentren oder Flächen für Urban Gardening in die Raum- und Wohnungsbauplanung trägt zur Verallgemeinerung von Commons in all ihrer Unterschiedlichkeit bei. Das gilt ebenso für die staatliche Finanzierung von sozialen Zentren, in denen Nachbar*innen Teile ihrer Sorgearbeit kollektiv organisieren.

6.5 Skizze einer solidarischen Gesellschaft[25]

Die hier dargelegte Transformationsstrategie strebt an, zunächst eine solidarische Care-Ökonomie innerhalb noch bestehender kapitalistischer Strukturen aufzubauen. So kann das Gesamtvolumen der Erwerbsarbeit reduziert und damit deren Stellenwert zurückgedrängt werden. Auf diese Weise wird eine Einschränkung des Konsums unterstützt, die aus ökologischen Gründen und aus Gründen der globalen Gerechtigkeit notwendig ist. Gleichzeitig erhalten Menschen mehr Zeit, um die jeweils eigenen Lebensentwürfe umzusetzen. Diese werden mit dem Aufbau einer sozialen Existenzsicherung über ein bedingungsloses Grundeinkommen und mit einer für alle offenen

---

25 Dieser Abschnitt 6.5 beruht auf Überlegungen von Matthias Neumann und mir, die in den Grundzügen bereits 2018 in einem gemeinsamen Aufsatz veröffentlicht wurden (Neumann/Winker 2018).

sozialen Infrastruktur, die bedürfnisorientiert und demokratisch gestaltet wird, ermöglicht. Auch finden in den ersten vergesellschafteten Betrieben demokratische Entscheidungen statt, die die Produktion von Gütern, die auf einem übermäßigen Ressourcenverbrauch und der vermeidbaren Emittierung von Treibhausgasen beruhen, stoppen können. Je mehr Organe der Selbstverwaltung und je mehr Commons entstehen, desto besser lernen Menschen bereits im Kapitalismus, sich freundlich aufeinander zu beziehen, gemeinsam Entscheidungen zu treffen und auch im Konfliktfall einvernehmlich Lösungen zu finden.

Zugleich weisen all diese Transformationsschritte über den Kapitalismus hinaus. Eine Gesellschaft, in der Erwerbsarbeit erfolgreich zurückgedrängt wurde, in der die zentralen Bereiche der Ökonomie vergesellschaftet sind, in der sich demokratische partizipative Strukturen etabliert haben und immer mehr Commons existieren, hat ihren Charakter bereits grundlegend verändert. In einer solchen Konstellation kann es mit Zustimmung und Beteiligung großer Teile der Bevölkerung gelingen, auch die verbleibenden Privatunternehmen zu vergesellschaften und den umfassenden Aufbau einer solidarischen Gesellschaft zu organisieren. Wie allerdings dieser Übergang von einer Gesellschaft, in der Geld und Privateigentum, auch wenn sie bereits an Bedeutung verloren haben, und ein Staat mit Einrichtungen wie Polizei und Justiz existieren, hin zu einer solidarischen Gesellschaft im Einzelnen verläuft, lässt sich von heute aus nicht sagen.

Eine solidarische Gesellschaft beginnt dann, wenn die kapitalistisch notwendige Trennung von entlohnter und unentlohnter Arbeit aufgebrochen ist, indem es keine entlohnte Arbeit mehr gibt und Menschen ihre Bedürfnisse direkt statt vermittelt über Geld und Warentausch befriedigen. Dann steht Sorge in ihren verschiedenen Dimensionen im Zentrum des Zusammenlebens: Die Sorge um sich, um andere, um noch nicht geborene Generationen und die nicht-menschliche Natur. Erst in einer solidarischen Gesellschaft können Sorge und Solidarität die Bedeutung erhalten, die Berenice Fisher und Joan Tronto bereits 1990 mit dem Begriff *caring* ausgemacht haben:

»On the most general level, we suggest that caring be viewed *as a species activity that includes everything that we do to maintain, continue and repair our ›world‹ so that we can live in it as well as possible.* That world includes our bodies, our selves, and our environment, all of which we seek to interweave in a complex, life-sustaining web.« (Fisher/Tronto 1990: 40, Herv. i. Orig.)

In diesem historischen Moment kann mit der Ausgestaltung einer solidarischen Gesellschaft begonnen werden. Dabei geht es zunächst auch darum, die klassistischen, heteronormativen, rassistischen und bodyistischen Normen und Werte und das durch sie bestimmte Handeln umfassend aufzubrechen. Denn diese Werte und Normen waren in der kapitalistischen Gesellschaft strukturell abgesichert und sind immer wieder reproduziert worden, so dass sie jetzt bewusst dekonstruiert und verlernt werden müssen. Das benötigt wahrscheinlich viel Zeit. Ebenfalls viel Zeit benötigt es zu lernen, bei der Befriedigung eigener Bedürfnisse zugleich die Bedürfnisse weit entfernt lebender Menschen und auch die Bedürfnisse zukünftiger Generationen ernst zu nehmen, soweit mit dem eigenen Handeln auch deren Lebensbedingungen beeinträchtigt werden.

In einer solchen solidarischen Gesellschaft verliert das Einkommen, das bisher als Mittel dient, den Anteil des Einzelnen am gesellschaftlichen Produkt zu bestimmen, seine Funktion. Während auf einem Markt über den Preis und das Einkommen reguliert wird, wer in welchem Maß Zugang zu Gütern und Dienstleistungen hat, gilt in einer solidarischen Gesellschaft das Prinzip der Selbstauswahl. Alle haben freien Zugang zu dem, was sie benötigen und was in arbeitsteiliger Praxis hergestellt wird. Denn nur die Einzelnen können wissen, welchen Bedarf sie haben, und auch feststellen, ob ein Bedürfnis befriedigt ist. Mit einer solchen radikalen Bedürfnisorientierung, die jeden einzelnen Menschen in seiner Individualität ernst nimmt, ist die Zuweisung eines festgelegten Anteils am gesellschaftlichen Produkt – sei es durch Lohn oder gleiches Einkommen – nicht vereinbar.

Die hier vertretene konsequente Orientierung an Bedürfnissen ist realisierbar, da in einer solidarischen Gesellschaft die Sicherheit und der Status nicht mit der Anhäufung von individuellem Eigentum zusammenhängen. Auch wird durch eine kollektive Absicherung der Lebensgrundlagen die Bedeutung eines Reichtums an Dingen abnehmen und stattdessen der Reichtum an sozialen Beziehungen an Bedeutung gewinnen.

Gleichzeitig ist klar, dass niemand seine Bedürfnisse alleine befriedigen kann. Notwendig ist immer eine gesellschaftliche Arbeitsteilung. In einer solidarischen Gesellschaft können alle selbst entscheiden, welche Tätigkeiten sie ausführen und wie viel Zeit für Muße sie sich einräumen. So tragen alle zur gesellschaftlich notwendigen Arbeit in dem Maß bei, wie sie es für angemessen halten. Dabei zeigen die vielen Erfahrungen, die es heute bereits mit familiärer Sorgearbeit und mit der ebenfalls unentlohnten Freiwilligen- oder politischen Arbeit gibt, dass Menschen etwas beitragen wollen. Denn Bedürfnisse werden auch im zielgerichteten Tätigsein, bei der Arbeit, befriedigt. Und gerade die Vielfalt der möglichen Beiträge sichert, dass alle etwas finden, was sie tun wollen. Zudem ist es motivierend, wenn das Ergebnis der eigenen Arbeit gebraucht wird. So ist es aus Bedürfnisperspektive durchaus naheliegend, sich am vorhandenen Bedarf zu orientieren statt beispielsweise Brötchen zu backen, die niemand essen mag. Weil die vorhandenen Bedürfnisse bei der Entscheidung für den jeweils eigenen Arbeitseinsatz berücksichtigt werden, können gesellschaftliche Arbeit und gesellschaftlicher Bedarf in Einklang gebracht werden.

Es gibt also viele Argumente, dass Menschen in einer solidarischen Gesellschaft auch ohne Zwang durchaus motiviert sein werden, sich nur die Güter zu nehmen und die Dienstleistungen zu nutzen, die sie tatsächlich benötigen, und gleichzeitig ihre Fähigkeiten einzubringen und zur gesellschaftlichen Arbeit ihren Teil beizutragen. Die Herausforderung für eine solche Gesellschaft besteht also nicht primär in der Lösung eines Motivationsproblems, sondern darin, in einer Gesellschaft, in der es keinen Markt und keine staatliche Planung mehr gibt, die Koordination zwischen Beiträgen und Bedarf zu organisieren. Denn Art und Menge des Hergestellten müssen dem entsprechen, was gebraucht wird. Vieles, insbesondere die Sorgearbeit, ist häufig nicht aufschiebbar und muss zur richtigen Zeit am richtigen Ort verfügbar sein. Aber woher lässt sich wissen, was gebraucht wird, und woher wissen die Einzelnen gegebenenfalls, was sie nehmen können, ohne dass andere Mangel leiden?

Diese erforderliche Koordination kann in einer Gesellschaft ohne Markt und Zwang nur über offenliegende Informationen und über Diskussionen unter Teilhabe aller jeweils Interessierten geregelt werden. Dies geschieht, wo immer dies möglich ist, durch Gespräche und Zusammentreffen vor Ort. Dort kennen sich die Menschen. Im direkten Bezug aufeinander können sie die Bedürfnisse anderer etwa in Bezug auf Kinderbetreuung, Gesundheitsprävention oder Wohnraum wahrnehmen und gemeinsam klären, wie sich diese Bedürfnisse befriedigen lassen. Gibt es widerstreitende Interessen und Konflikte, können auch Lösungen akzeptabel sein, mit denen nicht für die Wünsche aller in vollem Umfang gesorgt ist. Dies ist insbesondere dann der Fall, wenn alle in Gesprächen die Dringlichkeit des Bedarfs einer anderen Person verstanden haben.

Insbesondere bei überregionalen Koordinationsaufgaben, die beispielsweise bei der Bereitstellung von Gütern und Dienstleistungen für den Fernverkehr, bei der Produktion und dem Einsatz bestimmter Maschinen oder dem Aufbau einer Spezialklinik notwendig sind, steht das Prinzip der hinweisbasierten Koordination (Sutterlütti/Meretz 2018: 175ff.) zur Verfügung. Durch im Regelfall wohl computergestützte Informationen können sich alle über Bedarf, Bestände und freie Kapazitäten informieren. Daraus ergeben sich Hinweise, wo es derzeit Überschüsse gibt und wo Engpässe drohen. Aufbauend auf diesem Wissen können sich Einzelne entscheiden, für eine bestimmte Zeit dort einzuspringen und mitzuarbeiten, wo sich eine große Lücke bei der Bedarfsdeckung auftut. Auch können Vorschläge für neue Produkte oder logistische Netze unterbreitet und zusammen mit anderen realisiert werden.

Bei all diesen kompliziert klingenden Abstimmungsprozessen kommt dieser Gesellschaft wie jeder anderen zugute, dass nicht jeden Tag neue Bedarfe auftauchen und nicht jeden Tag Menschen sich in einem anderen Bereich einbringen wollen. Vielmehr wird es stabile Lieferbeziehungen zwischen einzelnen Commons geben. Eine

Landwirtschaftsgenossenschaft wird sich für die Produktion einer bestimmten Menge von Lebensmitteln verantwortlich fühlen und die Haushalte oder Kantinen kennen, die diese Lebensmittel abnehmen. Auch gehen Kinder nicht jeden Tag in eine andere Schule und in einer Fahrradfabrik wird nicht täglich neu überlegt, woher die Sättel kommen. Erleichtert werden diese Koordinationsaufgaben auch dadurch, dass es in einer solidarischen Gesellschaft viele Produkte, wie Autos im Privatbesitz als Statussymbole, Werbung zur Erhöhung des Konsums oder Rüstungsgüter zur Sicherung von Einflusssphären, nicht mehr geben wird, da sie in dieser Gesellschaft keine Bedürfnisse mehr befriedigen.

Damit können Abstimmungsprozesse insbesondere dort zu einer Herausforderung werden, wo umfangreiche Veränderungen zu organisieren sind, weil sich Bedarfe ändern oder weil Menschen sich entscheiden, ihr Engagement in andere Bereiche zu verlegen. In solchen Situationen lässt sich nicht immer jedes Verteilungsproblem schnell lösen, so dass es zu Knappheit kommen kann. Dies gibt es auch jetzt. Eine Marktgesellschaft löst dieses Problem mit steigenden Preisen und damit dem Ausschluss ärmerer Menschen von knappen Produkten. Eine solidarische Gesellschaft wird Lieferengpässe, Qualitätsprobleme und die Einbeziehung der Grenzen, die die Ökosysteme setzen, mit demokratisch zustande gekommenen Absprachen bewältigen.

Aber auch jenseits der Koordination von Bedarf und zur Verfügung stehenden Arbeitsstunden wird eine solidarische Gesellschaft, nicht zuletzt durch die schon erfolgte Zerstörung der Ökosysteme, immer wieder gezwungen sein, Priorisierungen zu treffen, da bestimmte Rohstoffe nicht mehr ausreichend zur Verfügung stehen oder Emissionen begrenzt werden müssen. Solche grundlegenden Entscheidungen werden zunächst einmal dort getroffen, wo Menschen davon betroffen sind, also so dezentral wie eben möglich. Überall dort, wo sie miteinander arbeiten, in Wohnprojekten und Familien, Produktionsbetrieben, Kitas oder Gesundheitszentren, stehen Menschen in direktem persönlichen Kontakt. Diese Grundeinheiten einer solidarischen Gesellschaft werden hier als Commons bezeichnet. Dort stellen die Beteiligten ihre Regeln gemeinsam auf und finden auch gemeinsam Lösungen, beispielsweise wenn Prioritäten gesetzt werden müssen. Diese Kooperation in Commons oder in dezentralen Versammlungen macht Verabredungen und überregionale Entscheidungen zwischen Menschen, die sich nicht kennen, allerdings nicht überflüssig. Denn es gibt gerade in einer hoch technologisierten und von der ökologischen Zerstörung bedrohten Gesellschaft vielfältige Probleme, die Entscheidungen verlangen, die nicht nur in der Gemeinschaft vor Ort, in der sich die Beteiligten kennen, diskutiert und entschieden werden können, sondern auf überregionalen Ebenen.

Deswegen sind auch in einer solidarischen Gesellschaft Räte wie Care-, Mobilitäts-, Energie- oder Ernährungs-Räte auf verschiedenen räumlichen Ebenen sinnvoll. Mit dem Begriff der Räte wird bewusst auf historische Erfahrungen auch in Deutschland verwiesen. Während der Novemberrevolution 1918/19 gründeten sich Arbeiter*innen-Räte, die der planvollen Selbstorganisation dienen sollten (Hoffrogge 2011). Wichtig ist, Räte in einer solidarischen Gesellschaft nicht nur als Selbstverwaltungsorgane von Produzent*innen zu fassen. Alle Beteiligten müssen in ihnen vertreten sein, also sowohl diejenigen, die Güter oder Dienstleistungen herstellen, wie auch diejenigen, die sie benötigen. Diese Räte können sich auf überregionaler Ebene mit Fragen beschäftigten, wie beispielsweise ein CO_2-neutrales Mobilitätssystem aussehen kann oder mit welchen Maßnahmen knappe Rohstoffe angemessen verteilt werden können. Aufgabe der Räte ist es, gesellschaftliche Entscheidungen vorzubereiten, die dann nach breiter Diskussion beispielsweise durch Abstimmungen der jeweils davon betroffenen Bevölkerung bestätigt oder abgelehnt werden können.

Die Macht der Räte ist zudem darüber begrenzt, dass es in einer solidarischen Gesellschaft keine Institution mehr gibt, die eine Entscheidung mit Zwang durchsetzen kann. Denn wenn der heutige Staat aufgelöst wurde bzw. seine nützlichen Funktionen vergesellschaftet wurden, gibt es kein Machtorgan mehr, das die Einhaltung der Beschlüsse gegenüber Einzelnen erzwingen kann. Dennoch werden Entscheidungen, die nach intensiver Beratung in Räten und bestätigt durch Volksentscheide getroffen werden, durchaus all denjenigen, die sich nicht ausführlich mit der jeweiligen Materie beschäftigt haben, zur Orientierung dienen. Zudem können Entscheidungen, wenn sie transparent zustande kommen und der Nutzen allgemein gültiger Regeln gesehen wird, auch von Menschen mitgetragen werden, die sie so nicht getroffen hätten. Allerdings muss es möglich sein, Regelungen auch immer wieder erneut zu diskutieren und gegebenenfalls zu revidieren. Denn eine solidarische Gesellschaft kann nur auf Überzeugung setzen und nicht auf Zwang. Dass auf dieser Basis gesellschaftliches Zusammenleben funktioniert, ist Existenzbedingung einer solchen Gesellschaft.

Zusammenfassend lässt sich festhalten, dass in einer solidarischen Gesellschaft die Sphärentrennung zwischen entlohnter und unentlohnter Arbeit aufgehoben ist. Sowohl Privateigentum an Unternehmen als auch Geld existieren nicht mehr. Einrichtungen, die früher Teil gesonderter staatlicher Institutionen waren, sind in die Hände der Allgemeinheit übergegangen. Damit gibt es keine privatwirtschaftliche Orientierung an Profiten auf Kosten von Menschen und nichtmenschlicher Natur mehr und auch kein materielles Interesse an Konkurrenzverhalten oder der Instrumentalisierung anderer. Daher wird es auch keine gesellschaftlichen Mechanismen geben, die zwangsläufig zur Schädigung von sozialen Beziehungen und Ökosystemen führen.

Auf dieser Grundlage lässt sich eine solidarische Gesellschaft wie folgt bestimmen: Alle Menschen haben freien Zugang zu dem, was in arbeitsteiliger Praxis geschaffen wird. Gleichzeitig tragen alle zur gesellschaftlich notwendigen Arbeit in dem Maß bei, wie es für sie angemessen ist. Das bedeutet, dass sie über ihren Beitrag selbst entscheiden. Darüber hinaus wird die Koordination zwischen Beiträgen und Bedarf über offene Informationen, Hinweisgebung und Diskussionen unter gesellschaftlicher Teilhabe aller daran Interessierten geregelt. Entscheidungen werden entweder dezentral über Debatten und Entscheidungen vor Ort getroffen oder aber überregional über Räte vorbereitet und durch Abstimmungen bestätigt.

Auf diese Weise wird ein sorgender und solidarischer Umgang miteinander durch die Grundstruktur der Gesellschaft gestützt. Umgekehrt kann sie nur über einen sorgenden und solidarischen Bezug aufeinander funktionieren. Da eben dieser menschliches Leben erst ermöglicht, liegt ein solidarisches Miteinander ebenso im menschlichen Potenzial wie das achtsame Eingreifen in natürliche Kreisläufe. An diesen Prinzipien können sich Menschen in ihrem Handeln orientieren, sobald die strukturell gestützte Logik der Konkurrenz um knappe Ressourcen und der Bewertung nach Leistung überwunden ist. Aufeinander angewiesene, verletzliche Wesen zu sein, ist dann nicht mehr bedrohlich, sondern kann positiv erlebt werden. Zudem können sich in einer solidarischen Gesellschaft, die einen sorgenden Bezug und ein solidarisches Handeln nahelegt, wegen der freien Wahl des eigenen Beitrags auch die eigenen Potenziale voll entfalten. Ein solcher Umgang miteinander benötigt jedoch nicht nur einen anderen gesellschaftlichen Rahmen, sondern auch lange Prozesse des Lernens, die in den rudimentären Formen, die derzeit möglich sind, erprobt werden sollten. Auch deswegen ist es so wichtig, heute bereits eine sorgende Haltung gegenüber Menschen, aber auch gegenüber der nicht-menschlichen Welt einzunehmen und zu üben.

7. Ausblick

Der Ritt durch Analysen und Vorschläge hat hier ein Ende. Noch zu tun bleibt, die mir wichtigsten Ergebnisse pointiert zusammenzufassen unter dem Fokus, wie sich in diesen schwierigen Zeiten gesellschaftliche Strukturen und Lebensweisen revolutionieren lassen.

Zu Beginn der Corona-Pandemie im Frühjahr 2020 stand einen kurzen Moment lang in Deutschland der Gesundheitsschutz im Zentrum staatlicher Politik. Dafür wurde eine zeitweise Einschränkung von Produktion und Handel in Kauf genommen. Manchen Menschen schien es damals so, dass sich jetzt Wachstum, Konkurrenz und Profit als Taktgeber der Gesellschaft grundsätzlich in Frage stellen ließen. Dies war ein hoffnungsvoller Gedanke, zumal zumindest diejenigen, die ökonomisch abgesichert waren, die Verlangsamung des Alltags als wohltuend wahrnehmen konnten.

Dass nunmehr menschliche Bedürfnisse in den Mittelpunkt unserer Gesellschaft gerückt würden, blieb allerdings ein Traum. Denn schon kurz darauf begann der Wettlauf von Politiker*innen und Lobbyverbänden um die zügige Öffnung aller profitorientierten Wirtschaftsbereiche. Schulen und Kitas mussten zurückstehen hinter Kaufhäusern und Reiseveranstaltern. Die Bevölkerung wurde offen wie selten aufgefordert zu konsumieren. Eine soziale oder ökologische Steuerung fand nicht statt. Im Gegenteil, gerade diejenigen Branchen, deren Güter und Dienstleistungen aus ökologischen Gründen massiv und zügig reduziert werden müssten, wurden mit Kaufprämien oder einer staatlichen Beteiligung ohne Auflagen unterstützt. Ziel war es, möglichst schnell wieder zu dem für die Systemstabilität erforderlichen Wirtschaftswachstum zurückzukehren. Notwendige Infrastrukturmaßnahmen wie Investitionen in Krankenhäuser oder Schulgebäude blieben einmal mehr aus. Die Pflegekräfte, die gerade noch im Zentrum der Aufmerksamkeit standen, wurden bestenfalls mit einer Prämie abgespeist; den Eltern wurde dafür, dass sie monatelang für die geschlossenen Schulen und Kitas eingesprungen waren, noch nicht einmal ernsthaft gedankt.

Hier wurde der Kern des Problems offensichtlich: Das kapitalistische Gesellschaftssystem beruht auf Kapitalverwertung. Deshalb kann nur in einer Ausnahmesituation wie der Corona-Pandemie die Beschränkung wirtschaftlicher Aktivitäten kurzfristig Priorität erhalten, wenn ansonsten die Akzeptanz der Bevölkerung verloren ginge und die Funktionsfähigkeit des Gesundheitssystems in Frage stünde. Lässt der Druck nach, werden die alten Verhältnisse wieder restauriert. Denn diese Gesellschaftsordnung benötigt endloses Wachstum, das auf unserem räumlich begrenzten Planeten nicht mehr möglich ist. Zu diesem Zweck saugt sie auch immer mehr menschliche Arbeit ein, in Form von Lohnarbeit wie auch von unentlohnter Sorgearbeit, und nimmt die Erschöpfung der Arbeitenden in Kauf. Deswegen ist es wichtig, die in diesem Buch dargestellten Maßnahmen immer mit der revolutionären Perspektive eines System Change zu verbinden.

Ein weiterer Grund, die kapitalistische Gesellschaftsformation zu überwinden, ist, dass sie untrennbar mit sozialen Ungleichheiten, mit klassistischen, heteronormativen, rassistischen und bodyistischen Diskriminierungen verbunden ist. Diese führen dazu, dass Menschen unter sehr unterschiedlichen Bedingungen ihre Arbeitskraft verkaufen müssen. Dabei wird auf Normen rekurriert, die Gruppen gegeneinander ausspielen und zur Abwertung der Schwächsten und Verwundbarsten führen. Gleichzeitig wird der allergrößte Teil gesellschaftlicher Arbeit, die familiäre Sorgearbeit, die Freiwilligenarbeit, die politische Arbeit, aber auch die Sorge für sich selbst, gegenüber der Erwerbsarbeit abgewertet. Solange wir diese Benachteiligungen und Ausschlüsse hinnehmen, werden wir kaum solidarisch handeln können.

Um begründet am Traum von einem guten Leben festhalten zu können, steht also das Ringen um einen gesellschaftlichen Rahmen auf der Tagesordnung, der die Sorge füreinander sowie solidarisches Handeln vor Ort und global unterstützt und der zugleich ein freudvolles Leben mit geringerer Belastung der Ökosysteme ermöglicht. Auch wenn eine solche Gesellschaft häufig unvorstellbar weit entfernt wirkt, gibt es doch Anlass zur Hoffnung. Insbesondere gibt es bereits viele, die sich ein anderes Leben wünschen – mehr Zeit für die Liebsten, Kinder und Freund*innen, eine ökologisch angepasste Lebensweise und ein Engagement, das die Welt ein wenig menschlicher gestaltet. Gleichzeitig spüren sie, wie schwer es gegenwärtig ist, diese Wünsche zu realisieren. Dagegen stehen die überbordenden Anforderungen in Beruf und Familie, die permanente Anstrengung, den Alltag organisiert zu bekommen.

Weil die Bedrängungen und unbefriedigten Bedürfnisse für viele Menschen so bedeutsam sind, ist es wichtig, bei den Alltagspraxen anzusetzen und ihre Rahmenbedingungen zum Thema politischer Auseinandersetzungen zu machen. Hier gibt es vielfältige Ansatzpunkte, wie Menschen ausgehend von ihren sehr konkreten Lebensbedingungen zusammen ins politische Handeln kommen können. Erfolge, die zu mehr Zeit und Unterstützung führen, erweitern den Handlungsspielraum im alltäglichen Leben ungemein. Auch erfahren in solchen Auseinandersetzungen um unmittelbare Verbesserungen der Lebensbedingungen die Einzelnen, dass sie nicht allein sind, bei anderen auf Verständnis und Unterstützung stoßen und gemeinsam Verbesserungen durchsetzen können. So tun sich solidarische Perspektiven auf. An diese knüpft die Strategie der Care Revolution an, die im konkreten Alltag beginnt und mit jedem ihrer Schritte auf eine solidarische Gesellschaft verweist.

So lässt sich mit einer Reduktion der Erwerbsarbeitszeit auf höchstens 30 Wochenstunden mehr Zeit für Sorge, Muße und politisches Engagement gewinnen; mit einer Reduktion des gesamten Erwerbsarbeitsvolumens lässt sich auch die Güterproduktion einschränken. Zudem wird auch die Zentrierung auf Erwerbsarbeit in Frage gestellt und es wird zumindest vorstellbar, dass in der Zukunft alle Arbeit unentlohnt ausgeführt wird, ausgerichtet an den menschlichen Bedürfnissen und Bedarfen.

Auch durch den Um- und Ausbau einer solidarischen Unterstützungsstruktur lassen sich bereits heute finanzielle Notlagen und Armut beseitigen – individuell durch ein bedingungsloses Grundeinkommen und kollektiv durch eine öffentliche Infrastruktur, die allen offen steht und die zugleich ökologisch nachhaltig gestaltet ist. Von einem allen zustehenden Einkommen und einer allen zugänglichen Infrastruktur etwa in den Bereichen von Bildung und Gesundheit, Mobilität, Energie- und Wasserversorgung sowie Zugang zu angemessenem Wohnraum, Sport und Kultur ist der Schritt nicht mehr so weit, die Verteilung des gemeinsam Erwirtschafteten auch ohne Geld zu realisieren.

Schon jetzt ist es notwendig, demokratische Beteiligung bei der Ausgestaltung der Infrastruktur durchzusetzen. Darüber hinausgehend ist letztlich deren Vergesellschaftung auf die Tagesordnung zu setzen. Alle Betriebe und Einrichtungen, die keine umfassende Beteiligung von Beschäftigten und Nutzer*innen erlauben, gehören in die Hände der Allgemeinheit. Erfahrungen in solchen vergesellschafteten Bereichen werden erahnen lassen, wie auf gesellschaftlicher Ebene eine solidarische Zusammenarbeit zukünftig funktionieren kann.

Deswegen haben auch Commons wie Polikliniken, Nachbarschaftszentren, alternative Wohnprojekte oder Betriebe der solidarischen Landwirtschaft eine nicht hoch genug einzuschätzende Bedeutung. Denn sie machen heute bereits deutlich, dass neue Spielräume entstehen, wenn die Entscheidungsmacht nicht mehr bei den Eigentümer*innen liegt und auch die unentlohnte Sorgearbeit gemeinschaftlich organisiert wird. Sobald alle Beteiligten gemeinsam entscheiden, wie sie zusammenarbeiten möchten, wer welche Aufgaben übernimmt und was hergestellt werden soll, lässt sich die Qualität von Gütern und sozialen Beziehungen deutlich verbessern.

Mit der fortschreitenden Umsetzung solcher Schritte beginnt dann tatsächlich der System Change – dieser Slogan war auf den Demonstrationen der Fridays for Future häufig zu sehen. Die konkrete Utopie einer solidarischen Gesellschaft, in der Sorgebeziehungen eine zentrale Rolle spielen und in der die Trennung von entlohnter und unentlohnter

Arbeit aufgehoben ist, kann der politischen Agenda heutiger Kämpfe Orientierung geben. Eine solche Utopie, die nicht mehr Lebensqualität und Wachstum verkoppelt, unterstützt Lebensweisen, die ein gutes Leben in Einklang mit den vorhandenen Ressourcen ermöglichen. Von einer solidarischen Gesellschaft zu sprechen, bedeutet auch, ein solches Leben allen Menschen zu ermöglichen, auch den in anderen Regionen der Welt Lebenden oder noch nicht Geborenen.

Nun stellt sich die Frage, warum wir nicht schon längst auf dem Weg in eine solche Gesellschaft sind. Die Antwort ist zunächst: Es fehlen noch immer die großen sozialen Bewegungen, auch wenn die Klimastreiks der Fridays for Future 2019 beeindruckend waren. Durchschlagende Erfolge werden wir allerdings erst dann erzielen, wenn nicht nur freitags Jugendliche auf der Straße stehen, sondern montags genauso viele Beschäftigte auf ihre Probleme hinweisen und für ihre Belange streiken. Notwendig ist die Beteiligung von unentlohnt Sorgearbeitenden, die sich am Wochenende zu verschiedensten Aktionen mit Kindern oder pflegebedürftigen Angehörigen treffen und dabei Presse und Medien ein Interview nach dem anderen geben. Und wenn riesige Demonstrationen regelmäßig die Innenstädte in ein buntes Zusammentreffen verwandeln und politische Streiks die Betriebe und Verwaltungen entleeren, dann wird die Welt morgen anders aussehen und die heutigen Kinder werden noch eine Chance auf ein gutes Leben erhalten.

Noch aber zögern viele, sich ernsthaft und mit voller Kraft für eine andere Gesellschaft einzusetzen und für gute und ökologisch nachhaltige Lebensbedingungen zu streiten. Sie sehen wenige Chancen, mit ihrem Handeln etwas zu erreichen. Und nicht zu unterschätzen ist: Es braucht Mut. Denn es ist in der Tat schwierig, sich in der Öffentlichkeit laut gegen die beinahe weltweit herrschende Gesellschaftsformation, den Kapitalismus, zu stellen. Wie Kurt Tucholsky (1921/1975: 58) treffend sagt: »Denn nichts ist schwerer und nichts erfordert mehr Charakter, als sich in offenem Gegensatz zu seiner Zeit zu befinden und laut zu sagen: Nein.« Das bedeutet, unnachgiebig eine Politik und ein Wirtschaftssystem zu kritisieren, die soziale Beziehungen und ökologische Kreisläufe gleichermaßen zerstören.

Und es stimmt, die Erfolgsaussichten erscheinen derzeit nicht groß. Zu übermächtig sind die beharrenden Kräfte und noch sind es zu wenige, die sich gemeinsam gegen weitere Zerstörungen zur Wehr setzen. Eine soziale und ökologische Wende erfordert Ausdauer und vielleicht die Hoffnung der Bremer Stadtmusikant*innen, die selbst im Alter noch losziehen, um ein besseres Leben zu finden – mit Erfolg. Eben noch sollten sie getötet werden und ihnen damit in der allerdrastischsten Form die Zukunft verwehrt werden. Doch sie nehmen ihre Zukunft selbst in die Hand und lernen, dass ihr Leben dadurch reicher und erfüllter wird, vor allem dann, wenn dabei alle Beteiligten ihren Bedürfnissen nachgehen können. Dies war wohl auch den Bremer Stadtmusikant*innen bereits bekannt: »Wie die vier Spielleute fertig waren, löschten sie das Licht aus und suchten sich eine Schlafstätte, jeder nach seiner Natur und Bequemlichkeit. Der Esel legte sich auf den Mist, der Hund hinter die Thüre, die Katze auf den Herd neben die warme Asche, und der Hahn setzte sich auf den Dachbalken«.[1]

Auszubrechen aus dem Gewohnten, sich Zeit für sich und füreinander zu nehmen und sich gemeinsam als wirkmächtig zu erleben, kann glücklich machen. Dies gilt insbesondere dann, wenn nicht Erwartungen und Normen im Zentrum stehen, sondern das Interesse an der anderen Person. Aus jedem kleinen Schritt können sich weitere entwickeln, wenn sich die Augen und Ohren daran gewöhnen, nicht auf Vorteil und Konkurrenz zu achten, sondern auf Sorge und Solidarität.

Die Bedeutsamkeit sozialer Beziehungen, insbesondere auch von Sorgebeziehungen, lässt sich bereits heute immer wieder erfahren. Viele kennen die Glücksmomente, wenn ein Neugeborenes begrüßt wird. Nicht nur die Eltern spüren viel Energie und möchten diesen kleinen Menschen, der alleine nicht überleben kann, so gut wie nur irgend möglich unterstützen. Alle kennen die Momente, in denen unsere Hilfe einem anderen Menschen ein Strahlen ins Gesicht zaubert, das uns zu erkennen gibt, wir konnten ihm ein kleines Stück weiterhelfen. Die meisten haben erfahren, wie gut es tut, als verletzlicher Mensch von

---

1 www.goethe.de/lrn/prj/mlg/mad/gri/de9114374.htm

anderen erkannt und angenommen zu werden. Mir machen diese Erlebnisse Mut, für ein Zusammenleben zu streiten, in dem es im Alltag aller immer mehr Raum für solche Glücksmomente gibt.

Es stimmen aber nicht nur die Erfahrungen in Sorgebeziehungen hoffnungsvoll, sondern auch die vielfältigen Formen der Solidarität, die sich Menschen gegenseitig entgegenbringen, selbst wenn sie sich nicht persönlich kennen. Das fängt beim kleinen Kind an, das, sobald es verstanden hat, was der am Boden sitzende Mensch benötigt, den begleitenden Erwachsenen bittet, ihm Geld für etwas zu essen geben zu dürfen. Ebenso haben zu Beginn der Corona-Pandemie viele, insbesondere junge Leute, zügig ein Netz der Hilfe für ältere oder gefährdete Menschen aufgebaut. Sie kauften ein oder hatten am Telefon ein Ohr für deren Sorgen. Ohne dieses freiwillige Engagement wären gerade diejenigen, die der Pandemie am hilflosesten ausgesetzt waren, noch schwerer getroffen worden.

Mut macht mir auch, dass trotz der schwierigen Bedingungen so viele engagierte Menschen im Wohnviertel oder im Job die notwendigen Auseinandersetzungen führen. Die Bewegungen der letzten Jahrzehnte wie die globalisierungskritische oder die Klimabewegung zeigen zudem, dass politisch Aktive nicht nur die Verhältnisse vor Ort, sondern auch die Situation weit entfernt Lebender ebenso im Blick haben wie die künftiger Generationen.

In den alltäglichen Entscheidungen und Auseinandersetzungen, in denen häufig nur kleinste Veränderungen erreicht werden, erleben viele, dass sich bereits dieses gemeinsame Handeln gut anfühlt. Es tut gut, sich die Zeit und den Raum zu nehmen, die Sorgebeziehungen benötigen. Es tut gut, die Erwerbsarbeit zu begrenzen und die eigene Energie in das Pflanzen von Bäumen, den Aufbau eines Nachbarschaftszentrums oder die Durchsetzung neuer Radwege zu setzen. Es tut gut, sich Orte zu schaffen, wo sich über das eigene Leben und die eigenen Wünsche ebenso sprechen lässt wie über die nächsten politischen Aktionen. Es ist wohltuend, bei Problemen im Betrieb Unterstützung zu finden oder Kindern bei ihren Schulproblemen zu helfen. Es ist ein gutes Gefühl, wenn der Kauf von Konsumgütern gegenüber den Beziehungen zu Menschen unbedeutender wird und so der ökologische Fußabdruck mit Genuss verringert werden kann. Es tut gut, in einem Streik oder bei einer Besetzung der Fremdbestimmung über das eigene Leben entgegenzutreten.

Allerdings machen viele die Erfahrung, dass diese kleinen und großen Handlungen im Rahmen des bestehenden Gesellschaftssystems nicht zu den notwendigen Veränderungen führen. So befriedigend es ist, nicht alles passiv hinzunehmen und sich nicht im Bestehenden einzurichten, erscheinen die Erfolge dennoch oft wie Tropfen auf den heißen Stein. Hier sehe ich die Aufgabe politischer Aktivist*innen: Sie können eine Organisierung, eine politische Zusammenarbeit anbieten, die die alltäglichen Bedürfnisse nicht ignoriert, sondern anspricht und in den Mittelpunkt ihrer Praxis stellt. Sie können Schritte vorschlagen, die als unmittelbare Verbesserungen erfahrbar sind, und sie können vermitteln, weshalb es tatsächlich einer gesellschaftlichen Alternative bedarf, da ansonsten die Krisen der sozialen und der ökologischen Reproduktion und all das damit verbundene Leid weiterhin wirken. Aktionen für Veränderung erhalten damit ein Ziel, an dem die einzelnen Handlungen sich orientieren können. In den langwierigen Auseinandersetzungen ist es hilfreich zu wissen, in welcher historischen Tradition wir stehen: In einer solidarischen Gesellschaft lässt sich verwirklichen, wovon Karl Marx und Friedrich Engels im Kommunistischen Manifest sprachen, nämlich dass »die freie Entwicklung eines jeden die Bedingung für die freie Entwicklung aller ist« (MEW 4: 482).

Gleichzeitig verteidigen wir schon hier und jetzt im Streit für eine humane Welt unsere menschliche Würde. Wenn wir uns nicht weiter demütigen lassen, wir uns nicht unterwerfen und wenn wir eine Lebensweise finden, die die Bedürfnisse anderer respektiert und die Ökosysteme schützt, fühlt sich das Leben richtig an. Wenn wir lernen, uns gegenseitig als verletzliche Menschen wahrzunehmen, wenn wir merken, dass wir uns aufeinander verlassen können, wenn wir achtsam und freundlich miteinander umgehen, können wir schon jetzt unser Leben und das Leben anderer glücklicher und unser Umfeld freundlicher gestalten – jeden Tag aufs Neue.

7. Ausblick

Wenn es uns auf diese Weise gelingt, uns gegen jede Form der Erniedrigung, der Ausbeutung und der ökologischen Zerstörung auch im globalen Maßstab zu wehren und ein offenes Miteinander zu leben, dann können wir eines Tages eine Gesellschaft gestalten, in der nicht mehr Konkurrenz, sondern Solidarität das zentrale Gestaltungsprinzip ist. Das ist das Ziel der Care Revolution: Eine solidarische Gesellschaft.

Literatur[1]

Adriaans, Jule/Liebig, Stefan/Schupp, Jürgen (2019): Zustimmung für bedingungsloses Grundeinkommen eher bei jungen, bei besser gebildeten Menschen sowie in unteren Einkommensschichten. In: DIW Wochenbericht Nr. 15, S. 263-270.

AG links-netz (2012): Sozialpolitik als Bereitstellung einer sozialen Infrastruktur. http://wp.links-netz.de/?p=23

Agora Energiewende (2020): Auswirkungen der Corona-Krise auf die Klimabilanz Deutschlands. Eine Abschätzung der Emissionen 2020. https://www.agora-Energiewende.de/fileadmin2/Projekte/2020/_ohne_Projekt/2020-03_Corona_Krise/178_A-EW_Corona-Drop_WEB.pdf

Angus, Ian (2020): Im Angesicht des Anthropozäns. Klima und Gesellschaft in der Krise. Münster: Unrast.

Arbeitsgruppe Alternative Wirtschaftspolitik (2020): Memorandum 2020. Gegen Markt- und Politikversagen – aktiv in eine soziale und ökologische Zukunft. Köln: PapyRossa.

Autorengruppe Fachkräftebarometer (2019): Fachkräftebarometer Frühe Bildung 2019. München: Deutsches Jugendinstitut.

Bauhardt, Christine (2017): Living in a Material World. Entwurf einer queer-feministischen Ökonomie. In: Gender, Heft 1, S. 99-114.

Baumol, William Jack (1967): Macroeconomics of Unbalanced Growth. The Anatomy of Urban Crisis. In: The American Economic Review, Nr. 3, S. 415-426.

---

1 Sämtliche Links sind am 03. Januar 2021 überprüft worden.

Bertelsmann Stiftung (2020): Kinderarmut: Eine unbearbeitete Großbaustelle. https://www.bertelsmann-stiftung.de/de/themen/aktuelle-meldungen/2020/juli/kinderarmut-eine-unbearbeitete-grossbaustelle

Betz, Gregor J. (2016): Vergnügter Protest. Erkundungen hybridisierter Formen kollektiven Ungehorsams. Wiesbaden: Springer Fachmedien.

Biesecker, Adelheid/Hofmeister, Sabine (2013): Zur Produktivität des »Reproduktiven«. Fürsorgliche Praxis als Element einer Ökonomie der Vorsorge. In: Feministische Studien, Heft 2, 240-252.

Birken, Almut/Eschen, Nicola (2020): Links leben mit Kindern. Care Revolution zwischen Anspruch und Wirklichkeit. Münster: Unrast.

Blank, Florian (2017): Das Rentenniveau in der Diskussion. https://www.boeckler.de/pdf/p_wsi_pb_13_2017.pdf

Blank, Florian/Blum, Sonja (2017): Kindererziehungszeiten in der Alterssicherung. Ein Vergleich sechs europäischer Länder. https://www.boeckler.de/pdf/p_wsi_wp_209.pdf

Bloch, Ernst (1959): Das Prinzip Hoffnung. Frankfurt a.M.: Suhrkamp.

Bock, Gisela/Barbara Duden (1977): Arbeit aus Liebe – Liebe als Arbeit. Zur Entstehung der Hausarbeit im Kapitalismus. In: Gruppe Berliner Dozentinnen (Hg.): Frauen und Wissenschaft. Berlin: Courage, S. 118-199.

Boltanski, Luc/Chiapello, Ève (2003): Der neue Geist des Kapitalismus. Konstanz: UVK.

Bose, Sophie/Dörre, Klaus/Köster, Jakob et al. (2019): Braunkohleausstieg im Lausitzer Revier. Sichtweisen von Beschäftigten. In: Rosa-Luxemburg-Stiftung (Hg.): Nach der Kohle. Berlin, S. 89-112.

Boewe, Jörn/Krull, Stephan/Schulten, Johannes (2020): »Wo ist die Ladestation? Bei Aldi!«. In: Junge Welt, 21.09.2020, S. 12-13.

Bräutigam, Christoph/Evans, Michaela/Schröer, Laura et al. (2020): Reorganisation und Mitbestimmung von Care-Arbeit. Interessen- und Anerkennungsansprüche der Beschäftigten. https://www.wiso.uni-hamburg.de/fachbereich-sozoek/professuren/menz/archiv/study-hbs-reorganisation-und-mitbestimmung-von-care-arbeit.pdf

Brand, Ulrich/Wissen, Markus (2017): Imperiale Lebensweise. Zur Ausbeutung von Mensch und Natur im globalen Kapitalismus. 7. Aufl., München: oekom.

Brunnengräber, Achim/Haas, Tobias (2020): Der Verkehr in der Transformation. Das Auto von heute und die Mobilität von morgen – ein einleitender Beitrag. In: Dies. (Hg.): Baustelle Elektromobilität. Bielefeld: transcript, S. 13-33.

Bund für Umwelt und Naturschutz Deutschland (BUND) (2020): European Green Deal – Mehr Fassadenbegrünung als Aufbruch in eine neue Zeit. https://www.bund.net/fileadmin/user_upload_bun d/publikationen/ttip_und_ceta/wirtschaft_welthandel_eu_green_d eal.pdf

Bundesagentur für Arbeit (BfA) (2019): Arbeitsmarkt für Alleinerziehende (Monats- und Jahreszahlen) 2018. https://statistik.arbeitsag entur.de/Statistikdaten/Detail/201812/analyse/analyse-arbeitsmar kt-alleinerziehende/analyse-arbeitsmarkt-alleinerziehende-11-0-2 01812-pdf.pdf?__blob=publicationFile

Bundesagentur für Arbeit (BfA) (2020): Arbeitsmarktsituation im Pflegebereich. https://statistik.arbeitsagentur.de/DE/Statischer-C ontent/Statistiken/Themen-im-Fokus/Berufe/Generische-Publikat ionen/Altenpflege.pdf?__blob=publicationFile&v=8

Bundesministerium für Familie, Senioren, Frauen und Jugend (BMFSFJ) (2016): Freiwilliges Engagement in Deutschland. Zusammenfassung zentraler Ergebnisse des Vierten Deutschen Freiwilligensurveys. Berlin.

Bundesministerium für Familie, Senioren, Frauen und Jugend (BMFSFJ) (2017): Engagement in der Flüchtlingshilfe. Ergebnisbericht einer Untersuchung des Instituts für Demoskopie Allensbach. http s://www.bmfsfj.de/blob/122010/d35ec9bf4a940ea49283485db4625aa f/engagement-in-der-fluechlingshilfe-data.pdf

Bundesministerium für Familie, Senioren, Frauen und Jugend (BMFSFJ) (2019): Agenda 2030 – Nachhaltige Familienpolitik. Berlin.

Bundesministerium für Familie, Senioren, Frauen und Jugend (BMFSFJ) (2020): Kindertagesbetreuung Kompakt. Ausbaustand und Bedarf 2019. https://www.bmfsfj.de/blob/156672/aba616b5c3fc1cb9

bd52e41aec73d246/kindertagesbetreuung-kompakt-ausbaustand-u
nd-bedarf-2019-ausgabe05a-data.pdf
Bundesministerium für Gesundheit (BMG) (2019): Wissenschaftliche Evaluation der Umstellung des Verfahrens zur Feststellung der Pflegebedürftigkeit. Zusammenfassung der Untersuchungsergebnisse. https://www.bundesgesundheitsministerium.de/fileadmin/Dateien/3_Downloads/P/Pflegebeduerftigkeitsbegriff_Evaluierung/Evaluationsbericht_18c_SGB_XI.pdf
Bundesministerium für Umwelt, Naturschutz und nukleare Sicherheit (BMU) (2016): Klimaschutzplan 2050. Klimapolitische Grundsätze und Ziele der Bundesregierung. Berlin.
Bundesministerium für Umwelt, Naturschutz und nukleare Sicherheit (BMU) (2019): Klimaschutzprogramm 2030. Maßnahmen zur Erreichung der Klimaschutzziele 2030. Berlin.
Bundesministerium für Umwelt, Naturschutz und nukleare Sicherheit (BMU) (2020): Klimaschutz in Zahlen. Fakten, Trends und Impulse deutscher Klimapolitik. Berlin.
Bundesministerium für Wirtschaft und Energie (BMWi) (2019a): Energiedaten: Gesamtausgabe. https://www.bmwi.de/Redaktion/DE/Downloads/Energiedaten/energiedaten-gesamt-pdf-grafiken.pdf?__blob=publicationFile&v=40
Bundesministerium für Wirtschaft und Energie (BMWi) (2019b): Energieeffizienz in Zahlen. Entwicklungen und Trends in Deutschland 2019. https://www.bmwi.de/Redaktion/DE/Publikationen/Energie/energieeffizienz-in-zahlen-2019.pdf?__blob=publicationFile&v=72
Bundesministerium für Wirtschaft und Energie (BMWi) (2020): Die Nationale Wasserstoffstrategie. https://www.bmwi.de/Redaktion/DE/Publikationen/Energie/die-nationale-wasserstoffstrategie.pdf?__blob=publicationFile&v=16
Bundespsychotherapeutenkammer (2019): Die längsten Fehlzeiten weiterhin durch psychische Erkrankungen. BPtK-Auswertung 2018 »Langfristige Entwicklung Arbeitsunfähigkeit«. Pressemitteilung. https://www.bptk.de/die-laengsten-fehlzeiten-weiterhin-durch-psychische-erkrankungen/?cookie-state-change=1595345660245

Candeias, Mario/Fried, Barbara/Schurian, Hannah et al. (2020). Reichtum des Öffentlichen. https://www.zeitschrift-luxemburg.de/reich tum-des-oeffentlichen/print/

Candeias, Mario/Krull, Stephan (2020): Vom Bohren dicker Bretter. Die Debatte zur Konversion der Autoindustrie. https://www.rosalux.de /news/id/42848/vom-bohren-dicker-bretter

Carstensen, Tanja/Derboven, Wibke/Winker, Gabriele (2012): Soziale Praxen Erwerbsloser. Gesellschaftliche Teilhabe – Internetnutzung – Zeithandeln. Münster: LIT.

CDU/CSU-Bundestagsfraktion (2020): Für einen »Green Deal« – Klimaschutz und nachhaltige Entwicklung mit wirtschaftlicher Erholung, Wettbewerbsfähigkeit, sozialer Ausgewogenheit und Stabilität verbinden. https://www.cducsu.de/sites/default/files/2020-05/Positio nspapier_greendeal%2020200512_0.pdf

De Spiegelaere, Stan (2020): Frankreich. In: De Spiegelaere, Stan/Piasna, Agnieszka: Arbeitszeitverkürzung: Wieso, weshalb – und wie, S. 81-83. https://biblio.ugent.be/publication/8654996/file/8654998.p df

Der Paritätische Gesamtverband (2019): 30 Jahre Mauerfall – Ein viergeteiltes Deutschland. Der Paritätische Armutsbericht 2019. ht tp://www.der-paritaetische.de/schwerpunkt/armutsbericht/armut sberichte-von-1989-bis-heute/

Derboven, Wibke (2019): Elternschaft als Arbeit. Familiales Care-Handeln für Kinder. Eine arbeitssoziologische Analyse. Bielefeld: transcript.

Deutscher Industrie- und Handelskammertag (DIHK) (2020): Stellungnahme: Mitteilung der Europäischen Kommission »Der Europäische Grüne Deal«. https://www.dihk.de/resource/blob/248 64/9ed2495df4ea883533594c292fcfec2e/dihk-stellungnahme-green-deal-data.pdf

Distelhorst, Lars (2016): Die Glühbirne und der Möbelpacker. Über den Begriff »Leistung« als leere Abstraktion. In: Klopotek, Felix/Scheiffele, Peter (Hg.): Zonen der Selbstoptimierung. Berlin: Matthes & Seitz, S. 38-52.

Distelhorst, Lars (2019): Kritik des Postfaktischen. Der Kapitalismus und seine Spätfolgen. Paderborn: Wilhelm Fink.

Dörre, Klaus/Blöcker, Antje/Holzschuh, Madeleine (2020): Schlussbemerkung: Über die Auto- und Zulieferindustrie hinaus – Große Transformation und gesellschaftlicher Wandel. In: Blöcker, Antje/Dörre, Klaus/Hochschuh, Madeleine (Hg.): Auto- und Zulieferindustrie in der Transformation, S. 139-142. https://www.otto-b renner-stiftung.de/fileadmin/user_data/stiftung/01_Die_Stiftung/ 04_Stiftung_Neue_Laender/02_Publikationen/SNL_11_Autoindust rie.pdf

Duttweiler, Stefanie (2008): Erkenne dich selbst und finde dein Glück. Ratgeberliteratur als Anleitungen privater Selbstoptimierung. In: Interesse. Soziale Information, Nr. 4, S. 1-2.

Duttweiler, Stefanie (2016): Nicht neu, aber bestmöglich. Alltägliche (Selbst)Optimierung in neoliberalen Gesellschaften. In: Aus Politik und Zeitgeschichte, Nr. 37-38, S. 27-32.

Eggert, Simon/Teubner, Christian/Budnick, Andreas et al. (2020): Pflegende Angehörige in der COVID-19-Krise. Ergebnisse einer bundesweiten Befragung. https://www.zqp.de/wp-content/uploads/ZQP-Analyse-Angeh%C3%B6rigeCOVID19.pdf

Ehrenberg, Alain (2015): Das erschöpfte Selbst. Depression und Gesellschaft in der Gegenwart. 2., erw. Aufl., Frankfurt, New York: Campus.

Emunds, Bernhard (2016): Damit es Oma gutgeht. Pflege-Ausbeutung in den eigenen vier Wänden. Frankfurt a.M.: Westend.

Europäische Kommission (EU) (2019): Der europäische Grüne Deal. https://ec.europa.eu/info/sites/info/files/european-green-deal-comm unication_de.pdf

Federici, Silvia (2012): Aufstand in der Küche. Reproduktionsarbeit im globalen Kapitalismus und die unvollendete feministische Revolution. Münster: editionassemblage.

Fisher, Berenice/Tronto, Joan (1990): Toward a Feminist Theory of Caring: In: Abel, Emily K./Nelson, Margaret K.(Hg.): Circles of Care. State University of New York Press, S. 35-62.

Foundational Economy Collective (2019): Die Ökonomie des Alltagslebens. Für eine neue Infrastrukturpolitik. Berlin: Suhrkamp.

Fried, Barbara/Schurian, Hannah (2016): »Nicht im Gleichschritt, aber Hand in Hand«. Verbindende Care-Politiken in Pflege und Gesundheit. In: LuXemburg, Heft 1, S. 96-107.

GESIS – Leibniz-Institut für Sozialwissenschaften (2019): Allgemeine Bevölkerungsumfrage der Sozialwissenschaften. ALLBUS 2018 – Variable Report. Studien-Nr. 5270. https://www.gesis.org/allbus/in halte-suche/studienprofile-1980-bis-2018/2018

Global Carbon Project (2020): Global Carbon Budget 2020. https://ww w.globalcarbonproject.org/carbonbudget/20/files/GCP_CarbonBu dget_2020.pdf

Graeber, David (2013): Über das Phänomen unsinniger Jobs. https://ww w.strike.coop/unsinniger-jobs

Gramsci, Antonio (1932-34/1996): Dreizehntes Heft. Anmerkungen zur Politik Machiavellis. In: Ders.: Gefängnishefte, Band 7. Hamburg: Argument, S. 1533-1622.

Grobe, Thomas G./Bessel, Sven (2020): Arbeitsunfähigkeit. In: Techniker Krankenkasse (Hg.): Zeitarbeit: Chance oder Risiko? S. 84-89. https://www.tk.de/resource/blob/2086056/7b2be29d67fd4836da 2e48f6362a022e/gesundheitsreport-2020-data.pdf

Gürtzgen, Nicole/Kubis, Alexander/Küfner, Benjamin (2019): IAB-Stellenerhebung 2018. Bei befristeten Einstellungen wenden die Betriebe weniger Mittel auf. http://doku.iab.de/kurzber/2019/kb1719. pdf

Habermann, Friederike (2018): Ausgetauscht! Warum gutes Leben für alle tauschlogikfrei sein muss. Roßdorf bei Darmstadt: Ulrike Helmer.

Haipeter, Thomas (2017): Lohnfindung und Lohnungleichheit in Deutschland. https://duepublico2.uni-due.de/rsc/viewer/duepubli co_derivate_00045105/IAQ-Report_2017_01.pdf?page=1

Harnisch, Michelle/Müller, Kai-Uwe/Neumann, Michael (2018): Teilzeitbeschäftigte würden gerne mehr Stunden arbeiten, Vollzeitbeschäftigte lieber reduzieren. In: DIW Wochenbericht, Nr. 38, S. 837-846.

Hausen, Karin (1976): Die Polarisierung der »Geschlechtscharaktere« – eine Spiegelung der Dissoziation von Erwerbs- und Familienleben. In: Conze, Werner (Hg): Sozialgeschichte der Familie in der Neuzeit Europas. Stuttgart: Klett, S. 363-393.

Hausotter, Jette (2016): Prekäre Privilegien und feministische Solidarität im Neoliberalismus. In: Carstensen, Tanja/Groß, Melanie/Schrader, Kathrin (Hg.): care | sex | net | work. Feministische Kämpfe und Kritiken der Gegenwart. Münster: Unrast, S. 50-57.

Helfrich, Silke/Bollier, David (2019): Frei, fair und lebendig. Die Macht der Commons. Bielefeld: transcript.

Hielscher, Volker/Kirchen-Peters, Sabine/Nock, Lukas (2017): Pflege in den eigenen vier Wänden: Zeitaufwand und Kosten. Pflegebedürftige und ihre Angehörigen geben Auskunft. https://www.boeckler. de/pdf/p_study_hbs_363.pdf

Hobler, Dietmar/Pfahl, Svenja/Hentschel, Linda (2018a): Erwerbstätigenquote nach Elternschaft und Alter des Kinder 2017. https://ww w.wsi.de/data/wsi_gdp_erwerbstaetigkeit_20180911_13_2018.pdf

Hobler, Dietmar/Pfahl, Svenja/Hentschel, Linda (2018b): Teilzeitquoten nach Elternschaft und Alter des jüngsten Kindes 2017. https://www .wsi.de/data/wsi_gdp_AZ_20180911_17_2018.pdf

Hobler, Dietmar/Pfahl, Svenja/Hentschel, Linda (2018c): Gründe für Teilzeittätigkeit nach Elternschaft 2017. https://www.wsi.de/data/ wsi_gdp_AZ_20180911_18_2018.pdf

Hobler, Dietmar/Pfahl, Svenja/Schubert, Lisa (2021a): Wochenarbeitszeiten und Erwerbstätigenquoten 1991-2019. https://www.wsi.de/d ata/wsi_gdp_2021_02_05_ZE-TimeGap.pdf

Hobler, Dietmar/Pfahl, Svenja/Schubert, Lisa (2021b): Teilzeitquoten der abhängig Beschäftigten 1991-2019. https://www.wsi.de/data/w si_gdp_2021_02_05_ZE-Teilzeit.pdf

Hochschild, Arlie Russell (2001): Globale Betreuungsketten und emotionaler Mehrwert. In: Hutton, Will/Giddens, Anthony (Hg.): Die Zukunft des globalen Kapitalismus. Frankfurt, New York: Campus, S. 157-176.

Hoffrogge, Ralf (2011): From Unionism to Workers' Councils. The Revolutionary Shop Stewards in Germany, 1914-1918. In: Ness, Immanuel/Azzellini, Dario (Hg.): Ours to Master and to Own. Chicago: Haymarket Books, S. 84-103.

Hofmeister, Sabine/Kanning, Helga/Mölders, Tanja (2019): ›Natur‹ im Konzept Vorsorgendes Wirtschaften. Feministisch ökologische Perspektiven auf gesellschaftliche Natur- und Geschlechterverhältnisse. In: Knobloch, Ulrike (Hg.): Ökonomie des Versorgens. Weinheim, Basel: Beltz Juventa, S. 222-249.

Holzkamp, Klaus (1983): Grundlegung der Psychologie. Frankfurt, New York: Campus.

Holzkamp-Osterkamp, Ute (1976): Motivationsforschung 2. Die Besonderheit menschlicher Bedürfnisse – Problematik und Erkenntnisgehalt der Psychoanalyse. Frankfurt, New York: Campus.

Hosse, Peter/Kropp, Jessika Marie/Stieber, Thomas (2017): Streik im Spielzeugland! Who cares? Resultate eines Lehrforschungsprojekts zum Streik im Sozial- und Erziehungsdienst 2015. In: Artus, Ingrid/Birke, Peter/Kerber-Clasen, Stefan et al. (Hg.): Sorge-Kämpfe. Hamburg: VSA, S. 58-75.

Hrdy, Sarah Blaffer (2009): Mothers and Others. The Evolutionary Designs of Mutual Understanding. Harvard University Press.

Institut DGB-Index Gute Arbeit (2015): Sinnvolle Arbeit, hohe Belastung und geringes Einkommen. Arbeitsbedingungen in den Erziehungsberufen. https://index-gute-arbeit.dgb.de/++co++23bffb12-0870-11e5-aa09-52540023ef1a

Institut DGB-Index Gute Arbeit (2018): Arbeitsbedingungen in der Alten- und Krankenpflege. So beurteilen die Beschäftigten die Lage. https://index-gute-arbeit.dgb.de/++co++fecfee2c-a482-11e8-85a5-52540088cada

Institut DGB-Index Gute Arbeit (2019): Jahresbericht 2019. Ergebnisse der Beschäftigtenbefragung zum DGB-Index Gute Arbeit 2019. Schwerpunktthema: Arbeitsintensität. https://index-gute-arbeit.dgb.de/++co++92d758c4-1513-11ea-9a91-52540088cada

Institut für Demoskopie Allensbach (2018): Erziehen als Beruf – Wahrnehmungen der Bevölkerung zum Berufsfeld Erzieherin/Erzieher. https://www.bmfsfj.de/blob/131410/6ab4e834086a8fbc8e0acf4b8343d7d3/allensbach-studie-2018--erzieher-beruf--data.pdf

Institut für Demoskopie Allensbach (2019): Veränderungen der gesellschaftlichen Rahmenbedingungen für die Familienpolitik. Befragungen im Rahmen der demoskopischen Begleitforschung des BMFSFJ. https://www.ifd-allensbach.de/fileadmin/IfD/sonstige_pdfs/Rahmenbedingungen_Bericht.pdf

Intergovernmental Panel on Climate Change (IPCC) (2018): Global Warming of 1.5°C. An IPCC Special Report on the impacts of global warming of 1.5°C above pre-industrial levels and related global greenhouse gas emission pathways, in the context of strengthening the global response to the threat of climate change, sustainable development, and efforts to eradicate poverty. https://www.ipcc.ch/site/assets/uploads/sites/2/2019/06/SR15_Full_Report_High_Res.pdf

International Labour Organization (ILO) (2019): Working on a warmer planet. The impact of heat stress on labour productivity and decent work. https://www.ilo.org/wcmsp5/groups/public/---dgreports/---dcomm/---publ/documents/publication/wcms_711919.pdf

Jackson, Robert B./Friedlingstein, Pierre/Andrew, Robbie M. et al. (2019): Persistent fossil fuel growth threatens the Paris Agreement and planetary health. https://iopscience.iop.org/article/10.1088/1748-9326/ab57b3/pdf

Jessen, Jonas/Schmitz, Sophia/Spieß, C. Katharina et al. (2018): Kita-Besuch hängt trotz ausgeweitetem Rechtsanspruch noch immer vom Familienhintergrund ab. In: DIW Wochenbericht, Nr. 38, S. 825-835.

Jürgens, Kerstin/Reinecke, Karsten (1998): Zwischen Volks- und Kinderwagen. Auswirkungen der 28,8-Stunden-Woche bei der VW AG auf die familiale Lebensführung von Industriearbeitern, Berlin: edition sigma.

Karagiannidis, Christian/Janssens, Uwe/Krakau, Michael et al. (2020): Deutsche Krankenhäuser verlieren ihre Zukunft. In: Deutsches Ärzteblatt, Heft 4, S. A131-A133.

Kartha, Sivan/Kemp-Benedict, Eric/Ghosh, Emily et al. (2020): The carbon inequality era. An assessment of the global distribution of consumption emissions among individuals from 1990 to 2015 and beyond. https://oxfamilibrary.openrepository.com/bitstream/handle/ 10546/621049/rr-carbon-inequality-era-210920-en.pdf?sequence=4

Kern, Bruno (2019): Das Märchen vom grünen Wachstum. Plädoyer für eine solidarische und nachhaltige Gesellschaft. Zürich: Rotpunkt.

Kuhnhenn, Kai/Costa, Luis/Mahnke, Eva et al. (2020): A Societal Transformation Scenario for Staying Below 1.5°C. https://www.boe ll.de/de/2020/12/09/societal-transformation-scenario-staying-belo w-15degc

Lampert Thomas/Richter, Matthias/Schneider, Sven et al. (2016): Soziale Ungleichheit und Gesundheit. Stand und Perspektiven der sozialepidemiologischen Forschung in Deutschland. https://edoc.r ki.de/bitstream/handle/176904/2478/20BQIsykq9Qi6.pdf?sequence =1&isAllowed=y

Leisewitz, André/Reusch, Jürgen/Wiegel, Gerd et al. (2019): »Pressure from without« – Soziale und politische Proteste und Bewegungen 2008-2018. In: Z. Zeitschrift Marxistische Erneuerung, Nr. 117, S. 87-98.

Lenton, Timothy M./Rockström, Johan/Gaffney, Owen et al. (2019): Climate tipping points – too risky to bet against. https://www.nature.com/articles/d41586-019-03595-0

Lenze, Anne (2015): Das Ende der Familienförderung, so wie wir sie kennen. In: Neue Zeitschrift für Verwaltungsrecht, S. 1658-1661.

Liebig, Steffen (2019): Arbeitszeitverkürzung für eine nachhaltigere Wirtschaft? In: Dörre, Klaus/Rosa, Harmut/Becker, Karina et al. (Hg.): Große Transformation? Zur Zukunft moderner Gesellschaften. Wiesbaden: Springer VS, S. 211-228.

Lutz, Helma (2018): Care migration: The connectivity between care chains, care circulation and transnational social inequality. In: Current Sociology, Nr. 4, S. 577-589.

Luxemburg, Rosa (1903/1970): Karl Marx. In: Dies.: Gesammelte Werke 1/2. Berlin: Dietz, S. 369–377.

Marx, Karl (1864/1973): Inauguraladresse der Internationalen Arbeiter-Assoziation. In: Marx, Karl/Engels, Friedrich: Werke (MEW), Band 16. Berlin: Dietz, S. 5-13.

Marx, Karl (1880/1987): Randglossen zu Adolph Wagners »Lehrbuch der politischen Ökonomie«. In Marx, Karl/Engels, Friedrich: Werke (MEW), Band 19. Berlin: Dietz, S. 355-383.

Marx, Karl (1867/1979): Das Kapital. Kritik der politischen Ökonomie. Erster Band. In: Marx, Karl/Engels, Friedrich: Werke (MEW), Band 23. Berlin: Dietz.

Marx, Karl (1894/1979): Das Kapital. Kritik der politischen Ökonomie. Dritter Band. In: Marx, Karl/Engels, Friedrich: Werke (MEW), Band 25. Berlin: Dietz.

Marx, Karl/Engels, Friedrich: (1848/1977): Manifest der Kommunistischen Partei. In: Dies.: Werke (MEW), Band 4. Berlin: Dietz, S. 459-493.

Meier-Gräwe, Uta (2020): Neue Lebensformen – alte Verhältnisse? In: Informationen zur politischen Bildung, Nr. 342, Geschlechterdemokratie, S. 34-45.

Meyer, Markus/Wiegand, Stefanie/Schenkel, Antje (2020): Krankheitsbedingte Fehlzeiten in der deutschen Wirtschaft im Jahr 2019. In: Badura, Bernhard/Ducki, Antje/Schröder Helmut et al. (Hg.): Fehlzeiten-Report 2020. Berlin, Heidelberg: Springer, S. 365-444.

Müller, Axel (2018): Rohstoffe für die Energiewende. Menschenrechtliche und ökologische Verantwortung in einem Zukunftsmarkt. https://www.misereor.de/fileadmin/publikationen/studie-rohstoffe-fuer-die-energiewende.pdf

Müller, Doreen/Hameister, Nicole/Lux, Katharina (2016): Anstoß und Motive für das freiwillige Engagement. In: Bundesministerium für Familie, Senioren, Frauen und Jugend (BMFSFJ) (Hg.): Freiwilliges Engagement in Deutschland, S. 407-426. https://www.bmfsfj.de/blob/93916/527470e383da76416d6fd1c17f720a7c/freiwilligensurvey-2014-langfassung-data.pdf

Neumann, Matthias/Winker, Gabriele (2018): Solidarische Gesellschaft als Ziel – Care Revolution als Strategie. In: Neupert-Doppler, Alexander (Hg.): Konkrete Utopien. Stuttgart: Schmetterling, S. 112-129.

Neumann, Matthias/Winker, Gabriele (2019): Handlungsfähigkeit im Care-Bereich erweitern. Care-Räte vor Ort als erster Schritt? In: Ru-

dolph, Clarissa/Schmidt, Katja (Hg.): Interessenvertretung und Care. Münster: Westfälisches Dampfboot, S. 231-247.
Notz, Gisela (2020): Streit um Arbeits- und Lebenszeit. Zur Geschichte des Kampfs um die Verkürzung der Erwerbsarbeitszeit. In: Stützle, Ingo (Hg.): Work-Work-Balance. Berlin: Dietz, S. 74-95.
Nowak, Iris/Hausotter, Jette/Winker, Gabriele (2012): Entgrenzung in Industrie und Altenpflege: Perspektiven erweiterter Handlungsfähigkeit der Beschäftigten. In: WSI Mitteilungen, Nr. 4, S. 272-280.
OECD/wbv Media (2020): Bildung auf einen Blick 2020. OECD-Indikatoren. https://www.oecd-ilibrary.org/education/bildung-auf-einen-blick-2020-oecd-indikatoren_6001821nw
Pintelon, Olivier (2020): Schweden. In: De Spiegelaere, Stan/Piasna, Agnieszka (2020): Arbeitszeitverkürzung: Wieso, weshalb – und wie, S. 84-86. https://biblio.ugent.be/publication/8654996/file/8654998
Raab, Michel (2020): Spülen zu dritt? In: Raab, Michel/Schadler, Cornelia (Hg.): Polyfantastisch? Münster: Unrast, S. 151-160.
Rahmstorf, Stefan (2019): Wie viel Kohlendioxid bleibt Deutschland noch? https://www.spektrum.de/kolumne/wie-viel-kohlendioxid-bleibt-deutschland-noch/1636218
Rahmstorf, Stefan/Schellnhuber, Hans Joachim (2019): Der Klimawandel. Diagnose, Prognose, Therapie. 9. Aufl., München: Beck.
Rakowitz, Nadja et al. (2020): Krankenhaus statt Fabrik. Das Fallpauschalensystem und die Ökonomisierung der Krankenhäuser – Kritik und Alternativen. 5. erw. und überarb. Aufl., Maintal.
Rau, Renate (2012): Erholung als Indikator für gesundheitsförderlich gestaltete Arbeit. In: Badura, Bernhard/Ducki, Antje/Schröder, Helmut et al. (Hg.): Fehlzeiten-Report 2012. Berlin, Heidelberg: Springer, S. 181-190.
Roth, Roland/Rucht, Dieter (2008): Einleitung. In: Dies. (Hg.): Die sozialen Bewegungen in Deutschland seit 1945. Frankfurt, New York: Campus, S. 9-36.
Rothgang, Heinz/Müller, Rolf (2018): BARMER Pflegereport 2018. Schriftenreihe zur Gesundheitsanalyse, Band 12. https://www.bar

mer.de/blob/170372/9186b971babc3f80267fc329d65f8e5e/data/dl-pfl
egereport-komplett.pdf

Rucht, Dieter/Teune, Simon (2017): Einleitung: Das Protestgeschehen in der Bundesrepublik seit den 1980er Jahren zwischen Kontinuität und Wandel. In: Daphi, Priska/Deitelhoff, Nicole/Rucht, Dieter et al. (Hg.): Protest in Bewegung. Baden-Baden: Nomos, S. 9-32.

Rürup, Bert/Gruescu, Sandra (2003): Nachhaltige Familienpolitik im Interesse einer aktiven Bevölkerungsentwicklung. Gutachten im Auftrag des Bundesministeriums für Familie, Senioren, Frauen und Jugend. https://www.bmfsfj.de/blob/93398/99ab881b95ba13503e19c5baa924a839/broschuere-nachhaltige-familienpolitik-ruerup-data.pdf

Sachverständigenrat für Umweltfragen (SRU) (2020): Für eine entschlossene Umweltpolitik in Deutschland und Europa. Umweltgutachten 2020. Berlin.

Sauer, Dieter (2013): Die organisatorische Revolution. Umbrüche in der Arbeitswelt – Ursachen, Auswirkungen und arbeitspolitische Antworten. Hamburg: VSA.

Schellnhuber, Hans Joachim/Rahmstorf, Stefan/Winkelmann, Ricarda (2016): Why the right climate target was agreed in Paris. In: Nature Climate Change, Juli, S. 649-653.

Schneider, Michael (1984): Streit um Arbeitszeit. Geschichte des Kampfes um Arbeitszeitverkürzung in Deutschland. Köln: Bund.

Schrader, Christopher (2018): Umstrittene Tricks, um den Klimawandel aufzuhalten. https://www.spektrum.de/news/koennen-wir-den-klimawandel-mittels-neuer-technologie-aufhalten-die-co2-aus-der-luft-nehmen/1609658

Schroeder, Wolfgang (2017): Altenpflege zwischen Staatsorientierung, Markt und Selbstorganisation. In: WSI Mitteilungen, Heft 3, S. 189-196.

Schröder, Carsten/Bartels, Charlotte/Göbler, Konstantin et al. (2020): MillionärInnen unter dem Mikroskop: Datenlücke bei sehr hohen Vermögen geschlossen – Konzentration höher als bisher ausgewiesen. In: DIW Wochenbericht, Nr. 29, S. 511-521.

Schumacher, Katja/Wolff, Franziska/Cludius, Johanna et al. (2019): Arbeitszeitverkürzung – gut fürs Klima? Treibhausgasminderung durch Suffizienzpolitiken im Handlungsfeld »Erwerbsarbeit«. http s://www.umweltbundesamt.de/sites/default/files/medien/1410/pu blikationen/2019-09-05_texte_105-2019_energieverbrauchsredukti on_ap1_erwerbszeitreduzierung_final.pdf

Sellach, Brigitte/Libuda-Köster, Astrid (2017): Gleichstellungspolitik im Spiegel der Zeitverwendungserhebung. In: Statistisches Bundesamt (Hg.): Wie die Zeit vergeht, S. 25-44. https://www.destatis.de/ DE/Themen/Gesellschaft-Umwelt/Einkommen-Konsum-Lebensbe dingungen/Zeitverwendung/Publikationen/Downloads-Zeitverwe ndung/tagungsband-wie-die-zeit-vergeht-5639103169004.pdf?__bl ob=publicationFile&v=3

Simon, Michael (2012): Entwicklung der Beschäftigungsstrukturen in Pflegeberufen. In: Public Health Forum, Heft 4, S. 13-14.

Simon, Michael (2018): Von der Unterbesetzung in der Krankenhauspflege zur bedarfsgerechten Personalausstattung. Eine kritische Analyse der aktuellen Reformpläne für die Personalbesetzung im Pflegedienst der Krankenhäuser und Vorstellung zweier Alternativmodelle. https://www.econstor.eu/bitstream/10419/216021/1/hbs-fo foe-wp-096-2018.pdf

Socium Forschungszentrum (2020): Abschlussbericht. Entwicklung und Erprobung eines wissenschaftlich fundierten Verfahrens zur einheitlichen Bemessung des Personalbedarfs in Pflegeeinrichtungen. https://www.gs-qsa-pflege.de/wp-content/uploads/2020/09/A bschlussbericht_PeBeM.pdf

Sopp, Peter/Wagner, Alexandra (2017): Vertragliche, tatsächliche und gewünschte Arbeitszeiten. https://www.diw.de/documents/publik ationen/73/diw_01.c.559807.de/diw_sp0909.pdf

Statistisches Bundesamt (2003): Pflegestatistik 2001. Pflege im Rahmen der Pflegeversicherung. Deutschlandergebnisse. https://www.stati stischebibliothek.de/mir/servlets/MCRFileNodeServlet/DEHeft_de rivate_00012297/5224001019004.pdf;jsessionid=0C25D699A737A7F 969CEBE0B1227F11D

Statistisches Bundesamt (2015): Zeitverwendungserhebung. Aktivitäten in Stunden und Minuten für ausgewählte Personengruppen 2012/2013. https://www.destatis.de/DE/Themen/Gesellschaft-Umwelt/Einkommen-Konsum-Lebensbedingungen/Zeitverwendung/Publikationen/Downloads-Zeitverwendung/zeitverwendung-56391 02139004.pdf?__blob=publicationFile

Statistisches Bundesamt (2019a): Statistisches Jahrbuch 2019. https://www.destatis.de/DE/Themen/Querschnitt/Jahrbuch/statistisches-jahrbuch-2019-dl.pdf?__blob=publicationFile

Statistisches Bundesamt (2019b): Wirtschaftsrechnungen. Leben in Europa (EU-SILC) 2017. https://www.destatis.de/DE/Themen/Gesellschaft-Umwelt/Einkommen-Konsum-Lebensbedingungen/Lebensbedingungen-Armutsgefaehrdung/Publikationen/Downloads-Lebensbedingungen/einkommen-lebensbedingungen-2150300177004.pdf?__blob=publicationFile

Statistisches Bundesamt (2020a): Pflegestatistik 2019. Pflege im Rahmen der Pflegeversicherung. Deutschlandergebnisse. https://www.destatis.de/DE/Themen/Gesellschaft-Umwelt/Gesundheit/Pflege/Publikationen/Downloads-Pflege/pflege-deutschlandergebnisse-5224001199004.pdf?__blob=publicationFile

Statistisches Bundesamt (2020b): Gesundheit. Grunddaten der Krankenhäuser 2018. https://www.destatis.de/DE/Themen/Gesellschaft-Umwelt/Gesundheit/Krankenhaeuser/Publikationen/Downloads-Krankenhaeuser/grunddaten-krankenhaeuser-2120611187004.pdf?__blob=publicationFile

Statistisches Bundesamt (2020c): Volkswirtschaftliche Gesamtrechnungen. Inlandsproduktberechnung 2019. https://www.destatis.de/DE/Themen/Wirtschaft/Volkswirtschaftliche-Gesamtrechnungen-Inlandsprodukt/Publikationen/Downloads-Inlandsprodukt/inlandsprodukt-lange-reihen-pdf-2180150.pdf?__blob=publicationFile

Statistisches Bundesamt/Gesellschaft Sozialwissenschaftlicher Infrastruktureinrichtungen/Wissenschaftszentrum Berlin für Sozialforschung (2008): Datenreport 2008. Ein Sozialbericht für die Bundesrepublik Deutschland. https://www.gesis.org/fileadmin

/upload/forschung/publikationen/datenreport/2008/Datenreport2 008-Gesamt.pdf

Statistisches Bundesamt/Wissenschaftszentrum Berlin für Sozialforschung (WZB) (2018): Datenreport 2018. Ein Sozialbericht für die Bundesrepublik Deutschland. Bonn.

Steckner, Anne (2018): Liebe, Ex und Zärtlichkeit. Familie von links erobern. In : LuXemburg, Heft 2, S. 98-105.

Stichnoth, Holger (2016): Verteilungswirkungen ehe- und familienbezogener Leistungen und Maßnahmen. Kurzexpertise. https://www.boell.de/sites/default/files/161005_e-paper_stichnoth_familienkommissionv102.pdf?dimension1=division_sp

Stuth, Ralf (2019): Ergebnisse der ver.di-Arbeitszeitbefragung im öffentlichen Dienst. https://www.verdi.de/++file++5da727552193fb09e194d185/download/ver.di_Ergebnisbericht_AZ.pdf

Sutterlütti, Simon/Meretz, Stefan (2018): Kapitalismus aufheben. Eine Einladung, über Utopie und Transformation neu nachzudenken. Hamburg: VSA.

Tomasello, Michael (2010): Warum wir kooperieren. Berlin: Suhrkamp.

Tophoven, Silke/Lietzmann, Torsten/Reiter, Sabrina et al. (2018): Aufwachsen in Armutslagen. Zentrale Einflussfaktoren und Folgen für die soziale Teilhabe. Gütersloh: Bertelsmann Stiftung.

Tucholsky, Kurt (1921/1975): Die Verteidigung des Vaterlands. In: Ders.: Gesammelte Werke, Band 3. Reinbek bei Hamburg: Rowohlt, S. 56-59.

Umweltbundesamt (UBA) (2019): Monitoringbericht 2019 zur Deutschen Anpassungsstrategie an den Klimawandel. https://www.umweltbundesamt.de/sites/default/files/medien/1410/publikationen/das_monitoringbericht_2019_barrierefrei.pdf

Vilmar, Fritz (1977): Systematische Verknappung des Arbeitskraft-Angebots. Ein tarifpolitischer Beitrag zur Vollbeschäftigungspolitik und Wirtschaftsdemokratie. In: Gewerkschaftliche Monatshefte, Heft 1, S. 23-31.

Wagner, Alexandra/Klenner, Christina/Sopp, Peter (2017): Alterseinkommen von Frauen und Männern. Neue Auswertungen aus dem

WSI GenderDatenPortal. https://www.wsi.de/de/faust-detail.htm?sync_id=7963

Wehner, Theo/Güntert, Stefan T./Mieg, Harald A. (2018): Freiwilligenarbeit. Essenzielles aus Sicht der Arbeits- und Organisationspsychologie. Wiesbaden: Springer Fachmedien.

Welzer, Harald (2017): Wie das Wachstum in die Köpfe kam. In: Blätter für deutsche und internationale Politik (Hg.): Mehr geht nicht! 2. Aufl., Berlin: Edition Blätter, S. 25-36.

Williams, Steve (2013): Fordert alles. Lehren aus dem Transformativen Organizing. https://www.rosalux.de/fileadmin/rls_uploads/pdfs/sonst_publikationen/williams_transformatives_organizing_mrz13.pdf

Winker, Gabriele (2012): Intersektionalität als Gesellschaftskritik. In: Widersprüche, Heft 126, S. 13-26.

Winker, Gabriele (2015): Care Revolution. Schritte in eine solidarische Gesellschaft. Bielefeld: transcript.

Winker, Gabriele (2016): Leben ohne existenzielle Not. Mit einer feministischen Care-Perspektive für ein bedingungsloses Grundeinkommen. In: Blaschke, Ronald/Praetorius, Ina/Schrupp, Antje (Hg.): Das Bedingungslose Grundeinkommen. Sulzbach/Taunus: Ulrike Helmer, S. 12-30.

Winker, Gabriele (2018): Das Ganze der Arbeit revolutionieren! In: Scheele, Alexandra/Wöhl, Stefanie (Hg.): Feminismus und Marxismus. Weinheim, Basel: Beltz Juventa, S. 102-114.

Winker, Gabriele/Carstensen, Tanja (2004): Flexible Arbeit – bewegliche Geschlechterarrangements. In: Kahlert, Heike/Kajatin, Claudia (Hg.): Arbeit und Vernetzung im Informationszeitalter. Frankfurt, New York: Campus, S. 167-185.

Winker, Gabriele/Degele, Nina (2009): Intersektionalität. Zur Analyse sozialer Ungleichheiten. Bielefeld: transcript.

Wissen, Markus/Brand, Ulrich (2020): Unsere schöne imperiale Lebensweise. Wie das westliche Konsummodell den Planeten ruiniert. In: Blätter für deutsche und internationale Politik (Hg.): Unsere letzte Chance. 2. Aufl., Berlin: Blätter Verlagsgesellschaft, 113-120.

Wolf, Christof (2006): Psychosozialer Stress und Gesundheit. Belastungen durch Erwerbsarbeit, Hausarbeit und soziale Beziehungen. In: Kölner Zeitschrift für Soziologie und Sozialpsychologie, Sonderheft 46, S. 158-176.

Wolf, Winfried (2020): Elektromobilität beschleunigt Klimawandel – zwölf Thesen. In: Auhagen, Hendrik/Eberhardt-Köster, Thomas/Heier, Achim et al. (Hg.): Klimagerechte Mobilität für alle. Hamburg: VSA, S. 31-38.

Wolters Kluwer (2020): DKLK-Studie 2020. Kita-Leitung zwischen Digitalisierung und Personalmangel. https://www.deutscher-kitaleitungskongress.de/assets/documents/pressemitteilungen/dklk/DKLK_Studie_2020.pdf

World Economic Forum (WEF) (2020): The Global Risks Report 2020.15th Edition. http://www3.weforum.org/docs/WEF_Global_Risk_Report_2020.pdf

Zaklan, Aleksander/Duscha, Vicki/Gilbis, Claudia et al. (2020): Obergrenze für Emissionen im europäischen Emissionshandel muss schneller sinken – Potenziale dafür sind vorhanden. In: DIW Wochenbericht, Nr. 27, S. 483-491.

Zelik, Raul (2020): Wir Untoten des Kapitals. Über politische Monster und einen grünen Sozialismus. Berlin: Suhrkamp.

Zeller, Christian (2020): Revolution für das Klima. Warum wir eine ökosozialistische Alternative brauchen. München: oekom.

Zitzelsberger, Roman (2018): Mehr Wahlrecht bei der Arbeitszeit. Der Tarifabschluss in der Metall- und Elektroindustrie 2018. In: WSI Mitteilungen, Nr. 4, S. 326-330.

Soziologie

Michael Volkmer, Karin Werner (Hg.)
Die Corona-Gesellschaft
Analysen zur Lage und Perspektiven für die Zukunft

Juli 2020, 432 S., kart., 2 SW-Abbildungen
24,50 € (DE), 978-3-8376-5432-5
E-Book:
PDF: 21,99 € (DE), ISBN 978-3-8394-5432-9
EPUB: 21,99 € (DE), ISBN 978-3-7328-5432-5

Naika Foroutan
Die postmigrantische Gesellschaft
Ein Versprechen der pluralen Demokratie

2019, 280 S., kart., 18 SW-Abbildungen
19,99 € (DE), 978-3-8376-4263-6
E-Book:
PDF: 17,99 € (DE), ISBN 978-3-8394-4263-0
EPUB: 17,99 € (DE), ISBN 978-3-7328-4263-6

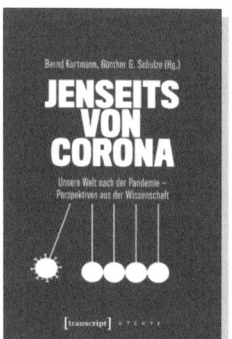

Bernd Kortmann, Günther G. Schulze (Hg.)
Jenseits von Corona
Unsere Welt nach der Pandemie –
Perspektiven aus der Wissenschaft

September 2020, 320 S., 1 SW-Abbildung
22,50 € (DE), 978-3-8376-5517-9
E-Book:
PDF: 19,99 € (DE), ISBN 978-3-8394-5517-3
EPUB: 19,99 € (DE), ISBN 978-3-7328-5517-9

**Leseproben, weitere Informationen und Bestellmöglichkeiten
finden Sie unter www.transcript-verlag.de**

Soziologie

Detlef Pollack
Das unzufriedene Volk
Protest und Ressentiment in Ostdeutschland
von der friedlichen Revolution bis heute

September 2020, 232 S., 6 SW-Abbildungen
20,00 € (DE), 978-3-8376-5238-3
E-Book:
PDF: 17,99 € (DE), ISBN 978-3-8394-5238-7
EPUB: 17,99 € (DE), ISBN 978-3-7328-5238-3

Ingolfur Blühdorn, Felix Butzlaff,
Michael Deflorian, Daniel Hausknost, Mirijam Mock
Nachhaltige Nicht-Nachhaltigkeit
Warum die ökologische Transformation der Gesellschaft
nicht stattfindet

Juni 2020, 350 S., kart.
20,00 € (DE), 978-3-8376-5442-4
E-Book:
PDF: 17,99 € (DE), ISBN 978-3-8394-5442-8

Juliane Karakayali, Bernd Kasparek (Hg.)
movements.
Journal for Critical Migration
and Border Regime Studies
Jg. 4, Heft 2/2018

2019, 246 S., kart.
24,99 € (DE), 978-3-8376-4474-6

**Leseproben, weitere Informationen und Bestellmöglichkeiten
finden Sie unter www.transcript-verlag.de**